广视角·全方位·多品种

权威·前沿·原创

皮书系列为
"十二五"国家重点图书出版规划项目

甘肃蓝皮书

BLUE BOOK OF GANSU

甘肃舆情分析与预测
（2014）

ANALYSIS AND FORECAST ON PUBLIC OPINION OF GANSU (2014)

主　编／陈双梅　郝树声

社会科学文献出版社
SOCIAL SCIENCES ACADEMIC PRESS (CHINA)

图书在版编目(CIP)数据

甘肃舆情分析与预测. 2014/陈双梅,郝树声主编. —北京:社会科学文献出版社,2014.1
(甘肃蓝皮书)
ISBN 978-7-5097-5461-0

Ⅰ.①甘… Ⅱ.①陈…②郝… Ⅲ.①社会分析-甘肃省-2013②社会预测-甘肃省-2014 Ⅳ.①D668

中国版本图书馆CIP数据核字(2013)第305699号

甘肃蓝皮书
甘肃舆情分析与预测(2014)

主　　编／陈双梅　郝树声

出　版　人／谢寿光
出　版　者／社会科学文献出版社
地　　　址／北京市西城区北三环中路甲29号院3号楼华龙大厦
邮政编码／100029

责任部门／皮书出版中心 (010) 59367127　　责任编辑／陈晴钰　吴　敏
电子信箱／pishubu@ssap.cn　　　　　　　　责任校对／王　芳
项目统筹／邓泳红　吴　敏　　　　　　　　　责任印制／岳　阳
经　　销／社会科学文献出版社市场营销中心 (010) 59367081　59367089
读者服务／读者服务中心 (010) 59367028

印　　装／北京季蜂印刷有限公司
开　　本／787mm×1092mm　1/16　　　印　张／21
版　　次／2014年1月第1版　　　　　　字　数／260千字
印　　次／2014年1月第1次印刷
书　　号／ISBN 978-7-5097-5461-0
定　　价／69.00元

本书如有破损、缺页、装订错误,请与本社读者服务中心联系更换
▲ 版权所有　翻印必究

甘肃蓝皮书编辑委员会

主　　任　连　辑　张广智

副 主 任　范　鹏　马成洋　管钰年　赵　春　樊怀玉
　　　　　李　埗　吉西平　梁和平　王福生

总 主 编　王福生

成　　员　陈双梅　朱智文　安文华　刘进军　马廷旭
　　　　　申明海　高应恒　景国栋　王　森　王灵凤

甘肃蓝皮书编辑委员会办公室

主　　任　马廷旭

副 主 任　王灵凤

《甘肃舆情分析与预测（2014）》编辑委员会

主　　任　范　鹏

副 主 任　王福生　陈双梅　朱智文　安文华　刘进军

委　　员　郝树声　王正茂　张谦元　马廷旭　申明海
　　　　　何　苑　王玉祥　董积生　许尔君　高应恒

主　　编　陈双梅　郝树声

首席专家　郝树声

主要编撰者简介

陈双梅 女，甘肃天水人，大学本科，现任甘肃省社会科学院纪委书记、研究员。长期从事党的宣传、党刊编辑和反腐倡廉研究工作。主要研究方向为党的建设。主要研究成果：《坚持解放思想 推动科学发展 解决突出问题——在学习实践活动中的几点思考》和《加快建设生态环境补偿机制：以三峡库区为例》在中央党校《理论动态》发表；《林业发展方式要统筹人与自然和谐发展——林业系统转变发展方式的路径探讨》《在智库建设中强化文化安全研究》《对规范当前消费市场的一点思考》和《智库建设的困境摆脱与国家软实力提升》分别在《中国林业》等刊物上发表。完成省纪委《连霍高速公路天水过境段针对关键环节进行预防腐败的做法与启示》及省社科规划项目、庆阳市纪委和甘肃省委宣传部省等廉政建设项目。2009年起任甘肃省舆情蓝皮书主编。

郝树声 女，出生于沈阳市，祖籍山东牟平。毕业于兰州大学历史系，现任甘肃省社会科学院历史研究所所长、二级研究员。西北师范大学历史文化学院兼职教授、硕士生导师，主要研究方向为秦汉史、甘肃地方历史文化。曾多次主持国家社科基金项目、甘肃省社科基金项目以及厅局委托项目，在国家级刊物和省级刊物发表论文80多篇，出版专著编著近二十部。2006年任甘肃省政府参事后，除从事历史专业研究外，开始介入甘肃省舆情研究，曾任

2006年和2007年两部甘肃省舆情蓝皮书副主编并执笔专题报告，自2008年任第十一届全国政协委员以来，连续六年被聘为甘肃省舆情蓝皮书首席专家，主持调研编写6部甘肃省年度舆情蓝皮书，并执笔总报告。

总　序

回顾《甘肃蓝皮书》的编研历史,"十一五"开局时,甘肃省社会科学院按照党中央关于地方社科院服务地方党政决策、服务地方经济社会发展的职能要求,继承创新,继往开来,提出了"六个以"的办院方针,积极探索和推动社会主义新智库建设。2006年,院党委提出"倾全院之力,打造蓝皮书科研品牌,探索建立哲学社会科学服务甘肃的长效机制"的工作要求,当年首次组织编撰出版两本蓝皮书并"一炮打响",《经济社会蓝皮书》是省内第一部,《舆情蓝皮书》是国内首部。

八年来,《甘肃蓝皮书》在编研出版方面进行了大胆探索和创新,建立了稳定有效的工作机制,规模进一步发展壮大(现已出版《甘肃经济发展分析与预测》《甘肃社会发展分析与预测》《甘肃舆情分析与预测》《甘肃文化发展分析与预测》《甘肃县域发展评价报告》5种),基本覆盖了甘肃经济、社会、政治、文化、民族、生态等各个领域,形成了独具特色的蓝皮书风格,成为我院乃至甘肃省的一张文化品牌。

八年来,《甘肃蓝皮书》连续在每年同一天(1月8日)举行由甘肃省政府新闻办主办的"甘肃蓝皮书成果发布会",形成了"每年一月八,社科院有言要发"的惯例。《甘肃蓝皮书》的出版发行及其成果发布,为甘肃经济社会文化发展发挥了重要的智力支撑作用,已经成为省内各级领导、人大代表、政协委员、专家学者和社会各界非常重视的民主决策、参政议政、科学研究和认识省情

的重要参考书,形成了哲学社会科学理论研究服务甘肃发展的重要方式和长效机制。

《甘肃蓝皮书》在八年的编研过程中形成了稳定规模、稳定机制,提升质量、提升影响的编研理念,使其真正成为宣传思想文化战线服务甘肃发展的长效机制与拳头产品。因此,《甘肃蓝皮书》一如既往,始终坚持基本的编研理念和运行机制:一是始终坚持原创,注重学术观点和科研方法的创新。坚持研究在先,编写在后,在继承中创新,注重连续性;从源头上抓质量,注重可靠性;在深入研究上下功夫,注重科学性;在服务上抓效果,注重影响力。二是始终坚持追踪前沿,注重选题创新。追踪前沿就是要专家学者更多地参与社会实践,发现问题、研究问题、解决问题,最终通过蓝皮书为人们提供正确的指导,显示社科专家服务社会的能力和实力,提高皮书的知名度和美誉度。三是始终坚持打造品牌,创新编研体制机制。始终把蓝皮书的权威性看作蓝皮书的生命,组织权威的专家开展深入研究,向社会提供事实根据充分、分析深入准确、结论科学、对策具体、可操作的权威信息与权威性的研究成果。

三年前,我们在编研出版《甘肃蓝皮书》的基础上,积极尝试和探索与西北各兄弟社科院的合作,在西北五省区社科院的共同努力下,《西北蓝皮书》这一新的品牌终于诞生,现已成功出版发行三年。由此启迪我们,良好的多方合作机制将是蓝皮书编研质量进一步提升和规模进一步拓展的重要途径。下一步我们计划,通过与省级相关部门的密切合作,探索甘肃行业蓝皮书的编研之路;通过与各相关市州的密切合作,探索甘肃省市州或地域蓝皮书的编研之路。由此推动《甘肃蓝皮书》编研事业继续发展壮大。

《甘肃蓝皮书》的成长历程中,饱含着甘肃省各级领导的关心与厚爱,浸润着与我们真诚合作的读者出版集团、社会科学文献出版社出版人以及统计、新闻等领域的同仁们的辛劳、奉献和智慧。但愿《甘肃蓝皮书》不仅只是我们研编者感到有意义,而且使大家读起来有收获,参考运用起来有价值。

此为序。

王福生

2013 年 11 月 8 日

摘　要

《甘肃舆情分析与预测（2014）》是为国家与社会管理者、社会科学工作者以及关注社会发展的社会公众提供的区域年度舆情研究报告。由甘肃省社会科学院历史所、法学所、政治所、信息所、哲学所等多学科科研人员组成的"甘肃省舆情调研组"完成。

调研组以党和国家重大决策的出台与落实、甘肃省委省政府区域发展战略的实施以及百姓关注的涉及其切身利益的社会热点问题作为中介事项，在甘肃省14个市（州）中的18个县（区），以问卷和访谈的形式，对10个阶层的社会公众进行了社会调查。基于对问卷的统计分析和访谈，形成系列舆情报告。

本书由总报告和14个分报告组成："阶层篇"中有甘肃省党政干部对谱写"中国梦"美好甘肃新篇章的认知和建议，知识分子阶层对华夏文明传承创新区建设的认识和建议，新社会阶层对政府绩效的评价，农民工对城镇化的反响与要求；"社会热点篇"中有10个社会阶层对中央和省委改进作风相关规定的反响，对网络反腐的看法，对当前甘肃存在的主要社会矛盾的认知，对公共文化服务体系的评价，对住房"国五条"和大病统筹的意见和建议；"专题篇"中既有10个社会阶层对地方政府信息公开的评价，也有对甘肃政府网站信息传播的分析与预测，此外，还有民众对优质基础教育资源配置问题的认识，以及对甘肃青少年思想状况的调查与思考。

每个报告都详尽地描述了不同社会阶层对执政党和各级政府的

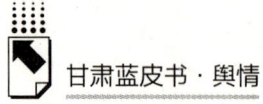

决策和运作事项的评价、诉求与期望，揭示了舆情发生、发展、变化的机理，展示出经济社会欠发达的甘肃省的舆情态势既有与全国的一致之处，又有自身的区域特点。与此同时，每个报告都提出了相应的对策和建议，表达民众合理诉求，供相关人员参考，以践行执政为民的理念，构建和谐社会。

Abstract

Analysis and Forecast on Public Opinion of Gansu (*2014*) was jointly compiled by researchers from institute of history, institute of law, institute of politics, institute of information and institute of philosophy of Gansu Academy of Social Sciences, which provide a reference for social managers and philosophy social workers, as well as others focusing on social development.

The survey team aimed at social hot topics related to the nation and Gansu's important strategic decision as well as to the people's vital interests. It made a systematic investigation of ten classes of people in 18 counties (districts) of 14 regions in Gansu by questionnaires and interviews. The report was finally finished based on the statistical analysis of questionnaires.

This book consists of the general report and 14 sub-reports. In part of stratum, Cadres' understandings and suggestions on "Chinese dream" and Gansu new beautiful chapter, intellectuals' understandings and suggestions on the construction of Chinese civilization inheritance and innovation area, government performance evaluation of new social classes, as well as Gansu migrant workers' requests and response of urbanization. In the part of social hot topics, 10 social class people's response on improve work style of Central and Provincial Party Committee, the view of network anti-corruption, cognition on the main social contradictions in Gansu, public reactions and suggestions on housing "Five Countries" of Gansu, investigation and analysis of serious illness co-ordination in Gansu province, also people's evaluation and requirements on public cultural services of Gansu were put forward. In the part of special discourse, public evaluation of information disclosure by local government, analysis and prediction of Gansu government website information transmission, the awareness of high quality basic education resource allocation, investigation and thinking on teenagers' ideological state of Gansu province were all addressed.

Each report described the views on decisions, appeals and expectations of different social strata to the Ruling Party and governments at all levels, revealed the mechanism of public sentiment's occurrence, development and changes, the results showed that the situation of public sentiment in Gansu had a consistency with the nation's, also expressed its regional character. Meanwhile, the policies and suggestions expressing the people's reasonable demands were put forward in each report, to provide a reference to government.

目 录

BⅠ 总报告

B.1 2013~2014年甘肃省舆情分析与预测 ……… 郝树声 / 001

BⅡ 阶层篇

B.2 甘肃党政干部对谱写"中国梦"美好甘肃新篇章的
　　 认知和建议…………………………………… 魏学宏 / 039
B.3 甘肃知识分子阶层对华夏文明传承创新区建设的
　　 认识和建议…………………………………… 侯宗辉 / 059
B.4 甘肃新阶层对政府绩效的评价……… 索国勇　马亚萍 / 081
B.5 甘肃农民工对城镇化的反响和要求…………… 马东平 / 101

BⅢ 社会热点篇

B.6 甘肃民众对中央和省委改进作风相关规定的
　　 反响…………………………………………… 李巧玲 / 118
B.7 甘肃民众关于网络反腐的舆情调查与
　　 研究…………………………………………… 梁仲靖 / 140

B.8 甘肃民众对住房"国五条"的反响和
　　 建议……………………………………… 谢　羽 / 159
B.9 甘肃省大病统筹调查与分析……………… 魏　静 / 177
B.10 甘肃民众对公共文化服务的评价与
　　 要求……………………………………… 金　蓉 / 198
B.11 当前甘肃社会存在的主要矛盾及化解
　　 对策……………………………………… 惠继飞 / 217

BⅣ 专题篇

B.12 甘肃民众对地方政府信息公开的评价 ……… 王　瑾 / 237
B.13 甘肃政府网站信息传播分析与预测 ………… 胡圣方 / 254
B.14 甘肃社会公众对优质基础教育资源配置问题的
　　 认知……………………………………… 刘安诚 / 275
B.15 甘肃青少年思想状况调查与思考 …………… 侯万锋 / 293

皮书数据库阅读使用指南

CONTENTS

B I General Report

B.1 Analysis and Forecast of Public Opinion of Gansu Province
in 2013-2014 　　　　　　　　　　　　　　　　　　　*Hao Shusheng* / 001

B II Stratum Reports

B.2 Gansu Government officials' Understandings and Suggestions on the
"Chinese Dream" and A New and Beautiful Chapter
in Gansu Development 　　　　　　　　　　　　　　　*Wei Xuehong* / 039

B.3 Gansu Intellectuals' Understanding and Suggestion on How to Construct
Huaxia Civilization Inheritance and Innovation Area 　　*Hou Zonghui* / 059

B.4 Evaluation of Government Performance and Efficiency by
the New Social Class 　　　　　　　　　　　*Suo Guoyong, Ma Yaping* / 081

B.5 Gansu Migrant Workers' Response to and Needs Relating
to Urbanization 　　　　　　　　　　　　　　　　　　*Ma Dongping* / 101

B III Hot Social Topics

B.6 People in Gansu Province in the Central and Provincial Party
Committee Improved Style Rules 　　　　　　　　　　　*Li Qiaoling* / 118

003

B.7 Public Opinion on Combating Corruption through the Internet
　　in Gansu　　　　　　　　　　　　　　　　　　Liang Zhongjing / 140

B.8 Public Reactions to and Suggestions on Five National
　　Housing Regulations"　　　　　　　　　　　　　　Xie Yu / 159

B.9 Investigation and Analysis of Coordinated Payment System
　　for Serious Illnesses in Gansu Province　　　　　　Wei Jing / 177

B.10 Public Evaluation of and Needs Relating to Public Cultural Services
　　　in Gansu　　　　　　　　　　　　　　　　　　Jin Rong / 198

B.11 Principal Conflicts in the Current Society
　　　of Gansu and Resolutions　　　　　　　　　　　Hui Jifei / 217

BⅣ Special Subjects

B.12 Public Evaluation on the Disclosure of Local Government
　　　Information in Gansu　　　　　　　　　　　　Wang Jin / 237

B.13 Analysis and Forecast of Gansu Government Website Information
　　　Dissemination　　　　　　　　　　　　　　Hu Shengfang / 254

B.14 The Problem About High Resorce Allocation of Bacic Education
　　　of Public Opinin in Town and Country of Gansu Province
　　　　　　　　　　　　　　　　　　　　　　　Liu Ancheng / 275

B.15 Investigation and Reflection on Gansu teenagers' Beliefs and Values
　　　　　　　　　　　　　　　　　　　　　　　Hou Wanfeng / 293

总报告

General Report

.1

2013~2014年
甘肃省舆情分析与预测

郝树声*

摘　要： 2013年8~9月，甘肃省社会科学院舆情组在甘肃省14个市（州）18个县调研，形成14篇专题舆情报告。本报告选取党政干部对谱写"中国梦"甘肃美好新篇章的认知，知识分子对华夏文明创新区建设的认识，新阶层对政府绩效的评价，农民工对城镇化的要求以及民众对党中央和省委改进作风规定、

---

* 郝树声（1953~），女，甘肃省社会科学院历史所研究员，主要研究方向：秦汉史、甘肃地方历史文化。

网络反腐、住房"国五条"、大病统筹、公共文化服务、当前社会存在的主要矛盾、地方政府信息公开的认识与反响等专题，综合描述了2013年甘肃省舆情发生发展变化的整体态势，分析预测了2014年甘肃舆情的基本趋势。

关键词：

甘肃　2013～2014年　舆情　分析与预测

　　2013年，新一届党中央领导集体为保持和发展党的先进性和纯洁性，在出台改进工作作风、密切联系群众的八项规定之后，又启动了以为民、务实、清廉为主要内容的党的群众路线教育实践活动。活动按照"照镜子、正衣冠、洗洗澡、治治病"的总要求，自上而下在中共全党深入开展，在社会公众中产生了很大的反响。十二届全国人大一次会议选举产生了新一届国家领导人，批准了国务院机构改革和职能转变方案，昭示着中国的改革开放将向纵深发展。这一年，为积极探索经济欠发达但文化资源富集地区科学发展的新路径，国务院正式批复了甘肃省建设华夏文明传承创新区，这成为继兰州新区之后，甘肃又一个国家层面的战略平台。这一年，中共甘肃省委为突出扶贫攻坚，出台了《关于加强和深化联村联户为民富民行动的意见》，有针对性地完善机制、创新方式、务求实效，进一步推动了双联行动持续、深入、健康开展，并坚持群众路线贯穿于双联行动的全过程。2013年的前3个季度，全省在2012年以12.60%的增速位居全国第七位的基础上，又以11.3%的增速保持了经济发展的良好态势。与此同时，民众对政府工作绩效、地方政府的信息公开、新型城镇化的进程、住房"国五条"

的出台、大病统筹的现状、优质教育资源配置、当前社会主要矛盾的认知以及对网络反腐败的看法与要求,共同构成本年度甘肃舆情发生的背景。

2013年8~9月,甘肃省社会科学院舆情调研组深入兰州(五区)、白银、定西(安定)、天水(清水)、平凉(崆峒)、庆阳(西峰)、陇南、武威(凉州)、金昌(永昌)、张掖(甘州)、嘉峪关、酒泉、甘南(合作)、临夏等全省14个市州中的18个县区,以党和国家重大决策的出台与落实、甘肃省委省政府区域发展战略的实施以及百姓关注的涉及切身利益的社会热点问题作为中介事项,选取15个专题、发放问卷3340份,回收有效问卷3236份,个别访谈百余人次。调研通过分层抽样法选取样本,按照国家与社会管理者、经理人员、私营企业主、专业技术人员、办事人员、个体工商户、商业服务与员工、产业工人、农业劳动者、无业失业半失业人员十大阶层人口比例分层抽样①,同时兼顾性别、年龄、民族、户籍等社会学统计要素,力求抽样的真实性和代表性。基于对本次调研问卷的统计分析和访谈,形成系列舆情报告。

一 不负使命:谱写"中国梦"美好甘肃新篇章

(一)党政干部对谱写"中国梦"美好甘肃新篇章的认知

习近平总书记提出的"中国梦"代表了新一届党中央领导对

---

① 参照陆学艺先生主编的《当代中国社会阶层研究报告》(社会科学文献出版社,2002),将当代中国社会结构划分为国家社会管理者等十大阶层。

建设富强民主文明和谐的社会主义现代化国家的目标和信心。中华民族伟大复兴的"中国梦",根植于建设中国特色社会主义事业的实践,根植于中华民族每位公民心中的美好梦想。党政干部对谱写"中国梦"美好甘肃新篇章的认知,反映出他们被激发出的正能量,引领民众投身社会实践。舆情调研组选取全省14市(州)的230位党政领导干部,包括地(厅)级、县(处)级和科级及一般干部四个级别,进行了问卷调研和访谈。

1. 被访党政干部对"中国梦"内涵明确、充满信心,并能将个人梦想与其有机结合

在被访党政干部中,97.64%表示很了解(48.82%)或大概知道(48.82%)"中国梦";81.52%的被访干部认为"国家富强、民族振兴、人民幸福"是"中国梦"的内涵;90.53%对"中国梦"的实现比较有信心,但认为需要较长的时间和通过较大的努力来实现。谈到个人梦想,48.10%的被访党政干部把身体健康、家庭和睦作为自己目前的梦想;25.71%选择工作稳定、收入增加;91.47%的被访干部认为个人梦想是"中国梦"的一部分,"中国梦"实现了,自己的梦想也就实现了。

2. 近九成被访干部了解谱写"中国梦"美好甘肃新篇章内涵,但认为面临的困难不少

87.2%的被访者认为美好甘肃新篇章就是"经济发展、山川秀美、民族团结、社会和谐"。但是"中国梦"美好甘肃新篇章的实现却面临种种困难,22.51%的被访者认为是国家政策扶持不够;27.73%认为是各级领导干部真抓实干的意识不强;20.93%认为是政府宣传及政策落实执行不到位;19.09%认为是群众参与意识不够高;10.28%认为是企业、组织机构普遍不够配合,不给力。

3. 九成被访干部认为政府是谱写"中国梦"美好甘肃新篇章的主体，应加快发展，解决亟待解决的问题

90.52%的被访者认为政府部门最应该在"中国梦"美好甘肃新篇章中做出有效性行动。谱写"中国梦"美好甘肃新篇章的具体途径，应认真实施"3341"项目工程，优化投资环境，积极招商引资，把资源优势转化为经济优势，促进甘肃向新型工业化阶段发展；加快全省城镇化建设，建设良好的生态环境，促进各民族和睦相处、共同发展，保障民生、改善人民生活。

（二）知识分子对华夏文明传承创新区建设的认识与建议

甘肃华夏文明传承创新区是国务院批准的甘肃省又一个国家层面战略平台，旨在探索经济欠发达但文化资源富集地区实现科学发展的新路径。截至目前，华夏文明传承创新区在建设步骤、发展布局和推进措施上正在有条不紊地展开。舆情调研组分别在兰州市、平凉市、定西市、武威市、天水市和金昌市等6个市的县（区），选取300位不同职业的知识分子进行了调研，结果显示：绝大多数被访知识分子关注华夏文明传承创新区的建设，对其总体工作和重大项目的实施也有较高的认可度。

1. 九成以上的被访者关注"华夏文明传承创新区"建设，对其总体布局认可度高

其中有21.69%的被访者表示"十分关注"，40.68%"比较关注"，31.53%"偶尔看看"，仅有6.10%表示"不关心"。有近七成的被访者对华夏文明传承创新区"一带""三区""十三板块"的总体布局（简称"1313工程"）表示赞同，其中有22.71%的被访者"非常赞同"，44.75%"比较赞同"，仅有1.36%表示"不赞同"，此外，还有31.19%表示"不清楚"。

2. 超过五成的被访者对"华夏文明传承创新区"已经开展的工作表示满意

当问及"您对华夏文明传承创新区建设已经开展工作的满意度"时，11.53%的被访者表示"非常满意"，39.66%"比较满意"，40.68%认为"一般"，8.14%表示"不满意"。

3. 被访者高度评价"华夏文明传承创新区"建设中已经开展的重大项目

华夏文明传承创新区建设，关键是要通过重大项目来带动，从而把华夏文明的保护、传承、展示、创新、发展相结合，把保护研究与群众文化需求相结合，把传统文化资源与时代精神相融合。截至2013年9月，全省文化产业实质性签约项目336个，已落地项目173个，落地率达到51.49%；签约合同金额为1561.8亿元，超过全年目标值731.8亿元；到位资金154.95亿元，占签约合同金额的9.9%，完成全年预期目标值的51.47%。

84.41%的被访者认为"文化资源普查与分类分级评估工作"是必要的，86.1%认为"华夏文明传承创新区学术平台"对促进传承创新区建设发挥着不同程度的作用，91.87%赞同"国有不可移动文物不得作为企业资产经营"的禁令，66.44%认为"公祭伏羲大典"仍需继续举办，83.73%赞成"影印出版文溯阁《四库全书》"。

被访者高度认可建设"敦煌文化"品牌。超过八成的被访者认为打造"敦煌画派"对敦煌文化传承创新是有作用的，认同"敦煌行丝绸之路国际旅游节"带来的联动效应。还有九成以上的被访者认为"敦煌国际文化旅游名城建设"对华夏文明传承创新区建设发挥了作用。

64.07%的被访者认为临洮"太石水城"项目对带动甘肃文化

产业发展有示范性作用，73.23%认为"甘肃文化产业发展集团"的成立在一定程度上可以缓解融资难的问题。

4. 影响甘肃文化产业发展的因素众多，文化事业发展面临的问题复杂

被访知识分子认为造成甘肃文化产业发展滞后的因素居于前三位的分别是"优势文化资源潜力挖掘不够"（占25.06%），"文化产业创新能力不足"（占17.53%），"文化人才严重匮乏"（占16.91%）。紧随其后的依次是，"财政、税收、金融支持政策衔接不畅"（占11.36%），"文化产业投融资主体单一"（占10.25%），"新兴文化产业实力不强"（占9.38%），"产业园区规模小，缺乏大项目"（占8.40%），表示"不清楚"的占1.11%。

35.25%的被访者认为甘肃文化事业发展中的主要制约因素是"公共文化基础设施严重缺乏"，24.07%认为是"公共文化设施利用率不高"，22.03%认为是"文化事业投入经费不足"，16.95%认为是"公共文化产品不丰富"，还有1.69%表示"不清楚"。

5. 超过六成的被访者认为"华夏文明传承创新区"建设能改变甘肃经济面貌

华夏文明传承创新区建设是否能改变甘肃的经济面貌？对此，16.27%的被访知识分子表示"非常有信心"，48.14%"比较有信心"，28.14%"不太有信心"，仅有7.46%表示"没有信心"。

二 改进作风：树立为民务实清廉形象

（一）被访民众对中央和甘肃省委改进作风相关规定的肯定与期望

十八大召开后不久，中央出台了改进工作作风的八项规定，从

2013年下半年开始,用一年左右时间,在全党自上而下分批开展党的群众路线教育实践活动,集中解决形式主义、官僚主义、享乐主义和奢靡之风问题。2012年12月23日,中共甘肃省委制定了"改进工作作风、密切联系群众"的十项规定,群众路线教育实践活动正在全省上下全面展开。舆情调研组在兰州市、定西市、天水市、平凉市、武威市、金昌市、甘南、临夏等8个市(州),以分层抽样的方式对10个社会阶层的630位被访者进行了问卷调研,并对部分被访者进行了访谈。

1. 超过八成的被访民众对中央和甘肃省委改进作风的相关规定持肯定态度,对改进作风的态度、行动和措施表示满意

24.25%的被访者认为改进作风的八项规定表明新一届中央和省委加强党风建设、联系群众的坚定决心;17.83%认为是中央和甘肃省委整治当下党内形式主义、官僚主义、享乐主义和奢靡之风的重要举措;20.23%认为是党转变作风、改进党风的良好开端,给基层干部带了个好头。33.50%的被访者对新一届党中央和省委改进工作作风的态度、行动和措施表示"满意",52.19%表示"比较满意",9.26%的被访者表示"不满意",4.04%"很不满意",1.01%表示"不了解"。其中,9.29%的被访者认为转变作风停留在表面,根本问题不触及,深层问题难解决;14.85%认为中央和省委决心大,但下面不落实,改不掉顽疾;13.55%认为改进作风初见成效,但是制度与监督跟不上,转变成果难以巩固。

2. 四成以上的被访民众对中央和甘肃省委改进作风相关规定和"从严治党"的实际作用充满期待

45.09%的被访者认为中央和甘肃省委改进作风相关规定实施后,对加强"党要管党、从严治党"的作用现在还不能过多地肯定,要继续观察,但充满期待,相信在新一届领导集体的率先垂范下,风清气正的党风政风必将形成;28.89%认为这是对党政机关和干部思想上、行动上的一次大排查、大检修、大扫除,并以扎实行动获得了群众的认可;10.81%认为是走走形式罢了,治标不治本;8.45%认为是上有政策下有对策,不会有太大的效果;6.76%表示不了解。

3. 八成以上的被访民众认为党政机关和干部队伍的消极工作作风在一定范围内得到遏制

22.68%的被访者认为主要成效体现在厉行勤俭节约,接待费用减少,严禁公款吃喝和公车私用;19.02%认为体现在基层调研深入扎实,陪同减少,不安排群众迎送;16.99%认为体现在会风改进,减少会议,开短会,讲短话;15.86%认为体现在领导干部来访视察交通管制减少,一般情况不封路。中央和省委改进作风相关规定实施9个多月以来,64.53%的被访者认为党政机关和干部队伍中消极工作作风在一定范围内得到遏制,16.71%认为得到有效遏制,仅有5.58%认为没有遏制住(5.07%)或变得更加严重(0.51%),还有13.18%表示不了解。

4. 八成被访者对当下中央和省委改进作风充满信心,也有部分被访者认为官场"潜规则"和官本位思想是阻碍作风改进的主要因素

八成被访者表示对当下中央和省委改进作风有信心(38.23%)和比较有信心(42.98%),15.91%表示信心不大,0.85%的被访者没有信心,2.03%表示说不上。但是有六成被访者对改进作风能否持之以恒、改进效果是否能够长久不变依然心存疑虑,32.47%的被访者认为会变得很好,35.76%认为变化不大,29.34%认为不一定长久,2.43%认为没有变化。对当下阻碍作风改进的主要因素,33.31%的被访者认为官场"潜规则"败坏作风,24.01%认为传统"官本位"思想作祟,22.46%表示对

权力"硬约束"有待完善,20.22%认为监督"软环境"尚未形成。

5. 被访民众期望改进作风、密切联系群众的规定应成为一种长效机制,成为国家政治生活常态

被访者从不同角度表达了对执政党的期望:一是作风转变能够不断制度化、法制化,成为国家政治生活常态,以干部作风转变带动全社会风气好转;二是切实践行执政为民的理念,为百姓做更多的好事、实事;三是以作风转变为契机,推动深层次改革。增进党群关系,促进社会和谐稳定。

(二)网络反腐——甘肃民众怎么看

当前,我国网络反腐呈现出越来越强劲的发展势头,网民的参与权和监督权得到了越来越充分的体现,反腐机构应该更加关注和推进网络反腐。为此,中央纪委多次强调,要健全网上舆论引导机制,发挥互联网等新兴媒体在促进反腐倡廉建设中的积极作用。这是中央对互联网等新监督手段的关注和积极面对。舆情调研组在兰州市、定西市、天水市、平凉市、武威市、金昌市、甘南、临夏等8个市(州),以分层抽样的方式对10个社会阶层的630位被访者进行了问卷调研,并对部分被访者进行了访谈。

1. 超过八成的被访者对网络反腐表示支持,对网络反腐事件的知晓率高

仅有7.87%的被访者对网络反腐持反对态度,另有7.34%不置可否。对网络曝光的反腐事件,被访民众知晓率最高的3项分别是"上海高院法官集体嫖娼事件"(69.23%)、"陕西神木郭爱爱'房姐'事件"(66.03%)和"重庆雷政富、赵红霞不雅视频事件"(62.82%)。在8项网络反腐事件中,被访者平均选择命中率为3.95项，对所列案例全部知晓的被访者占10.31%，全部不清楚的占6.82%。

2. 六成被访者认为民众对公共权力的监督意识增强和互联网技术的发展推动了网络反腐，广大网民积极参与助力反腐

34.79%的被访者认为网络反腐兴起主要源自民众对公共权力的监督意识增强，27.62%认为互联网普及和信息传播便利是关键，22.73%则归因于现实反腐渠道不畅，还有14.16%认为这是因当前我国腐败案件逐年增多、曝光率随之增加所致，另有0.70%选择其他。超过半数（51.40%）的被访者认为，真正推动某一网络反腐事件在互联网上迅速传播的最主要力量是被戏称为"草根""屌丝"的广大网民群体，17.48%则倾向于符号化人物（如受害者、亲人、下属、小三等与被举报者有关系的人）的助力推动作用，而选择公共知识分子（"公知"）和网络知名人士（网络大V）的分别占14.34%和13.99%，另有2.80%选择其他。

3. 半数以上的被访者认为网络曝光和网络举报是网络反腐的最主要手段

35.31%的被访者认为微博是开展网络反腐的最有效技术平台，更看好网帖论坛（BBS）或政府检举监察网站的各占17.13%，选择民间举报网站、微信、腾讯QQ/MSN等聊天软件和电子邮箱的分别占12.06%、8.57%、5.07%和1.57%，另有3.15%的民众选择其他。这表明，半数以上（52.44%）的被访者倾向于通过发布微博、网帖等方式，将腐败案情公之于众，在短期内形成舆论效应点，督促政府司法、纪检部门高效、透明查处违纪违法和贪腐犯罪行为。

4. 被访者理性看待网络反腐的利弊

33.04%的被访者认为网络反腐的最大优势体现在高效性，

16.61%认为体现在其公平性,14.16%认为体现在互动性,另有10.14%更强调安全性。39.16%的被访者认为网络反腐的弊端最值得关注的是一些网民故意发布错假信息,误导社会舆论导向;19.58%担心普通网民不够理性,易受表面信息鼓动,引发网络秩序混乱;19.23%则着眼于网络技术层面,担心网络举报信息易遭删帖、屏蔽等操纵,从而使网络反腐失去成效;16.08%则强调相关法律不健全,可能会侵犯当事人名誉权和隐私权;也有少部分被访者(4.37%)认为网络潜在的无政府状态风险会对现实政治稳定构成威胁;另有1.57%选择其他。

5. 被访民众希望政府在网络反腐中发挥主导作用

网络反腐过程中政府角色的定位备受社会各界争议。27.80%的被访者认为政府在网络反腐中最主要的作用体现在依托网络监督,高效、公开、透明地惩处腐败;22.03%认为政府应当依法维护和保障广大网民的基本权利,打击网络犯罪和侵权行为;17.13%则主张政府通过网络监管规范网络环境,引导正确和健康的舆情导向;15.73%强调政府应该依法行政、秉公执法,自觉接受网络媒体监督;15.38%希望政府进一步强化制度反腐,使网络反腐成为制度反腐的有益补充;另有1.92%选择其他。这表明,维护公平和伸张正义是政府基本职责,更多的被访者希望政府在惩治网络腐败方面发挥主导作用。而对于解决腐败问题的途径,23.95%的被访者认为应尽快实行官员财产公开制度;22.55%强调公众监督在反腐败斗争中的作用;15.21%希望通过进一步加快民主法治建设来消除腐败;12.76%建议加大司法惩处力度,震慑和遏制腐败;主张对广大政府官员进行道德教育,提高杜绝腐败思想觉悟的被访者占9.27%;寄希望于党内纪律检查制度、高薪养廉和媒体监督的被访者分别占6.82%、5.07%和3.85%;另有0.52%选择其他。

6. 规范、统一的网络反腐平台和法治化的网络环境，是广大民众对未来网络反腐发展方向的殷切期盼

关于未来网络反腐发展方向，33.74%的被访者主张网络反腐平台趋向规范化、统一化；与之相反，15.03%的被访者主张网络反腐平台更加宽松化、多元化；23.60%建议推进网络立法，加强网络监管；17.13%主张健全制度反腐，强化网络监督功能，弱化其检举功能；9.09%则希望网络反腐向电子政务平台化方向转变；另有1.40%选择其他。

三 关注民生：在发展中提升保障水平

（一）住房"国五条"在甘肃的反响与作用

甘肃省属于经济欠发达地区，但远远超出民众收入水平的高房价引起百姓强烈关注，排在2013年舆情关注热点的第一位。2013年2月20日，国务院出台了包括完善稳定房价工作责任制、坚决抑制投机投资性购房、增加普通商品住房及用地供应、加快保障性安居工程规划建设、加强市场监管等五项内容的房地产调控政策，简称"国五条"。"国五条"及其实施细则，成为本年度民众关注的热点问题。舆情调研组在兰州市、平凉市、武威市、定西市、金昌市、天水市等6个城区向不同社会阶层的300位城市居民进行了问卷调研和部分访谈。

1. 九成被访者认为甘肃房价总体偏高，超六成的被访者购房是为解决自己和家人住房

高达89.38%的被访者认为目前的房价太高，难以承受；仅3.42%认为不高，可以承受；7.19%认为房价一般。以甘肃的社会经济发展现状，67.12%的被访者表示可以承担普通商品住房，19.86%只能购买保障性住房，仅有4.79%可以承担高档商品住房，还有8.21%自认为购买保障性住房条件不够。64.72%的被访者表示买房是为了自己或家人居住，16.78%意在投资出租，13.01%期盼升值转卖。可见，甘肃民众的住宅刚性需求较大。此外，调查显示，30岁左右的群体有着迫切的购房置业需要。

2. 房价涨势过快，造成上涨的原因众多

2013年8月，兰州新建商品房价格环比上涨1.2%，同比上涨7.1%。这已经是自2012年11月以来，兰州市连续第10个月环比、同比"双涨"了，同比涨幅更是刷新2013年7月的最高纪录，7.1%的同比涨幅已经创下两年来兰州房价同比涨幅的新高。在这样的形势下，民众认为造成房价上涨的因素众多，23.49%的被访者认为推动房价上涨的原因是政府不作为，20.68%认为是住房需求持续旺盛，13.75%认为是购房投机行为，10.94%认为是土地出让的招拍挂政策，19.87%认为是不理性购房行为，11.24%认为是其他投资渠道匮乏。

3. 被访者对国家实施调控的"国五条"的关注度不高，对调控政策的满意度低

42.80%的被访者表示关注"国五条"，23.63%表示不关注，33.56%表示说不清。22.94%的被访者对"国五条"调控政策出台表示满意，31.50%表示不满意，45.54%表示不确定。被访者普遍感到"国五条"调控政策的出台并没有使房价下降，反而倍感房价上涨的压力。

4. 被访者对"国五条"了解不全面，六成被访者认为收紧房贷业务效果差

被访者对与购房相关的如征收房产税、房产限购政策、二套房首付及利率提高等政策了解较多，对于其他方面的了解较少。18.02%的被访者知道大量增加保障房供应的调控政策，6.59%知道房价地方政府问责机制，5.81%知道土地出让方式的转变，13.17%知道征收房产税，23.35%知道房产限购政策，19.57%知道二套房首付及利率提高，7.26%知道公开房源、按套标价，6.21%知道严控房地产开发企业的融资和项目贷款。关于收紧房贷业务能在多大程度上起到调控房价的作用，59.24%的受访者表示效果差，8.56%表示效果明显，32.19%表示效果一般。同时，购房用于自住的刚需一族表示银行收紧房贷，加大了他们还贷的压力，甚至影响到了原来的购房计划，让他们的购房更为困难。

5. 超过半数的被访者认为开征房产税没必要，若要征，应针对两套及以上住房持有者

关于是否要在年内开征房地产税，16.09%的被访者表示有必要，应立即开征；32.87%表示有必要，年后开征不迟；51.02%表示没有必要。56.50%的被访者认为征税对象应该是两套或两套以上住房持有者，28.76%认为应该是人均住房面积高于所在城市人均水平者，14.72%认为应该是异地购买住房者。

6. 超过七成的被访者认为房地产调控效果不佳，难以遏制房价上涨势头，希望政府承担解决住房问题的主体责任

政府采取了一系列的调控措施抑制房价上涨，但只有5.47%的被访者认为政府的调控政策效果明显，19.86%认为效果一般，55.82%认为效果不明显，还有18.83%认为几乎没有效果。至于未来一年甘肃房价的走势如何，大部分被访者对此次房地产调控信心不足，觉得难以遏制房价上涨的势头。57.87%的被访者认为房价会继续上涨，17.12%认为是持平，3.42%认为会下降，21.57%表示不清楚。访谈中，被访者仍然希望政府是解决百姓住有所居的

主体,尤其在甘肃这一经济社会相对落后地区,其他社会力量薄弱,不可能也没有能力解决住房问题。

(二)大病患者对大病统筹的建议

大病统筹主要是针对城乡大病患者的一种医疗救助形式,是我国基本医疗保险制度的有效补充,为重大病患者减轻医疗负担提供了制度上的保障。那么,在甘肃实际运行的怎么样?社会公众,特别是重大病患者的评价值得关注。舆情调研组在甘南合作市、临夏州临夏市、定西市、平凉市、天水市清水县、武威市和金昌市永昌县,选取120位不同病种的大病患者进行了问卷调研与访谈。

1. 九成以上的被访患者认为大病医疗救助实效明显,但对大病统筹政策了解程度低

有82.02%的被访患者认为大病医疗救助能在一定程度上解决家庭的医疗负担,9.09%认为很有帮助,只有8.89%认为没有帮助。但是大多数被访患者(60.11%)对大病统筹政策只是了解一点,还有近30%的被访患者不太了解或不了解,这种状况不利于大病救助政策的有效实施,直接影响大病患者的政策受惠。

2. 八成以上的被访患者认为民政部门申请大病救助的程序复杂,对大病救助工作满意度不高

目前民政部门申请大病救助的程序分三大步骤,首先是限定申请对象的条件,其次是申请审批环节,最后是民政部门的落实环节。向民政部门申请大病救助即使顺利也要一个月的时间,这无疑滞延了患者获得救助资金的时间;同时,申请大病救助对申请人有诸多条件约束。57.1%的被访患者认为目前向民政部门申请大病救助的程序比较复杂,28.7%认为很复杂,只有14%认为比较方便。有33.74%的被访患者对这一政策实施工作表示很满意和比较满意，62.13%认为一般，4.13%表示不满意，这说明大病救助工作机制还需要进一步完善。

3. 造成被访大病患者满意度不高的几个主要原因

一是医疗救助的范围、病种有待扩大；二是医疗救助程序复杂、手续繁多；三是医疗救助资金少、救助标准低；四是因病致贫的困难对象逐渐增多，导致不断增加的保障需求与有限的保障规模之间的矛盾十分突出；五是病后报销。当前各种医疗保险都是病后报销，由于患者在病前和病中有很大的不确定性，无法确定其具体病情和医治费用，因此只能进行病后报销和申请。民政救助和慈善救援基本上也是病后申请，虽然对大病患者事前救助也是存在的，但比例很小，而且救助的资金非常有限。所以实际存在的问题是，一些患者在医治中途就无力担负费用，最后只能放弃治疗。

4. 基层医疗机构技术和服务水平亟待提高

大病患者，特别是基层城乡大病患者，要想得到较高报销比例只能在政府指定的县级定点医院就医和住院。如果患者所患的病在定点医院看不了或者没有相应的专科，不得不去其他非定点的级别更高、专业更对口的医院就诊和住院的话，就只能得到较低比例的报销额度；如果不在指定医疗机构就诊，不多的医疗救助还要被取消。这就说明只有在切实提高基层医疗机构的技术和服务水平后，大病患者的医疗负担才能真正有所降低。

5. 救助渠道单一，民政部门救助力度较弱

甘肃省慈善总会目前对个人大病救助还没有具体的项目，平时有人来寻求帮助也爱莫能助。而兰州市慈善总会的大病援助只覆盖兰州市所辖的三县五区，省内其他市（州）的大病患者无法得到援助。据了解，兰州市慈善总会的大病救援主要针对可以痊愈的大病患者，因为慈善资金有限，对非正常情况下的意外事故无法援助。甘肃省内其他市（州）目前几乎没有大病援助项目。这样，除了民政部门的救助之外，大病患者在病中无力担负医疗费用时，几乎没有其他求助渠道。可见，对于大病统筹救助工作，政府和社会还有许多方面亟待完善。

（三）农民工对城镇化的反响与要求

中共十八大报告和新一届国家领导人讲话中，将城镇化作为中国经济社会发展的一个主要动力。城镇化是指人口向城镇集中的过程。目前具有中国大陆农业户口身份在城市打工的农民工，正是推动城镇化发展的主力军。舆情调研组在农民工集中的省会城市兰州、民族地区的临夏回族自治州、甘肃中部的定西市和河西地区的永昌县，抽样选择310位不同职业、不同民族的农民工进行了问卷调研和访谈，了解他（她）们对城镇化的反响与诉求。

1. 被访者外出打工目的明确，但幸福感不强，成为市民的愿望不迫切

57.70%的被访者承认外出打工主要是想多挣钱，23.21%旨在寻找更合适自己发展的职业，15.43%是想学习技术。许多被访者感觉自己和城市人的想法和生活方式有距离。只有25%的被访农民工感到"很幸福"（9%）和"幸福"（16%），55%感觉"一般"，20%感觉"不幸福"和"很不幸福"。因此，只有16%的被访农民工迫切想成为市民，59%对成为市民的愿望是"一般"和"无所谓"，25%干脆"不想成为市民"。

2. 五成被访者认为没有城市住房难以立足，对已出台的相关政策满意度不高

49.64%的被访者认为成为市民的最大障碍是没有城市住房；22%认为是没有城市户口；15%认为自己没有技能，无法在城市长期立足；6.16%认为自己孩子的教育无法解决；4.71%认为城市的医疗费用太高。被访农民工在城市买房者只占9.2%，其余的被访农民工单独或者与人合租居住，也有一些住集体宿舍和工棚。对已经出台的关于农民工的政策，80.77%的受访者表示不了解，56.11%表示对出台政策"不太满意"，10.68%表示"很不满意"，33.21%表示"满意"。

3. 获取工作途径单一，社会保障水平低

76.79%的被访农民工是通过熟人介绍工作的，18.93%是通过劳务公司或者中介机构推荐获得工作机会，很少一部分是通过政府组织劳动力输出或者其他途径获取劳动岗位的。在各种社会保障中，大多数被访农民工购买了医疗保险，其他社会保险缺乏。但由于农民工医疗保险对门诊医疗很少报销，农民工生病一般选择去小诊所看病。

4. 被访者与用人单位的劳动协议以口头居多，当合法权益受到侵害时，寻求法律保护成为首选

53.68%的被访农民工与用人单位没有签订劳动合同；只有27.02%和用人单位签订了劳动合同；19.30%与用人单位既无口头约定，也无正式的劳动合同。但当被问到"在劳动过程中，您的合法权益受到侵害的时候，采取什么样的办法？"时，39.72%的被访者回答寻求法律保护，32.06%要找工会或者政府，28.22%表示"忍受"。不管采取什么方式，绝大多数农民工能够积极应对权益侵害，显示出新时代农民工的维权意识。

5. 被访农民工子女接受城市优质教育困难重重，自身接受职业培训也极其有限

74.63%的被访农民工子女在流出地村镇和县城就学，尽管在流入地义务教育阶段入学和升学基本已经不成问题，但享受城市优质教育资源仍困难重重。13.66%的被访者子女在城市农民工所在地区的一般学校上学，只有11.71%为子女交高额的择校费、赞助费上了心仪的优质资源集中的学校。为了自身的发展，77.52%的被访农民工对参加培训态度积极。但是被访者中有61.51%自己的单位极少有培训机会，只有17.99%的被访者工作单位职业培训较多，20.5%的被访者工作单位根本就没有相关的职业培训。

6. 七成以上的被访农民工希望得到城市户籍，八成以上的被访农民工希望买到城市保障房或是政府为农民工提供的房子

73.05%的被访农民工期望得到城市户口，26.95%认为有没有户口无所谓。对于大多数收入仅仅解决温饱的农民工来说，在城市购买高价的商品房无疑是梦。只有14.34%的被访农民工想买城市中的商品房，56.63%想买到城市中的保障房，还有29.03%期望购买到政府专门为农民工提供的房子。子女入学是一直困扰农民工的一个重大问题，32%的被访者希望农民工的孩子在城市就学能取消各种名目的费用，34%希望孩子就近读书，30%希望建立专门的农民工子弟学校解决读书难的问题。

7. 六成以上的被访农民工希望保留承包土地的"所有权"

12%的被访者对承包地的处理方式是愿意"转让"，22%希望"用土地换取城市户口和住房"，38%希望"采取出租土地的办法"，26%愿意"转包"，只有2%的被访者没有选择具体的方式。64%的被访农民工想保留对土地的承包权。

8. 四成以上的被访者希望具有和当地市民一样的医疗保障，年轻的农民工愿意成为有素质、积极守法的城市公民

41%的被访农民工希望能够拥有和当地市民一样的医疗保障，37%希望在打工的当地享受到新农合政策，22%希望到户籍所在地参加新农合就医。访谈中了解到，大多年轻的农民工表达出在城市进一步发展的强烈愿望，希望通过锻炼、培训等途径，成为有素质、积极守法的城市公民。

综上，从被访农民工的意愿与现实农村经济社会发展看，需要国家统筹城乡一体化发展，有利有节地解决系列问题，诸如农村土地问题、城镇户籍问题、住房问题、就业问题、职业技能问题、社会保障问题及城乡的公共服务问题等，只有这样才能使城镇化过程得以健康有序地发展。

（四）公共文化服务——甘肃民众的评价与要求

近年来，随着我国经济社会发展水平的不断提高，中央政府为保障公民的基本文化权益，相继出台了一系列政策措施，投入了大量资金进行公共文化服务基础设施建设，创新公共文化服务机制。舆情调研组以公众对公共文化服务的评价为专题，在兰州市、定西市、天水市、平凉市、武威市、金昌市、甘南、临夏等8个市（州），以分层抽样的方式对10个社会阶层的630位被访者进行了问卷调研，并对部分被访者进行了访谈。

1. 公共文化服务设施供给充足，基本吻合社会公众的需求

调查显示，以政府为责任主体的有线电视、体育健身场所及器材、免费文艺演出、免费电影放映、阅报栏、农家书屋等与保障民众基本文化权益息息相关的基本文化服务设施基本得到普及，不以政府为责任主体的网吧、录像厅、寺庙、祠堂、歌舞厅等公共文化服务设施也供给充足。从需求看，民众最需要的公共文化服务设施排名前3位的分别为：健身场馆，327位被访对象中有14.37%选择了此项；有线电视，244位被访对象中有10.73%选择了此项；文化活动室，215位被访对象中有9.45%选择了此项。从供给看，社区提供的排名前3位的公共文化服务设施分别是体育健身场馆，有301位被访者选择此项，占18.21%；有线电视，有211位被访者选择此项，占12.76%；图书馆/农家书屋，有177位被访者选择此项，占10.71%。民众最需要的3项公共文化服务政府提供了2项，仅有1项没有完全实现供需对接。

2. 被访者对公共文化服务满意度有待提高

公共文化服务的满意度是体现民众幸福指数的一个重要指标，从公共文化服务项目设置、工作人员专业水平、公共文化服务设施开放时间和工作人员服务态度四个视角调查，结果显示，民众对以上四个衡量指标的满意度均不高。被访者满意度相对最高的是服务设施开放时间，占31.87%；满意度最低的是公共文化服务项目设置，仅占17.22%；对公共文化服务人员服务态度的满意度仅为1/4左右；对公共文化服务人员专业水平的满意度不足三成。可见，有了公共文化服务设施，还需要有一定的公共文化服务能力和水平才能使民众享受到满意的公共文化服务。

3. 社区开展的群众文化活动紧贴国家文化惠民政策，而民众的文化需求呈多样化趋势

文化体育健身活动、免费放电影活动、业余文艺团队演出活动排在社区开展文化活动前3位，这和国家全民建设计划、农村电影放映"2131"工程、"千台大戏送农村"和"送戏下基层"等文化惠民政策紧密相关。从民众最喜欢的群众文化活动看，位列前3位的分别是体育健身活动、劳动技能比赛和兴趣体育项目比赛，分别有284位（19.32%）、205位（13.95%）和183位（12.45%）被访者选择。这和社区提供最多的群众文化活动排名吻合度不高，说明公共文化供给与群众的需求存在一定的差异。同时，在另一方面也说明政府的供给导向对民众的公共文化喜好影响较小。

4. 被访者对公共文化活动的参与意愿强烈，期盼公共文化服务更加贴近生活与时代

439 位（72.80%）被访者表达了积极参与公共文化活动的意愿，认为公共文化场所气氛轻松，有利于放松身心，可以满足自己的兴趣爱好，同时还可增长知识、提升修养。在积极参与的同时，有 315 位（22.56%）被访者期望社区增加文化体育活动场所及设施，271 位（19.41%）期望完善图书室，232 位（16.62%）期望社区提供免费上网场所及设施。对社区的农家书屋/文化活动室建设，被访者期望增加和更新图书、改进设施、增加免费上网电脑数量，认为今后应着重加强文化广场、"三馆"、社区阅览室/农家书屋的建设。被访者对未来公共文化服务的期盼，体现出更加贴近生活的需求和更加贴近网络时代信息化服务的需求。

四 深化改革：政府工作面临新挑战

（一）被访民众对当前甘肃社会存在的主要矛盾的认识与评价

任何国家或地区在其发展的每个阶段都不可避免地存在着矛盾。传统理论认为，人均 GDP 达到 1000 美元～3000 美元时为社会处于转型期的标志，当前甘肃社会毋庸置疑正处于社会转型过程当中。因此，社会转型期所具有的一些矛盾在甘肃社会都有不同程度的体现，如以城乡差距、地区差距、行业部门差距为表征的贫富分化问题，就业问题，干群关系问题，政府行为不规范的问题，核心价值观与多元价值观、传统价值观与现代价值观的矛盾问题，经济社会发展失衡的问题，社会信任缺失的问题等。这些问题若得不到及时处理，将会阻滞甘肃社会发展，进而影响甘肃与全国同步实现

"中国梦"的进程。舆情调研组在兰州市、定西市、天水市、平凉市、武威市、金昌市、甘南、临夏等8个市（州），以分层抽样的方式对10个社会阶层的630位被访者进行了问卷调研，并对部分被访者进行了访谈。

1. 七成以上的被访者认为目前甘肃省社会矛盾在可控范围内

4.17%的被访者认为目前的甘肃省政通人和，没有社会矛盾；66.61%认为有一些矛盾，但总体可控；12.52%认为矛盾非常尖锐，已对社会稳定构成严重威胁；另有16.70%的被访者表示说不清楚。对未来甘肃省社会矛盾的发展态势，11.84%的被访者认为会更加严峻，15.74%认为会很快解决，17.26%认为将持续减弱，29.44%认为将会持续较长时间，25.72%表示不好说。这表明大多数被访者对未来甘肃省社会矛盾的发展存在疑虑，对政府解决社会矛盾有更大的期盼。

2. 被访者对政府处理社会矛盾成效认同度不高，民生问题是困扰当前社会发展的主要矛盾

各级政府在化解社会矛盾方面倾注了大量心血，但并没有得到被访民众的广泛认同。除对促进法律公正、促进教育公平、完善社会保障方面的满意度在10.00%左右外，其他方面的满意率都不足一成。对当前甘肃省社会矛盾问题调查显示：排在第一位的是就业问题（占11.16%），第二位是社会公平问题（占9.97%），第三位是物价问题（占9.66%），第四位是收入差距贫富悬殊问题（占8.29%）。这四类矛盾与民生攸关，当前及今后一段时间，政府应在解决民生问题方面下更大的气力，以带动其他矛盾的解决。

3. 引发甘肃社会矛盾的主要原因多样，被访者希望政府处理社会矛盾的成效能够提高

关于引发甘肃社会矛盾的主要原因调查显示：14.27%的被访

者认为官员贪污腐败、侵占国家集体财产是引发甘肃省社会矛盾的主要原因，14.12%认为是社会保障没有到位，12.51%认为是经济发展与社会利益分配的不均衡，12.01%认为是各级干部存在形式主义、官僚主义、享乐主义和奢靡之风，11.45%认为是下岗失业没有得到妥善安置，10.35%认为是征地拆迁及补偿不合理，9.85%认为是政策在基层下达缓、执行难，8.29%认为是政府有关部门及垄断行业乱收费，3.62%认为是社会转型期利益格局调整和变革的必然过程，3.37%认为是人民大众认识狭隘、激化矛盾。可见，引发社会矛盾既有体制不完善的原因，也有各种机制不健全的原因。但在当下，应该从狠抓官员清廉和干部作风做起，大力完善社会保障措施，合理调整利益分配格局，切实解决城镇职工下岗失业和农村征地拆迁及补偿问题。

关于对当地政府处理社会矛盾的能力及效果调查显示：有4.85%的被访者认为"非常强、很有效"，33.61%认为"强、比较有效"，45.65%认为"一般、穷于应付"，10.20%认为"弱、效果较差"，5.69%认为"非常弱、效果很差"。38.46%的被访者肯定政府处理社会矛盾的成效，但是有61.54%以上的被访者对政府处理社会矛盾的成效持有不同意见。关于对当地政府在处理社会矛盾中的角色定位调查显示：3.91%的被访者认为当地政府在化解社会矛盾中所扮演的角色是"一味打压的反面角色"，32.82%认为是"完全形式主义、应付了事"，18.71%认为是"积极维护自身利益、忽视人民权益"，33.67%认为是"积极解决问题、维护大众权益"，10.88%认为是"坚持依法行政、推动法治建设"。44.55%的被访者认为政府角色定位准确，但是55.44%的被访者持不同意见。可见，各级政府在今后处理社会矛盾时，还需要主动转换角色，更加注重对公民权益的保障。

4. 公信力不高是地方政府处理社会矛盾的最大症结，有效化解社会矛盾的方式多样

24.24%的被访者认为政府的公信力"非常高"（2.02%）或者"高"（22.22%），75.76%以上的被访者认为"一般"（63.13%）、"低"（10.27%）或者"非常低"（2.36%）。关于如何才能减少社会矛盾的调研显示：12.53%的被访者认为要"打击贪污腐败"，11.53%认为要"加强基层建设，提高基层干部的政治素质和工作能力"，10.70%认为要"提高政府透明度"。其他的措施还包括：认真开展教育实践，切实解决群众所难（10.19%），提高政府公信力（9.82%），缩小贫富差距（9.56%），依靠党委政府和有关部门做好群众工作（8.74%），坚持依法治国、依法执政、依法行政，推动法治国家、法治政府、法治社会建设（8.33%），加强调研，加强社会矛盾的预防和善后工作（7.07%），进一步健全群众利益诉求表达机制（6.55%），大力发展经济，构建合理的利益关系协调机制（4.98%）。为此，政府应该在处理社会矛盾中要做到更有作为、认真对待公民权利，把法治建设作为化解和处理社会矛盾的抓手，同时，注重社会矛盾预警机制的建立和完善。

（二）新阶层对政府绩效的评价

新社会阶层是指改革开放以来，从工人、农民和知识分子阶层中分化出来的、存在于传统体制之外的新社会群体。他们在社会事务中发挥着越来越重要的影响力，表达自身政治诉求和参与政治事务的主动性、迫切性与日俱增。舆情调研组分别在兰州、张掖和嘉峪关3个城市展开调查，按其职业分别向民营科技企业的创业人员和技术人员、受聘于外资企业的管理技术人员、个体户、私营企业主、中介组织、自由职业等六个方面的250位从业人员进行了问卷调研与访谈。

1. 近五成的被访者认为政府转变工作作风有效果，百姓在政府今年承诺的 10 项 26 件实事中受益

47%的被访者认为中央"八项规定"和省委"十项规定"对转变政府工作作风"有效果"，35%认为"一般"，12%认为"不太有效果"，6%认为"没有效果"。48.3%的被访者认为省政府2013年承诺要办的10项26件实事百姓能从中受益，31.9%认为受益"较小"，15.5%认为"流于形式"，4.3%认为"不能"，表明被访者对政府执政能力信任度较高。

2. 七成以上的被访者对政府行政绩效总体评价良好

75%的被访者对政府行政绩效表示"满意"（20.7%）或"基本满意"（54.3%），15.9%表示"不太满意"，9.1%表示"不满意"，表明大多数被访者对政府行政绩效总体效果满意程度较高。分地区调查进一步分析结果显示，对政府行政绩效总体"满意"度最高的是嘉峪关市，占其问卷总数的33.3%；满意度最低的是兰州市，占其总数的10.5%。

3. 被访者期望政府提高行政效能，特别是反腐败力度亟待加强

新阶层对政府行政工作改进期望排列前3位的选项依次是"办事效率""廉政勤政和惩治腐败"以及"服务态度"，选择前3位的频次分别占总频次的15.2%、14.5%和12%。调研数据和访谈表明，尽管政府在转变工作作风方面成效明显，执政能力和社会责任意识进一步提升，但是不同职业的被访者对政府行政效能的满意度差异较大，尤其一些具体部门在行政效能方面需要进一步改进。"廉政勤政、惩治腐败"作为满意度最低的选项，表达了被访者对政府加大反腐倡廉力度的期盼，应该引起决策部门的重视。

4. 七成以上的被访者对政府社会绩效总体满意，特别对基础设施建设、改善人居环境以及社会治安状况评价较高，尤其对政府的抗震救灾工作评价最高；但是对收入水平、经济适用房建设和物价上涨满意度最低

75%的被访者对政府社会绩效总体表示"满意"（21%）或"基本满意"（54%），15.9%表示"不太满意"，9.1%表示"不满意"，大多数被访问者对政府社会绩效总体表示满意。以贴近民众生活的12项政府社会建设工作作为评价指标，以民众满意度为变量，由高到低排序，测试民众对政府社会绩效具体评价效果，结果显示，排列前3位的依次是基础设施建设、改善人居环境以及社会治安状况，分别占被访者总数的41.4%、38.4%和35.3%。这表明政府在基础设施建设方面成就显著，这是近年来甘肃省为加大对外开放在基础建设和改善人居环境方面投入力度大的直接体现。2013年7月22日甘肃定西市岷县、漳县发生里氏6.6级地震，92.7%的被访者对政府的抗震救灾工作表示满意，其中"非常满意"占14.7%，"比较满意"占45.7%，"基本满意"占32.3%，表示"不满意"的仅占7.3%，表明甘肃省政府在应急管理建设及应对处理突发性事件方面效能显著。

满意度排在后3位的是"收入水平""经济适用房建设"和"物价上涨"。反映出甘肃经济欠发达的省情，民众收入水平太低、民生保障水平较低、对物价上涨承受能力太差的现状，应该引起决策部门的重视。

5. 被访者期望政府在社会建设方面更加重视民生与环境

被访者希望政府在社会建设方面的改革，排在综合类项目前两位的分别是民生与环境。排在具体项目前3位的分别是重视垃圾收集与处理、平抑物价、增大绿地面积，分别占总频次的29.9%、

27.4%和26.1%。表明被访问者对政府社会建设改进方面的期望与他们的生活密切相关，折射出近年来中央政府重视民生工程及以人为本的执政理念与民众期望相一致。

（三）民众对地方政府信息公开的评价

政府信息公开是市场经济的必然要求，是建设服务型政府的重要举措，同时也是提高科学执政、民主执政、推进社会主义民主的有效方式。政府信息公开制度成为保障公民知情权，建设公开、透明和民主、服务型政府的重要手段和保障。舆情调研组在兰州市、定西市、天水市、平凉市、武威市、金昌市、甘南、临夏等8个市（州），以分层抽样的方式对10个社会阶层的630位被访者进行了问卷调研，并对部分被访者进行了访谈，了解甘肃民众对地方政府信息公开的评价。

1. 被访者对政府信息公开制度了解不够，但对其作用持肯定态度

政府信息公开条例实施至今已5年有余，仍有32.93%的被访者根本不知道有这样一个条例；虽然有35.34%的被访者表示知道该条例，但不知道该条例是否保障了民众的知情权；只有7.93%的被访者知道该条例并认为条例保障了公民知情权。90.05%的被访者不知道国务院和甘肃省对政府信息公开重点工作的安排和内容。46.27%的被访者认为政府或者所在部门没有建立信息公开后的反馈制度。

无论对政府信息公开制度是否了解，民众对政府信息公开制度的作用持肯定态度。64.30%的被访者认为信息公开制度可以保障和扩大公民的知情权；54.25%认为有助于公众对政府的监督，可以加速民主法治进程；44.89%认为可以使公民积极参与公共生活，

提高参与意识；41.59%认为政府信息公开制度是政府转变职能的契机，是建设阳光政府的重要一步；41.07%认为信息公开制度将信息公开变成了政府的法定义务。

2. 政府信息公开方式单一，但是被访民众获取政府信息的途径多样，政府微博尚未成为被访民众了解政府信息的主要方式

电子政务已经成为政府部门提高效率的重要手段，政府门户网站成为承载政府信息公开的主流载体和窗口。33.56%的被访者表示没有查询过政府网站上的信息，9.71%表示很难找到需要的信息，37.14%表示基本或者大部分能找到，19.59%表示只有小部分信息能找到。被访者了解政府信息的主要渠道是广播电视，占33.05%；其次分别为报纸杂志、与人交流；通过政府部门及其网站了解政府信息的仅排第4位。与发达省份政府微博的广泛使用相比，在本项调查1292人的选择中，只有46人选择政府微博，政府微博尚未成为甘肃省民众了解政府信息的主要方式。

3. 九成被访者对政府信息公开内容缺乏认知

九成被访者不知道国务院和甘肃省对政府信息公开重点工作的安排和内容，但国家关于政府信息公开的一些重点工作正是民众关注的公开内容。民众最关注食品药品安全信息，占选择人次的62.91%；价格和收费信息排第二位，占48.89%；保障性住房信息排第三位，占48.72%；其他依次为征地拆迁信息、环境质量信息、安全生产信息、政府预决算和"三公"经费、政府行政审批信息和公共企事业单位信息。49.78%的被访者认为最难以获得的信息是政府预决算和"三公"经费信息，其他依次是政府行政审批信息（29.74%）、征地拆迁信息（25.65%）、保障性住房信息（23.28%）、以教育为重点的公共企事业单位信息（20.91%）、价格和收费信息（19.40%）、食品药品安全信息（14.01%）、环境质量信息（10.34%）、安全生产信息（8.62%）。

4. 九成被访者对依法申请公开政府信息的权利认识不清，对地方政府信息公开满意度不高

仅有10.02%的被访者知道可以依法申请政府公开信息；40.07%表示虽然知道可以申请政府公开信息，但不知道该如何申请；49.91%表示根本不知道可以申请政府公开信息。关于是否可以申请政府公开信息目录中没有的信息，59.65%的被访者认为可以申请，39.6%认为不可以申请公开，0.71%不清楚是否可以申请公开。从对目前甘肃省地方政府信息公开情况的整体评价看，表示"非常满意"和"满意"的占29.27%，表示"不满意"和"非常不满意"的占10.15%，认为"一般"的占60.58%。

5. 被访者对政府公开信息的关注度高，希望多渠道、全面公开重点领域的信息

88.83%的被访者表示关注政府信息，其中表示会经常关注政府是否公开信息的占18.61%，偶尔关注的占70.22%；只有11.17%表示不会关注。79.14%的被访者认为当地政府公开了相关信息但并不全面，10.86%认为地方政府没有公开这九个方面的信息，只有9.48%认为全面公开了，其中农业劳动者占选择该答案人数的44%。被访者最希望通过广播、电视、报刊等新闻媒体获得政府信息，其次分别为政府部门及其网站和政府部门办公场所的公开栏。

（四）甘肃政府网站信息传播分析与预测

党的十八大报告提出要"建设职能科学、结构优化、廉洁高效、人民满意的服务型政府"。随着网络社会的崛起，以及政府角色从发展型向服务型的转变，通过政府网站提供服务逐渐成为了创新社会管理的重要手段、方式和平台。政府网站在为公众和企业提供服务和满足其政务信息需求方面发挥越来越重要的作用。舆情课题组对甘肃政府网站信息传播的150位受众进行了问卷调查，调查对象是兰州市部分高校在校大学生，籍贯覆盖甘肃13个地市（除甘南）。

1. 甘肃政府网站信息公开能力逐渐提升，但在全国排名整体靠后

以中国软件测评中心测评的地市政府网站信息公开指数的结果作为分析依据，从296个地市测评结果中提取2010年、2011年、2012年甘肃地市测评结果作为分析样本，计算得出甘肃地市政府网站信息公开指数2010年为0.22，2011年为0.31，2012年为0.41，表明甘肃地市政府信息公开能力逐渐提升。但与全国比较可以看出，甘肃地市政府网站信息公开指数全国排名整体靠后，2012年除兰州进入全国前30名以外，其余市州排位均在170名以后，排名状况与全国平均水平存在较大差距。

2. 在线办事能力显著增强，企业服务能力优于个人服务能力

依据中国软件测评中心关于中国地市政府网站绩效评估的结果，通过比较2010年、2011年、2012年甘肃地市政府网站绩效评估中在线办事的指标指数，发现甘肃地市政府网站在线办事能力显著增强。比较2012年和2011年数据，2012年教育服务指数均值为0.36，较2011年的0.11提高了227.27%；社保服务指数均值提高258.22%，就业服务指数均值提高76.76%，医疗服务指数均值提高180%，住房服务指数均值提高276.07%，交通服务指数均值提高390.38%，婚育收养服务指数均值提高61.78%，公用事业服务指数均值提高108.26%，证件办理指数均值提高138.49%，企业开办指数均值提高260.21%，经营纳税指数均值提高357.34%，资质认定指数均值提高149.85%。比较2012年甘肃地市政府网站在线办事的企业服务指数与个人服务指数的均值，通过计算得出企业开办指数均值为0.52，经营纳税指数均值为0.50，资质认定指数均值为0.31，招商引资指数均值为0.48；普遍高于社保服务指数均值为0.24，就业服务指数均值为0.12，医疗服务指数均值为0.19，婚育收养服务指数均值为0.26，公用事业服务指数均值为0.20。表明甘肃地市政府网站在线办事的企业服务能力优于个人服务能力。

3. 互动交流能力有所提升，整体能力依然偏弱

依据中国软件测评中心关于甘肃地市政府网站互动交流指数的测评结果，并对甘肃地市政府网站2010年、2011年、2012年的互动交流指数进行均值比较，2012年相较于2011年提高了65.53%，表明甘肃地市政府网站互动交流能力有所提升。从甘肃地市政府网站互动交流指数的全国排名可以看出，各指数均排在全国平均位次以后，表明甘肃地市政府网站互动交流的整体能力依然偏弱。

4. 网络舆情引导能力较强，地市政府网站之间差距明显

依据2012年中国软件测评中心关于中国地市政府网站的网络舆情引导指数的测评结果进行排名，平凉位列全省第一、全国第十二，整体均值为0.33，表明甘肃地市政府网站网络舆情引导能力较强。从网络舆情引导指数和全国排名可以看出，甘肃地市政府网站网络舆情引导能力之间的差距明显，平凉网络舆情引导指数为0.6，而嘉峪关仅为0.09，可见，地市政府网站间差距明显。

5. 信息服务需求强烈，实际运用政府网站较少

问卷调查的结果显示，调查对象对政府网站提供信息服务的心理需求强烈。在"您对政府网站公开政务信息，在线办理事情、开展政民互动的看法是"的问题中，认为政府网站非常有用处的占63.51%，认为有些用处的占29.73%，认为无所谓的占6.08%，认为完全没用的占0.68%。但调查对象实际运用政府网站为自己提供服务的较少。在"您是否登录过政府网站"的问题中，回答登录过的占37.16%，从没登录过的占62.84%。

6. 手机上网成主流方式，信息需求内容个性化

问卷结果显示，手机上网成为上网的主要方式，占被访者的87.8%，电脑上网仅占12.2%。可见，顺应时代发展潮流，政府网站要进行多渠道传播，让公众能够无障碍浏览政府网站信息。关于信息需求，呈现内容个性化特征。对就业招聘、工资福利等信息的需求排第一位（74.32%），其次为教育机构、教育收费和各种考试信息（68.92%），在线缴费、在线预约、在线查询等便民生活服务信息（65.54%），休闲娱乐信息（59.46%），政府机构职责信息（50%），政策法规信息（43.92%），医疗机构、医疗费用等医疗信息（41.89%），政府财政报告信息（39.19%），政府工作动态信息（30.41%），其他信息（16.22%）。

7. 政府网站信息查找不便捷，场景式服务更受欢迎

在登录过政府网站的调查对象中，认为网站更新不及时的占27.27%，网站界面不友好的占5.45%，查找信息不便捷的占61.82%，在线办事有名无实的占38.18%，反映问题没有答复或答复不及时的占10.91%，其他占9.09%。表明当前甘肃政府网站信息传播的主要问题是信息查找不便捷。在"政府网站信息分类方式您最喜欢的是"问题中，选择按管理部门分类的占22.97%，按涉事领域分类的占25.00%，按主要领导分类的占3.38%，按用户需求分类的占48.65%。表明政府网站信息按用户问题和需求分类更贴近用户实际需求，场景式服务更受欢迎。

五 2013年甘肃民众关注的社会热点变化与分析

（一）甘肃民众关注的十大社会热点变化分析

2013年甘肃民众关注的社会热点调查结果显示：有62.02%的被访者关注住房问题，由2012年的第二位升至第一位。这一方面是由于人们住房的刚性需求，另一方面也与兰州地区的房价不断上涨的态势有关；食品安全问题以59.04%的关注比例位居第二，由2012年的第三位升至第二位，关注者比例也比2012年（52.70%）上升了6.34%；环境问题位居第三，比2012年的第五位提升了2个位次，有56.21%的被访者关注，比2012年上升了5个百分点；位居第四的是反腐败问题，有55.22%的被访者关注，同样比2012年提升了2个位次，上升了6.82%；就业问题以52.40%的关注比例位居第五，比2012年的41%提升了11.4个百分点，由第八位上升到第五位；物价问题则由2012年的第一位降至第六位，关注者比例为50.25%，比2012年下降了12.35%，可见政府对物价的调控政策有一些明显的作用；位居第七的是医疗问题，有48.26%的被访者关注，由2012年的第二位降下来，较2012年下降了12.84%；养老与社会保障问题位居第八，有47.93%的被访者关注，较2012年下降了4.57%；教育问题以34.66%的关注比例位居第九，较2012年提升一个位次，关注者比例提高了4.66%；位居第十的是收入水平与收入分配问题，有31.34%的被访者关注，比2012年下降了一个位次，下降了3.66%。

综上，住房、食品安全、环境、反腐败、就业、物价、医疗、养老与社会保障、教育、收入水平与收入分配等十大热点问题，除反腐败问题之外，均是关乎百姓切身利益的问题，与当前甘肃主要社会矛盾的调研结论、与民众对政府的诉求和期盼相吻合。因此，在甘肃解决民生问题仍然是重中之重。

（二）被访民众关注其他问题的描述

被访民众对其他问题的关注也能够反映出甘肃的省情：社会治安问题位居第十一，与2012年的位次相同，关注者的比例（23.71%）较2012年下降了0.69%；新型城镇化建设位居第十二，有22.72%的关注者；社会诚信问题以19.57%的关注者比例位居第十三；政治体制改革位居第十四，关注者比例为12.44%，关注度的位次与关注者的比例均较2012年有所上升；中日关系（钓鱼岛问题等）居第十五位，关注者比例为9.45%；2013年7月22日，甘肃漳县、岷县发生了6.6级地震，关注这次地震灾害的被访者占9.29%，位居年度关注热点的第十六位；关注度居第十七位的是宏观经济形势，占7.13%；关注改进作风"八项规定"和"群众路线"教育实践活动的占6.63%，居第十八位；关注甘肃"华夏文明传承创新区"建设的占5.80%，居第十九位；关注兰州新区建设的占5.64%，居第二十位。

关于被访者对21个热点问题关注的原因调查显示：认为"相关问题社会影响大"的占31.08%，认为"与个人利益有联系"的占30.43%，因为"电视、报刊等媒体报道多"的占20.91%，因为"周边人们议论多"的占16.28%。可见，这是甘肃舆情热点产生的几个源头。

六 2014年甘肃舆情预测

2013年11月12日,党的十八届三中全会发出公报:会议审议通过的《中共中央关于全面深化改革若干重大问题的决定》要推进国家治理体系和治理能力现代化,更加注重改革的系统性、整体性、协同性,加快发展社会主义市场经济、民主政治、先进文化、和谐社会、生态文明,让一切劳动、知识、技术、管理、资本的活力竞相迸发,让一切创造社会财富的源泉充分涌流,让发展成果更多更公平惠及全体人民。那么,有哪些重大的系列改革能够实现上述目标?这些改革的顶层设计在多大程度上能够解决甘肃省内的诸多问题?地方政府在这场深刻的历史变革中将会有怎样的变革与作为?这些都将决定着2014年乃至今后几年甘肃省舆情发展的走向。

(一)全会提出,加快构建新型农业体系,赋予农民更多财产权利,推进城乡要素平等交换和公共资源均衡配置,完善城镇化健康发展体制机制

这项改革正是解决广大农民、农民工在城镇化过程中所遇到诸多难点、热点问题的重大突破,从根本上解决城乡二元化的问题,实现城乡一体化的科学发展,回应了农民对执政党和政府的期盼,必定得到几亿农民的支持与拥护。

(二)全会提出,要形成科学有效的权力制约和协调机制,加强反腐败体制机制创新和制度保障,健全改进作风常态化制度

这项改革需要真刀真枪的实施方案,中央领导带头践行,将权力真正关进笼子,让权力真正在阳光下运行,铲除滋生腐败的基

础。这正是全国人民多年来的期盼，必定能够得到全国人民的支持与拥护。

（三）全会提出，实现发展成果更多更公平惠及全体人民，必须加快社会事业改革，解决好人民最关心最直接最现实的利益问题，更好地满足人民需求。要深化教育领域综合改革，健全促进就业创业体制机制，形成合理有序的收入分配格局，建立更加公平可持续的社会保障制度，深化医药卫生体制改革

教育、就业与创业、收入分配、社会保障、医药卫生五大民生问题，是甘肃人民也是全国人民近年来长期关注的热点难点问题，也是关乎全国人民最直接最现实的利益问题。甘肃人民期望科学合理的制度设计，能够解决收入分配中不合理的地区差距、行业差距和城乡差距；能够在全国建立统一的社会保障体系，建立合理的保障标准，让每一位公民都能享受社会保障的温暖；建立全民的医疗保障体系，让每一位公民都能得到医疗保障的呵护；让教育制度能够真正解决上学难问题，让制度保障受教育者的权利；能够创造公平公正的就业与创业机会，充分激发人民的创造活力。

一切从人民利益出发的改革，必定得到人民的支持与拥护，必然引导舆情态势健康发展，使社会和谐稳定。

说明：本报告所引用的数据与资料，均来自甘肃省社会科学院舆情调研组 2013 年 8~9 月在甘肃省 14 个市（州）18 个县的问卷调研与访谈。

阶 层 篇

Stratum Reports

B.2
甘肃党政干部对谱写"中国梦"美好甘肃新篇章的认知和建议

魏学宏*

摘　要： "中国梦"植根于建设中国特色社会主义事业的伟大实践，加快甘肃发展是"中国梦"时代旋律中不可或缺的重要组曲。甘肃省党政干部对谱写"中国梦"美好甘肃新篇章的认知程度将直接关系到谱写"中国梦"美好甘肃新篇章的实现。通过问卷调查，了解到党政领导干部阶层对谱写"中国梦"美好甘肃

---

* 魏学宏（1973～），男，硕士，甘肃省社会科学院信息化研究所助理研究员，主要研究方向：信息学、美学。

新篇章的认知程度，建议从加快扶贫攻坚步伐、推进民生工程、加快经济发展、改善生态环境、开展群众教育实践活动、加强宣传和培训等方面谱写"中国梦"美好甘肃新篇章。

关键词： 中国梦　甘肃新篇章　党政干部　认知

2012年11月29日，中共中央总书记习近平带领新一届中央领导集体参观中国国家博物馆"复兴之路"展览现场时指出："实现中华民族伟大复兴，就是中华民族近代以来最伟大的梦想！"这一时代解读，既饱含着对近代以来中国历史的深刻洞悉，又彰显了全国各族人民的共同愿望和宏伟愿景，为党带领人民开创未来指明了前进方向。

"中国梦"植根于建设中国特色社会主义事业的伟大实践，加快甘肃发展是"中国梦"时代旋律中不可或缺的重要组曲。甘肃目前面临的最大机遇是政策叠加，最大希望是开放开发。对此，甘肃必须倍加珍惜来之不易的历史机遇，全面深入、扎实有效地推进建设工作，加快建设经济发展、山川秀美、民族团结、社会和谐的幸福美好新甘肃，加快提高全面小康进程的实际成效，谱写"中国梦"美好甘肃新篇章。

本报告通过问卷调查的实证，分析了甘肃党政干部对谱写"中国梦"美好甘肃新篇章的不同认知及建议。了解党政领导干部阶层对谱写"中国梦"美好甘肃新篇章的认知程度，有利于我们正确了解甘肃党政干部对谱写"中国梦"甘肃美好新篇章的认知态势，也有利于甘肃党政干部认识自身，以扎实有效的举措、求真务实的作风、造福人民的实效，引领甘肃人民早日实现"甘肃梦"。

一 被访者的基本情况

本次调查对象主要选取了在甘肃省委党校和甘肃省行政学院参加培训的来自全省14市（州）的党政领导干部，包括地（厅）级、县（处）级、科级和一般干部四个级别，共发放问卷230份，收回有效问卷211份，问卷回收有效率为91.74%。

从性别结构看，调查对象中男性占多数，共162人，占被访者总数的76.78%；女性49人，占23.22%。从年龄分布上看，20～30岁的24人，占被访者总数的11.37%；31～40岁的32人，占15.17%；41～50岁的114人，占54.03%；51岁及以上的41人，占19.43%。从职务级别看，一般干部18人，占被访者总数的8.53%；科级23人，占10.90%；县（处）级137人，占64.93%；地（厅）级33人，占15.64%。从工作单位看，52人在党群部门工作，占被访者总数的24.64%；14人在人大、政协机关工作，占6.64%；91人在政府部门工作，占43.13%；17人在政法部门工作，占8.06%；33人在事业部门工作，占15.64%；4人在企业工作，占1.90%。

二 问卷数据分析

（一）被访党政干部对"中国梦"以及与个人梦想关系的认识

"中国梦"代表了新一届政府对于建设富强、民主、文明、和谐的社会主义现代化国家的目标和信心。在被访党政干部中，48.82%的人表示很了解"中国梦"，48.82%表示大概知道，但比较模糊。被问及"提到'中国梦'，您首先想到的基本内涵是什么？"时，81.52%的人选择了国家富强、民族振兴、人民幸福。被问及"您对于中国梦抱有多大的信心和期望？"时，59.72%的人选择了比较有信心，认为需要较长的时间和较大的努力来实现；30.81%的人选择完全有信心，认为一定可以实现；8.06%选择没什么信心，只是很美好的梦想；只有3人选择了"无所谓，和我无关"。综合来看，广大党政干部比较关心"中国梦"的提法，能够积极地通过各种途径了解有关"中国梦"的报道以及内涵。梦想在前，路在脚下，90%的被访党政干部认为只要顽强奋斗、艰苦奋斗、不懈奋斗，伟大的"中国梦"一定能实现。

梦的内容反映的是追求，体现的是抱负。中华民族有自己的梦想，每个人也有自己的梦想。当被问及"您目前的梦想是什么？"时，48.10%的党政干部把身体健康、家庭和睦作为自己目前的梦想，选择工作稳定、收入增加的被访者占25.71%。与此同时，我们在甘南、临夏、武威、天水、平凉、定西等地做舆情调查的时候，在社会十大阶层中问及了同样的问题，身体健康、收入增加、工作顺心、家庭和睦位居选择前四位，这说明目前大家的梦想基本趋同。被问及"您认为梦想是什么？"时，57.82%的党政干部认为自己的梦想是一个希望实现的目标，34.12%认为自己的梦想是一种期望达到的生活状态。对于个人梦想，71.09%的被访者对自己的梦想充满信心，会继续努力争取实现；15.17%认为梦想越来越远，难以实现；认为梦想越来越近，很有希望的占12.80%。对于"中国梦"与个人梦想之间的关系，65.40%的被访者认为个人梦想是"中国梦"的一部分；26.07%认为"中国梦"实现了，自己的梦想也就实现了;9人认为个人梦想与"中国梦"没有什么关系。个人的梦想,只要不与国家利益和社会利益相冲突,就是合理的梦、合情的梦。个人的梦想能否实现、实现的程度、实现之后能否巩固发展和坦然享受,取决于个人梦想与人民的共同梦想是否协调一致。只有把个人梦想有机地融入"中国梦"之中,个人的梦想才能得到较好较快的实现。当个人的梦想融入到人民的共同梦想之中,融入到祖国和中华民族的发展之中,个人的梦想就会成为"中国梦"之中最有价值的部分。全体中国公民或者绝大多数中国公民的个人梦想实现了,"中国梦"也就实现了;换言之,"中国梦"实现了,全体中国公民或者绝大多数中国公民的个人梦想也必然得以实现。

(二)被访党政干部对谱写"中国梦"美好甘肃新篇章的关注

习近平总书记2013年2月在甘肃视察时,明确要求加快建设经济发展、山川秀美、民族团结、社会和谐的幸福美好新甘肃,努力与全国一道全面建成小康社会,这既为甘肃描绘了美好蓝图,也为甘肃指明了努力方向。在211位调查对象中,23.70%的被访者表示很关注谱写"中国梦"美好甘肃新篇章,52.61%表示关注,16.58%表示偶尔看看,7.11%表示不知道。由此可见,被调查的党政领导干部对谱写"中国梦"美好甘肃新篇章的关注率不低,大多数人(占76.31%)都密切关注甘肃谱写"中国梦"美好甘肃新篇章。被问及"如果要加强谱写中国梦甘肃美好新篇章的宣传力度,您认为哪种方式有效?(多选)"时,25.33%的被访者选择广播电视,19.20%选择网络,17.20%选择报纸杂志,13.20%选择标语或公益广告,9.47%选择手机短信,8.53%选择政府文件或工作报告,5.60%选择企业产品宣传,1.47%选择其他(见图1)。

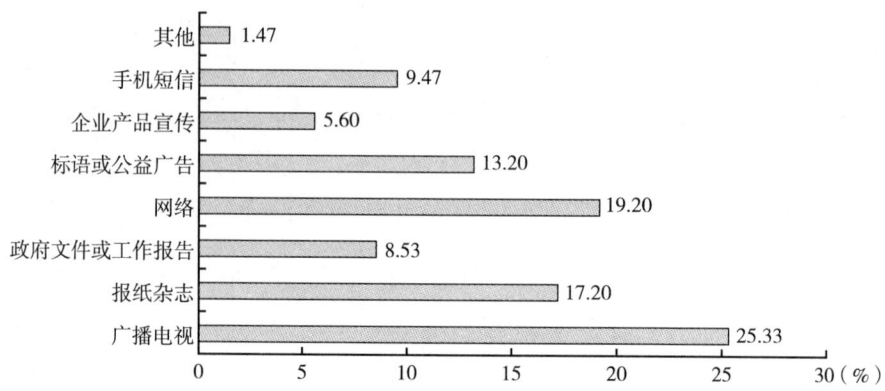

图1 被访党政干部对谱写"中国梦"美好甘肃新篇章宣传方式的期望比例

(三) 被访党政干部对谱写"中国梦"美好甘肃新篇章相关问题的认识

1. 对谱写"中国梦"美好甘肃新篇章基本内涵的认识

"建设经济发展、山川秀美、民族团结、社会和谐的幸福美好新甘肃,努力到2020年与全国一道全面建成小康社会,就是甘肃的中国梦"。被问及"在中国梦的大背景下,您觉得甘肃未来梦想的基本内涵是什么?"时,87.2%选择了"经济发展、山川秀美、民族团结、社会和谐"。这说明党政干部对谱写"中国梦"美好甘肃新篇章基本内涵比较了解。

2. 对谱写"中国梦"美好甘肃新篇章具体内容的了解程度

在所有调查对象中,12.80%表示对谱写"中国梦"美好甘肃新篇章具体内容完全了解,36.02%比较了解,这反映出被访党政领导干部对谱写"中国梦"美好甘肃新篇章的具体内容了解得不是很全面、很深刻。特别是有37.44%的被访者只是大概知道谱写"中国梦"美好甘肃新篇章的内容,有13.74%不了解具体内容。这说明大部分被访党政领导干部在对谱写"中国梦"美好甘肃新篇章具体内容的认知方面需要进一步加强。只有对谱写"中国梦"美好甘肃新篇章具体内容有了深刻认识,才可能在决策实践中加以重视,因此,在谱写"中国梦"美好甘肃新篇章过程中,把谱写"中国梦"美好甘肃新篇章的具体内容和本地区本部门发展实际情况相结合,应该是我们实际工作的重点之一。

3. 对谱写"中国梦"美好甘肃新篇章根本目标的认知

被问及"您认为谱写中国梦甘肃美好新篇章最根本的目标是什么?"时,85.31%的被访者选择了"富民兴陇",4.26%选择了"促进城乡融合",5.69%选择了"扩大经济总量",4.74%选择了"增强经济竞争力"(见图2)。

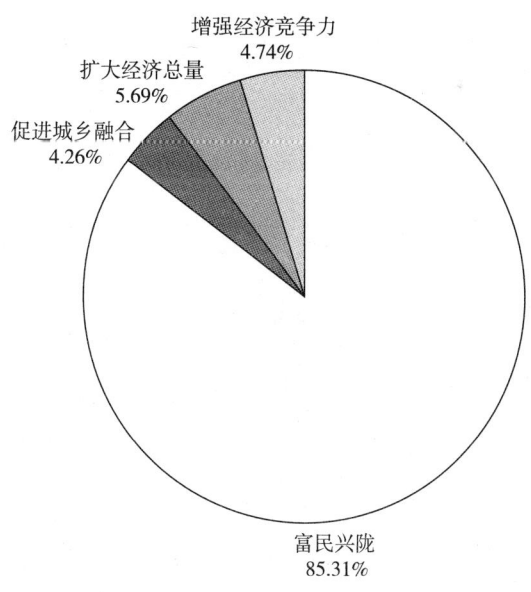

图2 被访党政干部对谱写"中国梦"甘肃美好新篇章根本目标的认知比例

4. 对谱写"中国梦"美好甘肃新篇章主要障碍和难点的认知

中华民族伟大复兴的"中国梦",让我们备受鼓舞。脱贫致富奔小康,是全省人民的"甘肃梦"。但我们不得不说,让贫困地区脱贫致富的路子越走越宽,让贫困群众过上美好生活的愿望变成现实并不是一件简单的事情,真正要实现"中国梦"美好甘肃新篇章我们需要做的工作、干的事情还很多。而在被问到"您认为哪些因素会阻碍谱写中国梦甘肃美好新篇章的最终实现?(多选)"时,有15.70%的被访者认为是政府对政策执行不力;10%认为是社会建设滞后;12.86%认为是社会严重不公;10%认为是发展道路决策错误;12.86%认为是经济停滞不前;10%认为是社会公众意识淡薄;14.29%认为是法治不健全,执行不到位;14.29%认为是各级干部缺乏效能意识,贪污腐败。被问及"您认为实现谱写中国梦甘肃美好新篇章难点主要是哪方面?(多选)"时,22.51%的被访者认为是"国家政策扶持不够";27.73%认为是"各级领导干部真抓实干的意识不强";20.39%认为是"政府宣传及政策落实执行不到位";19.09%认为是"群众参与意识不够高";10.28%认为是"企业、组织机构普遍不够配合,不给力"(见图3)。

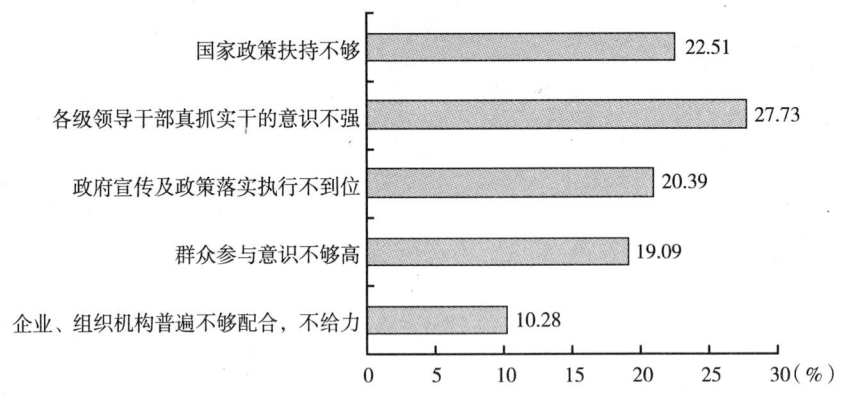

图3 被访党政干部对谱写"中国梦"甘肃美好
新篇章难点的认知比例

由此可见,要把谱写"中国梦"美好甘肃新篇章落到实处,甘肃各地党政干部都要认真思考阻碍本地区本部门发展的障碍是什么?制约本地区本部门发展的难点是什么?只有党政干部对谱写"中国梦"美好甘肃新篇章的实现需要解决的瓶颈达成共识,才能对谱写"中国梦"美好甘肃新篇章起到一定的促进作用。

5. 对谱写"中国梦"美好甘肃新篇章最有效手段的认识

在被问到"您认为实现谱写中国梦甘肃美好新篇章比较有效的手段是什么?(多选)"时,20.02%的被访者认为是抢抓机遇,利用好国家政策;14.88%认为是"加强政府宏观调控,促进经济发展",17.13%认为是"增强各级干部的效能意识,真抓实干",14.35%认为是"提高公众参与意识,迎艰克难",9.53%认为是"纵深发展'双联'行动,加快扶贫攻坚奔小康步伐",11.13%认为是"提高企业科研与技术水平",12.96%认为是"密切联系群众,做好群众路线教育"(见图4)。

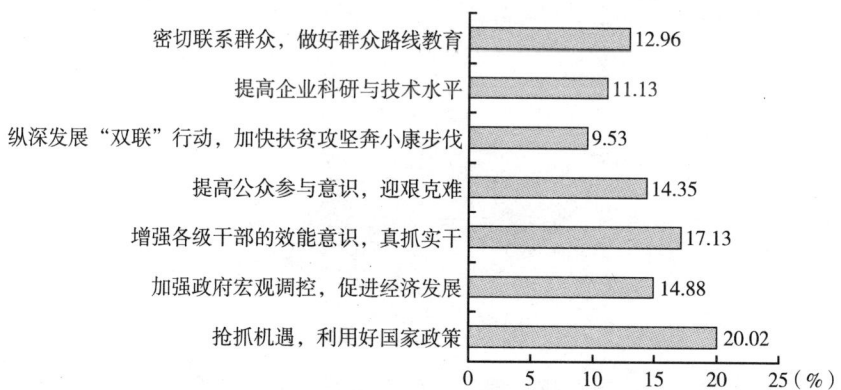

图4 被访党政干部对谱写"中国梦"美好甘肃新篇章有效手段的认知比例

6. 对谱写"中国梦"美好甘肃新篇章实现的主体的认知

"中国梦"美好甘肃新篇章的实现需要全社会的推进,政府、企业、社区组织、媒体等机构和团体以及专家学者、普通群众都是"中国梦"美好甘肃新篇章实现的重要推动者。在被问及"您认为在谱写中国梦美好甘肃新篇章的过程中,最应该做出行动的是谁?"时,政府成为被访者的首选。90.52%的被访者认为政府部门最应该在谱写"中国梦"美好甘肃新篇章中做出有效性行动,4.74%的被访者认为是普通群众,3.32%则认为是企业,被访者中仅有0.47%和0.95%认为是社区组织和媒体。当被问及"您认为政府在谱写中国梦甘肃美好新篇章的建设中哪个层面需要更加给力?"时,41.23%的被访者认为是"国家政策层面",36.02%认为是"各级真抓实干层面",17.06%认为是"政府组织层面",5.69%认为是"精神意识层面"(见图5)。

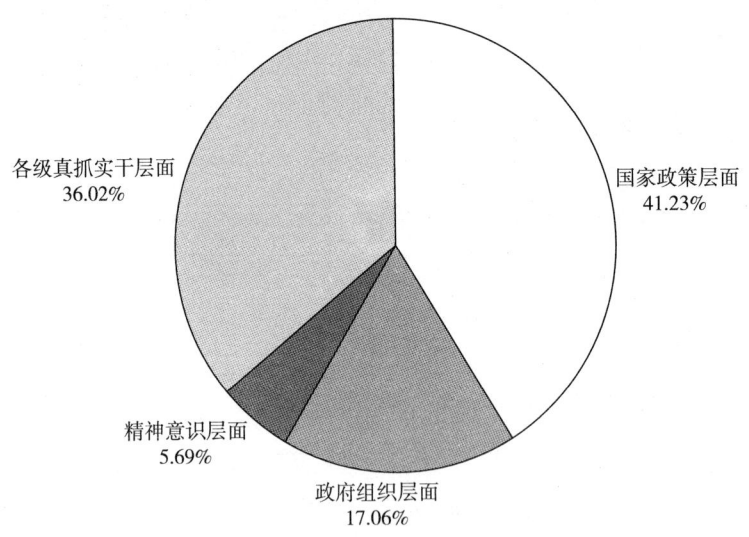

图5 被访党政干部对政府在谱写"中国梦"甘肃美好新篇章中给力层面的认知比例

从调查而言,甘肃党政干部大多数认为"中国梦"美好甘肃新篇章战略实现的主体应该是政府部门,政府部门要善于把国家政策变成普通干部和群众的自觉行动。建设美好新甘肃,需要国家从政策层面更加给力,更需要政府部门的各级领导干部真抓实干,从政策中找项目、谋项目,促进经济发展。同时,我们还要加大宣传谱写"中国梦"美好甘肃新篇章的文件政策,要让普通群众知道,让他们从政策中找机遇、用机遇,为建设美好新甘肃作出自己的贡献。

(四)被访党政干部对实现谱写"中国梦"美好甘肃新篇章亟待解决问题的认识

甘肃省第十二次党代会之后,甘肃各地、各有关部门认真贯彻甘肃省委、省政府谱写"中国梦"美好甘肃新篇章要求,全省上下做了大量工作,全力推动本地区经济社会谱写"中国梦"美好甘肃新篇章。目前从实际效果看,谱写"中国梦"美好甘肃新篇章的进展情况与文件政策要求相比还有很大差距,出现问题的主要原因是很多地方的发展思路与省委省政府的要求还不一致。由此,甘肃省党政干部对谱写"中国梦"美好甘肃新篇章过程中亟待解决的问题和完善的层面也各有不同的理解。在被问及"您认为在谱写中国梦甘肃美好新篇章中哪个问题是亟待解决的?"时,37.91%的被访者认为是提高经济发展质量和效益,18.01%认为是建设良好的生态环境,4.74%认为是加快建设各民族共同团结奋斗、共同繁荣发展,38.39%认为是增加收入、保障民生、促进和谐。另外有两位被访者选择了其他,但内容都是需要政府解决好高房价问题。高房价这一门槛可能要让很多人奋斗好几年、十几年甚至几十年,特别是当年轻人发现无论自己怎么努力都买不起房子的时候,最终的结果就是击碎很多年轻人的梦想。而且房价本身和保障民生、和谐社会建设相关,高房价会造成社会对立,孕育不安定的因素,影响民生保障与和谐社会的建设。被问及"谱写中国梦甘肃美好新篇章,您认为甘肃需要着重加强哪方面建设?"时,选择加强经济建设的被访者占78.67%,选择加强政治文明建设的占5.69%,选择加强文化建设的占2.84%,选择加强社会和谐建设的占12.80%。从调查和访谈结果看,被访甘肃党政干部认为完成甘肃省谱写"中国梦"美好甘肃新篇章的首选是加强经济建设。因此,我们要不断打造新的经济增长极,不断提高经济发展质量和效益,让甘肃人民早日过上更加富裕的幸福生活。

(五)被访党政干部对谱写"中国梦"美好甘肃新篇章途径的认识

在被问及"您认为甘肃谱写中国梦美好甘肃新篇章的具体途径有哪些?(多选)"时,13.83%的被访者认为是认真积极实施"3341"工程;13.02%认为是优化投资环境,积极招商引资;13.11%认为是把资源优势转化为经济优势;10.97%认为是积极促进甘肃向新型工业化阶段发展;9.81%认为是加快全省城镇化建设;14.27%认为是建设良好的生态环境;10.35%认为是积极促进各民族和睦相处、共同发展;14.63%认为是保障民生、改善人民生活。被问及"您希望下一阶段甘肃政府为谱写中国梦甘肃美好新篇章做些什么?(多选)"时,在问卷中我们设计了增加收入、清正廉洁、控制物价水平、扩大国内影响、加快发展强区升位、完善城市功能、扶贫攻坚让贫困人口尽快脱贫、创造成功就业机会、改革医疗教育制度、改善交通出行、治理污染蓝天白云可见、保证食品治安同样安全等12个选项。选项的具体选择比例见图6。

收入分配是民生之源,事关全国老百姓的切身利益,增加收入成为人们的首选,可见社会各界对此都十分关注。高低收入阶

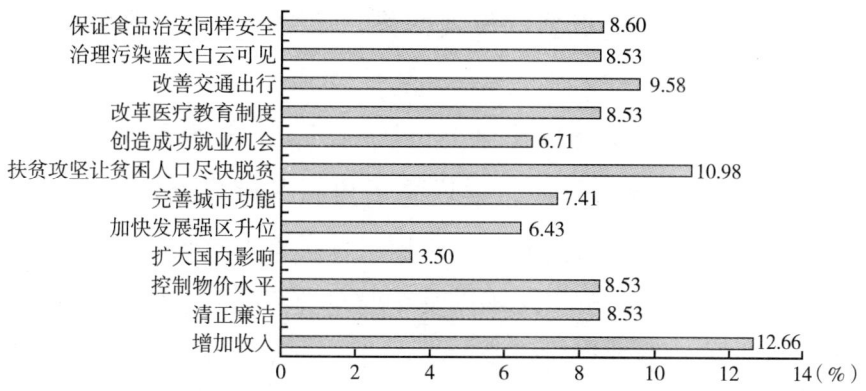

图6 被访党政干部希望下一阶段甘肃政府为谱写"中国梦"甘肃美好新篇章做些什么的认知比例

层收入差距拉大过快、垄断行业收入畸高、地区间收入差距过大等不合理现象，也引起了中央的高度重视。中央政府先后表态要不断提高城乡居民收入，改革分配制度，逐步扭转收入差距扩大的趋势，让全体人民共享改革发展的成果。因此，甘肃省委省政府谱写"中国梦"甘肃美好新篇章也要根据GDP和物价上涨指数调整工资水平，解决收入分配问题。同时，健全社会保障制度，提高最低收入保障线；借助税收杠杆，调整收入分配差距。

10.98%的被访者选择了"扶贫攻坚让贫困人口尽快脱贫"，在12个选项中位居第二。经过多年来全省上下的共同奋斗，甘肃经济社会发展、城乡面貌和人民生活发生了巨大变化。但我们不得不正视这样一个现实：全面建成小康社会，最艰巨最繁重的任务在农村，特别是在贫困地区。以扶贫开发论，按照国家新标准测算，甘肃省贫困人口预计达到1300多万，占全省农村人口的80%，不仅贫困面广，而且贫困程度深。这就意味着，甘肃省委省政府要谱写"中国梦"甘肃美好新篇章，与全国同步进入全面

小康社会，就必须形成新的发展优势，让贫困人口尽快脱贫，真正实现富民兴陇。

改善交通出行在选择比例上位居第三，占9.58%。近15年，全国交通量年均增长22%，远远高于道路基础设施的建设速度，交通拥堵已成为许多大中城市的顽症。甘肃省委省政府要加大交通建设投资，加大交通政策法规以及交通建设情况的宣传力度，让普通老百姓都熟知全省交通建设情况；进一步规范城市交通的标识和标牌，让行人和驾驶员看得更加清楚，方便老百姓乘车，创造安全畅通的道路交通环境。

在开放式问题"您对甘肃实现谱写中国梦美好甘肃新篇章有什么建议？"中，有62位被访者谈了自己的看法。主要集中体现在以下几方面。

首先，对甘肃省委省政府提出的谱写"中国梦"美好甘肃新篇章总体上持认可态度，但从目前实际来看，他们感觉许多地方、许多官员都在做表面文章，其实施成效并不乐观。希望以后领导带头，真抓实干；少说多干，干部在岗要相对稳定，不要走马灯式地频繁调整干部；从上到下都要重视"中国梦"美好甘肃新篇章的建设，不要上面有病，下面看病，领导有病，群众看病；克服官僚主义作风，拒绝形式主义。应更加深入地将谱写"中国梦"美好甘肃新篇章的内容分解、落实，并加强督促。

其次，认为甘肃省要实现谱写"中国梦"美好甘肃新篇章在经济、技术、体制等方面的障碍还较多，甘肃省谱写"中国梦"美好甘肃新篇章要想成功完成，政府不但要转变职能，创造良好的发展环境，还需要整合转化资源优势，从发展经济、采用新技术等方面破解难题，加强交通、电网等基础设施建设。

再次,谱写"中国梦"美好甘肃新篇章还需要政府、企业、媒体、公众等共同努力,通过发挥政府宏观调控作用,加大扶贫开发力度,加快对贫困地区基础设施建设的投资力度,实施移民搬迁;大力促进社会保障体系建设,提高养老、医疗、住房等社会保障水平;实施收入分配改革,提高工资收入水平,努力减少贫富差距。

最后,有的干部认为从甘肃实际来讲,建议着力改善生态环境,建设宜居优美的城市群,创造吸引人才的投资自然环境,特别是人文环境建设;要加大对边缘少数民族的关注、扶持和投入,巩固和发展平等团结、互助和谐的民族关系。

(六)被访党政干部对谱写"中国梦"美好甘肃新篇章的期望值

甘肃省委省政府提出谱写"中国梦"美好甘肃新篇章是基于对今后一段时期甘肃省发展趋势的科学判断。甘肃省党政干部对谱写"中国梦"美好甘肃新篇章的实现抱有多大的期望值将直接关系到谱写"中国梦"美好甘肃新篇章的实现程度。关于"您对谱写中国梦甘肃美好新篇章建设实施的期望值有多高?"的调查结果显示,44.07%的被访者表示期望值一般,50.71%表示很看好,3.32%对谱写"中国梦"美好甘肃新篇章的实现不抱有期望,还有1.90%表示无所谓(见图7)。总体来看,甘肃省党政干部对谱写"中国梦"美好甘肃新篇章还是乐观的,但还需要进一步宣传,让更多的人了解谱写"中国梦"美好甘肃新篇章的具体内容,并且对甘肃谱写"中国梦"美好甘肃新篇章的前景充满信心。

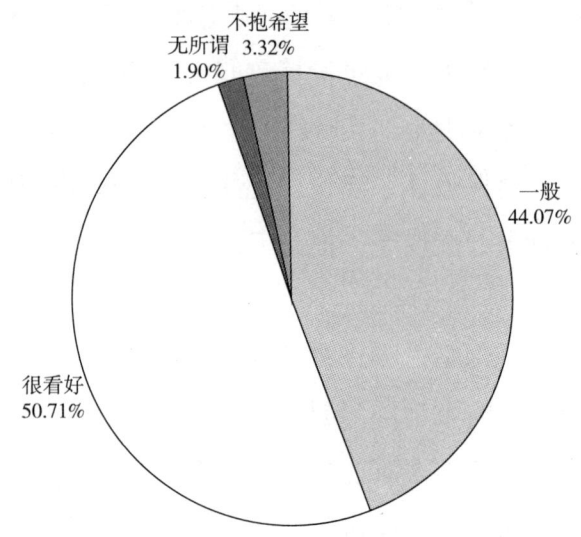

图7 被访党政干部对谱写"中国梦"
美好甘肃新篇章期望值的比例

三 结论与分析

调查显示,被访的甘肃省绝大部分党政干部对谱写"中国梦"美好甘肃新篇章的了解程度仅限于知道而已,对谱写"中国梦"美好甘肃新篇章,圆好经济发展梦、山川秀美梦、民族团结梦、社会和谐梦的具体内容、实现的基础、完成的条件了解得还不是很透彻。这一方面反映出甘肃省党政干部对谱写"中国梦"美好甘肃新篇章在主观方面不够重视,对建设美好新甘肃,实现甘肃梦的意识观念不强;另一方面也说明甘肃省对谱写"中国梦"美好甘肃新篇章的宣传力度和手段不够,需要进一步加强。地方政府各级、各单位领导对谱写"中国梦"美好甘肃新篇章能够施加直接影响,但他们对谱写"中国梦"美好甘肃新篇章的了解都如此有限,那么，由此推想，企业、公众对此的认知度就更加有限了。还有部分党政干部认为个别地方对谱写"中国梦"美好甘肃新篇章缺少求真务实的作风，上层高度重视，地方领导干部为了任期内的政绩持敷衍或观望态度的较多。因此，我们还需要进一步将谱写"中国梦"美好甘肃新篇章的理念深入普及。"政治路线确定之后，干部就是决定因素"。作为推动全省谱写"中国梦"美好甘肃新篇章战略的执行者、组织者与实践者，党政领导干部是决定一个地区谱写"中国梦"美好甘肃新篇章发展的重要因素。我们只有让干部树立谱写"中国梦"美好甘肃新篇章的战略意识，才能实现甘肃梦。

四 对策建议

（一）加快扶贫攻坚步伐，努力奠定梦想的坚实基础

脱贫致富奔小康，是全省人民的"甘肃梦"，让每一户贫困户都能摆脱贫困，过上富裕生活，也是甘肃追梦道路上最艰巨的任务。从目前来看，甘肃的发展条件得到了持续改善，扶贫取得了巨大成就，但甘肃贫困人口数量大、贫困程度深、连片特困区域多、发展难度大的状况尚未得到根本改变。甘肃梦是"富民梦"，如果农民的生活状况不改善，经济不富裕，那么，我们的"甘肃梦"就是一张空头支票。因此，我们要立足扶贫开发实际，以"1236"扶贫攻坚行动作为新一轮扶贫开发的具体抓手，认真总结脱贫致富的好经验、好做法、好模式，上下强化举措，推动"双联"行动深入开展，形成合力，带动群众不断加快脱贫致富步伐，努力为全面建成小康社会奠定坚实基础，奋力谱写"中国梦"美好甘肃新篇章。

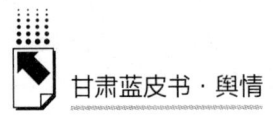

（二）推进民生工程，着力实现梦想的内在要求

要实现梦想就要保障民生，大力提升人民群众的生活质量和幸福指数。因此，我们要以实施居民收入倍增计划为核心，统筹推进各项民生事业协调发展，不断完善城乡社会保障体系，基本实现学有所教、劳有所得、病有所医、老有所养、住有所居的目标，努力在保障和改善民生方面走在全国前列。要大力增加居民收入特别是中低收入者收入，确保人民生活不断改善；要大力提高基本公共服务能力和水平，着力解决人民群众反映强烈的就学、看病等突出问题；创新社会管理，推进平安建设，维护公平正义，尤其要强化食品药品和安全生产监管，确保人民生命财产安全和社会大局稳定。

（三）加快经济发展，努力实现富民兴陇的梦想目标

甘肃在发展经济方面取得了显著成就，但发展不足、发展水平不高、工业化进展慢、城镇化进程滞后、城乡不协调、区域发展不平衡、经济结构不合理、科技创新能力不强、人口资源环境压力较大的基本省情没有从根本上得到改变。发展是实现梦想的前提。所以，我们要牢牢盯住富民兴陇的总目标，依托兰州新区建设、华夏文明传承创新区建设和国家生态安全屏障综合试验区三大战略平台，以"3341"项目工程为总抓手，加大培育战略新兴产业、特色优势产业、富民多元产业、区域首位产业，不断提高经济发展质量和效益，增加甘肃经济实力，让全省人民过上更加富裕的生活。

（四）改善生态环境，圆好甘肃山川秀美梦

实现幸福生活的梦想，不只是吃饱穿好，有房有车，人们越来越渴望安全的饮水、清洁的空气、绿色的环境。甘肃是黄河、长江

的重要水源涵养区，也是我国生态系统最脆弱、最复杂的地区之一，是全国的重要生态安全屏障。加强甘肃生态环境建设，事关国家生态安全和甘肃省可持续发展。我们要牢固树立生态文明理念，加快建设全国重要生态安全屏障和循环经济示范省，提高资源节约集约和综合利用水平，实现人口资源环境与经济建设、社会建设协调发展，建设美丽的家园，圆好甘肃山川秀美梦。

（五）开展群众教育实践活动，创造和谐的社会氛围

群众教育实践活动有利于倾听人民呼声、回应人民期待、密切党群干群关系，有利于凝聚党心民心，化解社会矛盾，为共筑"中国梦"创造良好的政治生态。目前，甘肃各级党政干部基本能认真贯彻执行党的群众路线，党群干群关系总体是好的，这些我们必须充分肯定。但同时，我们也必须清醒地看到，面对世情、国情、党情的深刻变化，甘肃部分党政干部精神懈怠、能力不足、消极腐败，党政干部脱离群众的现象大量存在。谱写"中国梦"美好甘肃新篇章，必须紧紧依靠甘肃人民。所以，通过群众路线教育实践活动，广大党政干部要牢记"全心全意为人民服务"的根本宗旨，切实将"为民、务实、清廉"常态化，并内化为自己的政治自觉，为谱写"中国梦"美好甘肃新篇章创造宽松、和谐的社会氛围。

（六）加强对谱写"中国梦"美好甘肃新篇章内涵的宣传和培训

为了进一步加快形成政府推动、企业行动、全社会共同参与谱写"中国梦"美好甘肃新篇章的局面，首先要充分利用报刊、广播、电视、网络等媒体加强对谱写"中国梦"美好甘肃新篇章的宣传，壮大主流思想，传播正能量。各地要通过展览展示、文艺演

出等活动广泛开展各类谱写"中国梦"美好甘肃新篇章主题实践活动,让谱写"中国梦"美好甘肃新篇章思想深入人心,并转化为广大党员干部和群众的自觉行动。其次,要将这一专题作为全省公务员和事业单位干部在职培训的内容和继续教育的一门必修课,通过学习谱写"中国梦"美好甘肃新篇章的具体内容和要求,让每一位干部的梦和"中国梦"美好甘肃新篇章融为一体,为同步小康而凝心聚力,开拓进取。

每个人、每个民族、每个国家都有自己的梦想,当梦想成为一种清晰的思想意识和坚定的理想信念,就会走上向现实转化的道路。梦想一旦成为人民群众的思想共识和具体行动,就决定和引领着社会发展的方向。谱写"中国梦"美好甘肃新篇章一旦付诸行动,就会成为一股不可抗拒的变革社会的伟大力量,并创造出让世界景仰和称颂的人间奇迹。所以,我们要以扎实有效的举措、求真务实的作风、造福人民的实效早日实现"甘肃梦"。

B.3 甘肃知识分子阶层对华夏文明传承创新区建设的认识和建议

侯宗辉*

摘　要： 甘肃华夏文明传承创新区建设是探索经济欠发达但文化资源富集地区实现科学发展的新路子。绝大多数的甘肃知识分子对此都较为关注，对其总体工作布局也有较高的认可度。在已经开展的项目工程中，"敦煌文化"品牌建设备受青睐。尽管甘肃文化事业与文化产业发展都面临着不同程度的困难，但知识分子阶层对华夏文明传承创新区建设改变甘肃经济面貌仍然抱有较大希望，充满期待。当前，仍需强化社会宣传，健全创作生产引导机制，走文化融合科技之路，为华夏文明传承创新区建设有序推进提供保障。

关键词： 知识分子　华夏文明　传承与创新　认识　对策

众所周知，经济欠发达但文化资源富集是甘肃的一个现实省

---

* 侯宗辉（1980~），博士，甘肃省社会科学院历史所副研究员，主要研究方向：历史文献学、甘肃地方历史文化。

情。甘肃是中国彩陶文化的原创地,是中国旱作农业的重要源头,是中国冶金术的重要起源区,是中国最早殿堂式建筑的发现地,是周秦早期文化的起源地,是中国多族群的孕育区[①]。此外,甘肃还是世界几大文明的交汇地,历史文化悠久、类型多样、底蕴深厚、特色鲜明,在全国具有重要影响。对此,我们该怎么深入认识,怎样科学利用,如何盘活这笔丰厚的文化资源,使之成为撬动全省经济社会发展的杠杆,成为促使甘肃经济社会转型跨越发展的新引擎,从而实现文化的大繁荣、大发展?2013年1月,国务院正式批复的华夏文明传承创新区建设为此提供了历史机遇和战略平台。建设华夏文明传承创新区是甘肃省委省政府高度重视文化建设,立足自身经济社会实际和文化特色而提出的战略构想;也是依据甘肃资源禀赋和发展现状,探索出的一条经济欠发达但文化资源富集地区实现科学发展的新路子。甘肃华夏文明传承创新区是目前唯一的国家级文化发展创新区,这个文化平台不仅具有地域特色,也为同类地区的发展提供了思考与借鉴。因此,甘肃建设华夏文明传承创新区成为社会各界民众关注、热议的话题。

知识分子具有较高的文化水平,是创造、积累、传播、管理以及应用科学文化知识的主体。甘肃知识分子熟知甘肃历史文化,了解当前文化事业与文化产业发展的现状,如何把它们融入到华夏文明传承创新区建设中,如何实现保护、挖掘、传承、展示、创新的有机结合?这些都是知识分子阶层义不容辞的职责。选取知识分子阶层作为调查对象,可以实现产学研的深度结合。截至目前,华夏文明传承创新区在建设步骤、发展布局和推进措施上正在有条不紊

[①] 田澍、雍际春:《甘肃:华夏文明的重要发祥地》,《甘肃日报》2013年6月4日第12版。

地展开，知识分子阶层对此有怎样的认识与评判？对下一步工作的开展又有哪些希望和建议？本课题即围绕这些问题进行调研与分析。

一 调研目的、方法和样本概况

（一）调研目的

华夏文明传承创新区是贯彻落实党的十七届六中全会和十八大会议精神，推动社会主义文化强国建设，推进甘肃文化大省建设，进而带动经济社会全面发展的一次可贵实践。通过对知识分子阶层的调查，及时了解他们对华夏文明传承创新区工作布局、具体项目、发展趋势的认知与看法，为政府科学有序地推进华夏文明传承创新区建设提供决策咨询和智力支撑。

（二）调研方法

本次调查主要采用问卷调查与个别访谈相结合的方法。对问卷结果的处理主要利用 Excel 数据分析法。

（三）调研样本概况

本次调研分别在甘肃省兰州市、平凉市崆峒区、定西市安定区、武威市、天水市清水县和金昌市永昌县等6个市县（区）展开，共发放问卷300份，回收有效问卷295份，有效回收率为98.33%。调查样本全部选取知识分子基层，主要包括教师、医生、律师、科研人员、工程与农业技术人员、企业管理人员及政府管理者等群体。问卷兼顾调查对象的性别、年龄、民族、参加党派等基本信息（见表1）。

表1 调查对象的基本情况①

单位：份，%

调查信息		问卷数量	所占比例
调查地点	兰州市	220	74.58
	崆峒区	20	6.78
	安定区	20	6.78
	武威市	10	3.39
	清水县	15	5.08
	永昌县	10	3.39
性别	男	171	57.97
	女	124	42.03
年龄	30岁及以下	62	21.02
	31~40岁	111	37.63
	41~50岁	92	31.19
	51~60岁	28	9.49
	61岁及以上	2	0.68
民族	汉族	275	93.22
	回族	10	3.39
	藏族	2	0.68
	其他	8	2.71
参加党派	中共党员	155	52.54
	无党派	128	43.39
	民主党派	9	3.05
	缺失	3	1.02

二 问卷调查结果综述

（一）调查对象对"华夏文明传承创新区"建设的总体评价

1. 绝大多数被访者对"华夏文明传承创新区"建设比较关注

2013年2月19日，国务院新闻办公室举行了甘肃加快建设华

---

① 本文图表数据均源于专题问卷统计结果。

夏文明传承创新区，推进文化大省建设情况新闻发布会。甘肃建设华夏文明传承创新区的消息经过新闻媒体的播放后，立刻引起了社会各界的热议。针对甘肃知识分子阶层对华夏文明传承创新区建设的关注度调查显示：21.69%的被访者表示"十分关注"，40.68%"比较关注"，31.53%"偶尔看看"，6.10%表示"不关心"（见图1）。表明绝大多数的被访者对华夏文明传承创新区建设的进展是关注的，只是程度不同。

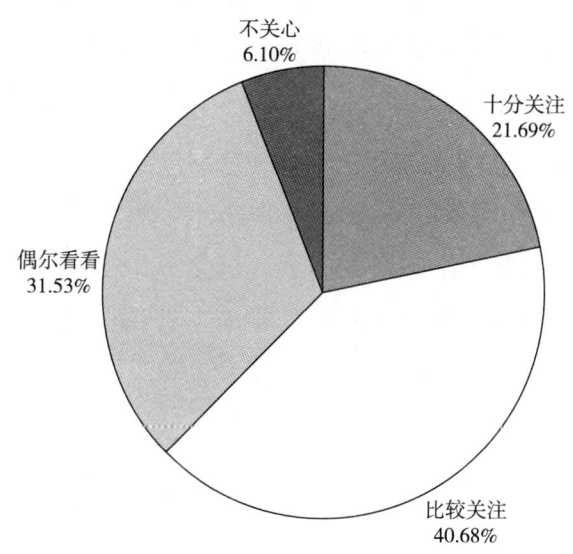

图1 被访者对"华夏文明传承创新区"建设的关注度

2. 被访者对"华夏文明传承创新区"总体布局的认可度很高

按照国家关于甘肃发展的战略定位和建设文化大省的总要求，甘肃华夏文明传承创新区建设，打破现有的行政界限，统筹全省文化资源和各类生产要素，以文化建设为主题，围绕丝绸之路文化发展带，建设以始祖文化为核心的陇东南文化历史区、以敦煌文化为核心的河西走廊文化生态区和以黄河文化为核心的兰州都市圈文化产业区。在此基础上又具体细化为文物保护、大遗址保护、非物质文化遗产保护传承、历史文化名城名镇名村保护利用、民族文化传承、古籍整理出版、红色文化弘扬、城乡文化一体化发展、文化与旅游深度融合、文化产业发展、文化品牌打造、文化人才队伍建设、节庆赛事会展举办等十三个板块。由此确定了"一带""三区""十三板块"的总体布局，简称为"1313工程"。

华夏文明传承创新区建设原本是一个概念比较宽泛的命题，但"1313工程"使之有了抓手，为工作的进一步开展树立了目标任务。调查显示，有22.71%的被访者对此"非常赞同"，44.75%"比较赞同"，仅有1.36%"不赞同"，此外，还有31.19%表示"不清楚"。可以看到，凡是了解"1313工程"的知识分子，对其总体布局的认可度是相当高的。在访谈中，有人提出，该工作布局中未涉及甘肃民族文化方面的内容，这是一个明显的不足。但更多的人则认为，民族文化的内容可以在十三板块中灵活安排，不论哪一部分都离不开多姿多彩的民族文化的支撑，没有具体化反而给民族文化事业和文化产业的发展创造了更大的发展空间。

3. 超过五成的被访者对"华夏文明传承创新区"已经开展的工作表示满意

华夏文明传承创新区建设，关键是要通过重大项目来带动，从而把华夏文明的保护、传承、展示、创新、发展相结合，把保护研究与群众文化需求相结合，把传统文化资源与时代精神相融合。自从华夏文明传承创新区得到批复以后，全省各地迅速行动，纷纷编制规划，挖掘资源，招商引资，扎实推进产业项目建设。这些工作是否做到了传承与创新并重？是否坚持了文化事业与文化产业发展并举？是否反映出了文化繁荣与经济转型跨越发展融合的趋势？当被问及"您对华夏文明传承创新区建设已经开展工作的满意度"

时,11.53%的被访者表示"非常满意",39.66%"比较满意",40.68%认为"一般",8.14%表示"不满意"(见表2)。总体来看,超过五成的被访者对已经开展的工作表示肯定。据报道,截至2013年9月,全省文化产业实质性签约项目336个,已落地项目173个,落地率达到51.49%;签约合同金额为1561.8亿元,超过全年目标值731.8亿元;到位资金154.95亿元,占签约合同金额的9.9%,完成全年预期目标值的51.47%①。还有四成左右的知识分子做出了"一般"的评价,这可能是缘于人们初期在认识上、观念上的差异,体现出华夏文明传承创新区建设边谋边动、"摸着石头过河"的突出特点。当然,从另一个侧面也反映出一些人在观望中的期待心情。

表2 被访者对"华夏文明传承创新区"建设已经开展工作的满意度

单位:人,%

	非常满意	比较满意	一般	不满意
选择此项的人数	34	117	120	24
占被访者总数的比例	11.53	39.66	40.68	8.14

(二)调查对象对"华夏文明传承创新区"建设中已经开展工作的具体看法

"一年启动建设、三年初见成效、七年实现规划目标"。华夏文明传承创新区建设实施以重大项目建设为"先锋引领",正在按照规定步骤一步步地展开。迄今为止,围绕"一带"、建设"三

---

① 吴正楠:《华夏文明传承创新区建设成效显著》,《甘肃经济日报》2013年9月25日第4版。

区"、打造"十三板块"已经陆续启动了多项筹备工作和规划项目,本报告选择部分有代表性的项目进行调查,比较全面地了解被访者对这些问题的真实看法,为该项工作面临的不足和困难探寻新的思路。

1. 84.41%的被访者认为"文化资源普查与分类分级评估工作"是必要的,86.1%的被访者认为"华夏文明传承创新区学术平台"对促进传承创新区建设发挥着不同程度的作用

盘清文化资源"家底",是甘肃华夏文明传承创新区建设的首要前提。甘肃经过近半年时间的前期策划与论证,从2013年5月正式启动全省文化资源普查和分类分级评估工作,计划用两年时间,评估认定全省的文化资源总数、类别、级别及现状,以期改变文化资源开发中存在的无序状态,消除文化资源管理中出现的缺位、错位、越位等不良现象,实现文化资源的保值与增值。调查显示,有37.97%的被访者认为这项工作"很有必要",46.44%觉得"有必要",只有4.07%表示"没有必要",还有11.53%"不知情",0.06%表示"不清楚"。前两项比例合计达84.41%,充分说明被访者对此项工作的认可。

就"您对启动的华夏文明传承创新区学术平台的作用如何看"的调查结果显示,29.49%的被访者认为"作用很大",26.78%认为"作用较大",29.83%认为"有一定作用",1.36%认为"没什么作用",12.54%表示"不清楚"(见图2)。华夏文明传承创新区学术平台按照"1313工程"的总体思路,凝聚国内外专家学者组建"智囊团",主要为传承创新区建设中涉及的重要理论、具体问题、园区建设、产业发展、重大项目论证、文化人才培养、学术成果宣传等方面进行策划、会诊,进而提出对策建议,为全面加快华夏文明传承创新区建设步伐提供学术支撑。图2表明,86.1%的被访者认为华夏文明传承创新区学术平台对传承创新区建设发挥着不同程度的作用。

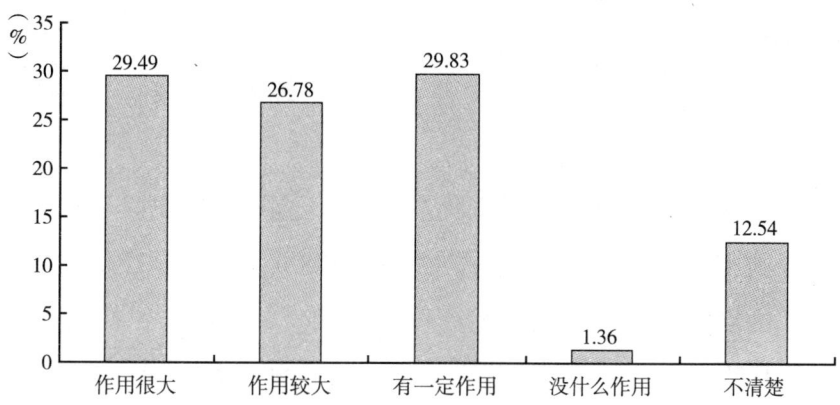

图 2　被访者对"华夏文明传承创新区"学术平台作用的看法

2. 91.87%的被访者赞同"国有不可移动文物不得作为企业资产经营"的禁令，66.44%的被访者认为"公祭伏羲大典"仍需继续举办，83.73%的被访者对"影印出版文溯阁《四库全书》"持赞成态度

文物保护是华夏文明永续传承的基础，因此居于华夏文明传承创新区"十三板块"之首。甘肃是名副其实的文物大省，据统计，全省现有各类不可移动文物点 16895 处；省内明代长城总长度 1738.3 千米，居全国之首；秦、汉等时代长城总长度 2036 千米，位居全国第二；有世界文化遗产 2 处，全国重点文物保护单位 73 处，省级文物保护单位 625 处，市县级文物保护单位 5035 处；馆藏文物 43 万余件，其中三级以上珍贵文物 11 万余件[①]。可是，在文物保护利用过程中，出现了国有不可移动文物被转让、抵押、

---

① 《文物保护：使华夏文明永续传承》，《甘肃日报》2013 年 3 月 18 日第 14 版。

出租，作为企业资产经营的现象。这引起了社会各界的关注，甘肃省政府也已发布通知，明令禁止国有不可移动文物不得作为企业资产经营。针对这项规定，本次调查中，有54.24%的被访者"非常赞同"，37.63%"比较赞同"，5.76%"不赞同"，2.37%表示"不清楚"。反映出被访者对国有文物在开发利用中的保护意识越来越强。

伏羲文化是甘肃的重要文化品牌，"公祭伏羲大典"已经成为海内外同胞寻根问祖的一个重要载体。2006年，"公祭伏羲大典"被列入国家首批非物质文化遗产保护名录。与此同时，社会上也不乏一些忧虑的声音，比如公祭大典滋长了铺张浪费之风，是"形象工程"的一种表现，等等。那么，这项活动是否还需继续举办呢？调查表明，27.80%的被访者认为"必须举办，有益于继承和弘扬优秀传统文化"，40.68%认为"应该继续，能促进非物质文化遗产保护与传承"，19.66%持"视情况而定，灵活处理"的观点，11.86%觉得"没有实际意义，立即停办"。建设以始祖文化为核心的陇东南文化历史区，是甘肃华夏文明传承创新区建设布局的核心内容之一，"公祭伏羲大典"是促进非物质文化遗产保护和传承的重要载体，也是推进华夏文明传承创新区建设的重要抓手。因此，只要秉承在公祭内容上创新、祭典形式上创新，坚持节俭节约、"以俭敬祖"的原则，举办"公祭伏羲大典"又何尝不可呢！

实施文溯阁《四库全书》影印出版工程，是"十三板块"之"古籍整理出版"的一项重要内容。《四库全书》具有极高的历史、文物和研究价值，文溯阁《四库全书》入甘已四十逾年，受制于经费的限制，常年深藏"闺中"，人们难睹真容。借助华夏文明传承创新区建设的历史机遇，对其进行影印发行，既能为出版印刷产业注入新的动力，也能更好地保护、传承祖国优秀文化遗产。当被问及"您对影印出版文溯阁《四库全书》的态度"时,表示"非常赞成"的被访者占39.32%,"比较赞成"的占44.41%,"不赞成"的占8.47%,"不清楚"的占7.80%(见图3)。由图3可以看出,83.73%的被访者对此项目持赞成态度。

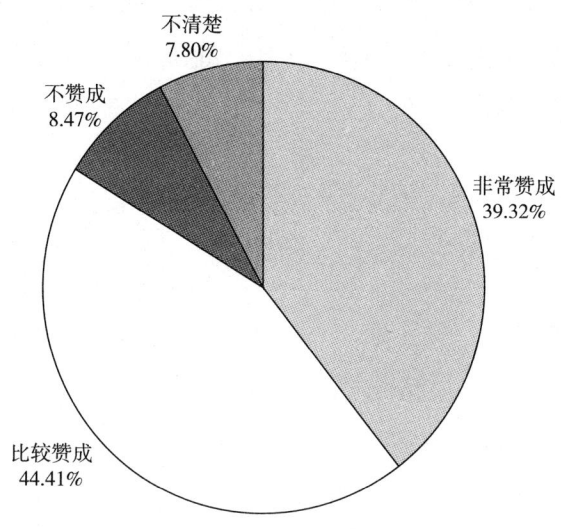

图3 被访者对"文溯阁《四库全书》影印出版工程"的态度

3. 被访者对"敦煌文化"品牌建设有高度的认可。超过八成的被访者认为打造"敦煌画派"对敦煌文化传承创新是有作用的,也有八成以上的被访者对"敦煌行·丝绸之路国际旅游节"带来的联动效应是认同的,还有九成以上的被访者认为"敦煌国际文化旅游名城建设"对传承创新区建设发挥了作用

"敦煌文化"是世界上独一无二的文化资源。在华夏文明传承创新区建设的"一带、三区、十三板块"的总体布局中,无论是丝绸之路文化带,还是河西走廊文化生态区建设,敦煌都将居于龙头地位,抑或是文化与旅游深度融合、文化产业发展、文化品牌打造、节庆赛事会展举办等内容,丰富的敦煌文化都可以参与其中,

并且在文化建设中还将发挥文化引领示范的作用。甘肃省委省政府也在不遗余力地挖掘敦煌文化内涵，主打"敦煌文化"品牌，屡经研讨，相继启动了"敦煌画派""敦煌国际文化旅游名城建设"等项目。对此，甘肃的知识分子阶层又有怎样的反响呢？

关于打造"敦煌画派"对推动敦煌文化传承与创新的作用，40.68%的被访者认为"有明显作用，能提升敦煌文化品牌的影响力"，21.69%认为"有较大作用，能促进敦煌美术事业与产业发展"，25.08%认为"有一定作用，为敦煌文化传承创新开辟了新途径"，5.08%认为"没有作用"，另有7.46%表示"不清楚"。有超过八成的被访者认为打造"敦煌画派"对推动敦煌文化传承与创新是有作用的，预示着"敦煌画派"的前景充满希望。

"敦煌行·丝绸之路国际旅游节"迄今已经连续举办了三届，在吸引游客数量和旅游创收上也已呈现出逐年递增的趋势，带动文化产业发展的势头也越来越明显。就"您认为举办'敦煌行·丝绸之路国际旅游节'的成效如何"进行调查，其结果是：18.98%的被访者认为"成效显著"，29.49%认为"成效较好"，36.27%认为"有一定效果"，仅有1.69%觉得"没有成效"，还有13.56%表示"不清楚"。可见，超过八成的被访者认同这个旅游节会对带动甘肃经济增长、提升甘肃旅游知名度起到作用。

"敦煌国际文化旅游名城建设"是依据敦煌在华夏文明传承创新区建设中的核心地位、文化资源禀赋、水资源承载能力、地域空间容量等现实条件规划的一个项目。那么，甘肃知识分子阶层对其在华夏文明传承创新区建设中的作用是怎样评估的呢？调查结果显示，27.80%的被访者认为"有很大作用"，25.42%认为"有较大作用"，39.32%认为"有一定作用"，仅有2.37%认为"没有作用"，还有5.08%表示"不清楚"（见图4）。由图4可以看出，超过九成的被访者认为"敦煌国际文化旅游名城建设"对甘肃建设华夏文明传承创新区发挥了作用。

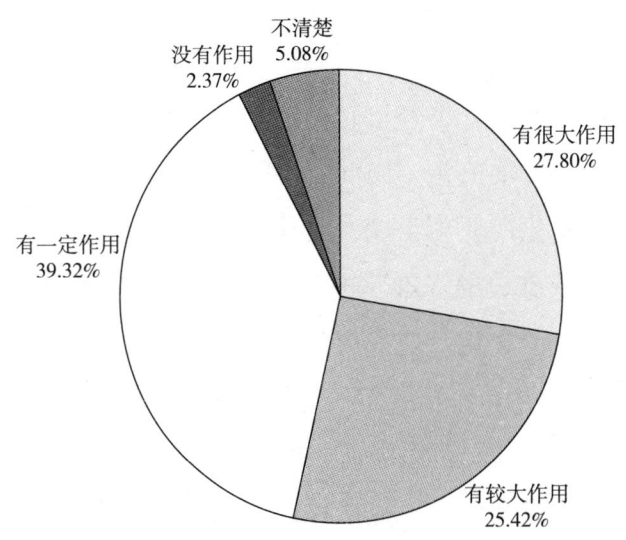

图 4　被访者对"敦煌国际文化旅游名城建设"作用的看法

4. 64.07%的被访者认为临洮"太石水城"项目对带动甘肃文化产业发展有示范性作用，73.23%的被访者认为"甘肃文化产业发展集团"的成立在一定程度上可以缓解融资难的问题

甘肃是文化资源大省，如何利用文化资源，整合文化资源，使资源优势转化为产业优势，使其成为国民经济的支柱产业，这是建设华夏文明传承创新区的重要内容之一。计划投资 200 亿元的临洮县"太石水城"项目，将引进国外先进理念、技术、方法，着力体现文化建设与地域风情融合、项目开发与生态环境融合的特色，要将"太石水城"建设成华夏文明传承创新区的示范性文化产业项目。此举是否能够激活当地的文化产业，能否对全省文化产业发展产生示范性作用呢？通过调查，甘肃知识分子阶层的反响是：12.20%的被访者认为"有很大作用"，16.95%认为"有较大作用"，34.92%认为"有一定作用"，12.88%认为"没有作用"，23.05%表示"不清楚"。综合前三项的比例，有64.07%的被访者认为临洮"太石水城"项目对带动甘肃文化产业发展会有示范性作用。

文化产业在促进甘肃经济转型跨越上的作用越来越突出，2012年甘肃文化产业增加值占GDP的比重达到1.4%，目前全省14个市州都建立了文化产业项目库，文化产业已经呈现出超常规发展的态势。但"贷款难、融资难"的问题始终困扰着文化产业的发展。为此，甘肃成立了文化产业发展集团，走市场化道路，借助专业化的投融资平台，期望有效缓解资金紧缺的现状。当被问及"您认为甘肃文化产业发展集团的成立能否解决'融资难'的问题？"时，4.41%的被访者认为"完全可以"，24.07%认为"基本可以"，44.75%认为"部分可以"，9.83%认为"不可能"，16.95%表示"不清楚"（见表3）。从表3可以看出，有73.23%的被访者认为甘肃文化产业发展集团的成立在一定程度上可以缓解融资难的问题。

表3 被访者对"甘肃文化产业发展集团能否解决融资难"的看法

单位：人，%

	完全可以	基本可以	部分可以	不可能	不清楚
选择此项的人数	13	71	132	29	50
占被访者总数的比例	4.41	24.07	44.75	9.83	16.95

（三）调查对象对"华夏文明传承创新区"建设面临困难的认识与信心

1. 对造成甘肃文化产业发展滞后的主要因素的调查

甘肃省文化产业发展有丰厚的资源基础，近年来，无论是在文化产业特色品牌的培育，还是文化产业发展的速度和效益的提升方面，成效均十分显著。但受制于资金、人才、市场体系不健全等众多因素，文化产业发展对政府的依赖程度很高。在甘肃知识分子心中，造成文化产业发展滞后的因素到底有哪些呢？调查显示，居于前3位的分别是"优势文化资源潜力挖掘不够"，占25.06%；"文化产业创新能力不足"，占17.53%；"文化人才严重匮乏"，占16.91%。紧随其后的依次是，"财政、税收、金融支持政策衔接不畅"，占11.36%；"文化产业投融资主体单一"，占10.25%；"新兴文化产业实力不强"，占9.38%；"产业园区规模小，缺乏大项目"，占8.40%；"不清楚"，占1.11%（见图5）。

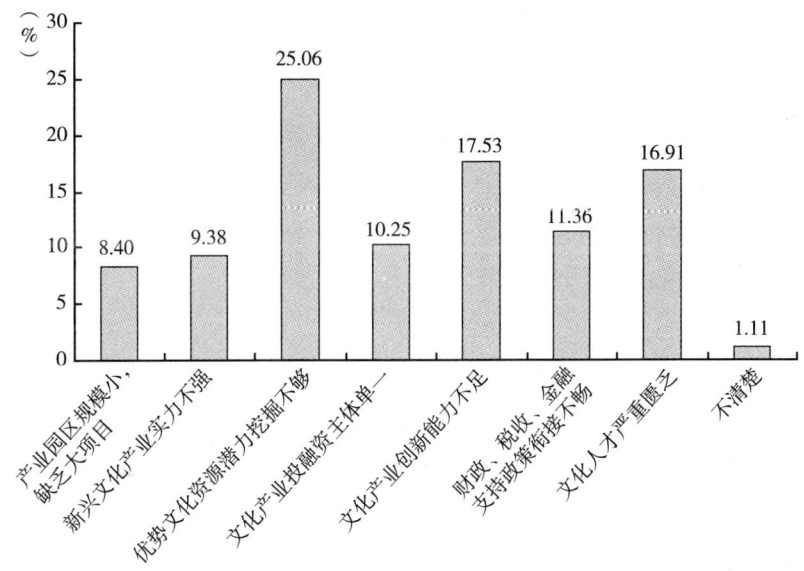

图5　被访者对"甘肃文化产业发展滞后原因"的看法

2. 对当前甘肃文化事业发展面临的主要问题的调查

华夏文明传承创新区建设，既要在重大项目的带动下促进文化产业跨越式发展，也要进一步夯实文化事业基础，大力繁荣文化事业，丰富人民群众精神文化生活，实现经济文化发展成果的普惠共享。当前，在甘肃文化事业建设过程中有哪些主要的制约因素呢？调查显示，35.25%的被访者认为是"公共文化基础设施严重缺乏"，24.07%认为是"公共文化设施利用率不高"，22.03%认为是"文化事业投入经费不足"，16.95%认为是"公共文化产品不丰富"，还有1.69%表示"不清楚"。在访谈中，有些被访者指出，近年来，政府确实在文化事业建设方面的投入不断增加，但仍然存在公共文化基础设施分布不均匀，一些公共文化设施在验收达标后就处于闲置状态，成为一种"面子工程"，并未发挥应有的功用等问题。看来，繁荣和发展文化事业建设依然任重而道远。

3. 对"华夏文明传承创新区"建设改变甘肃经济面貌的信心调查

华夏文明传承创新区建设的发展目标是，到2020年，大多数历史文化遗产得到有效保护和充分展示，形成较为健全的公共文化服务体系，成为全国独具特色的文化产业基地、西部现代文化创新发展的新高地，文化产业增加值占GDP的比重达到5%以上，成为国民经济支柱产业。建设华夏文明传承创新区，可以有效统筹全省文化资源，转变发展方式，调整经济结构，对带动甘肃经济社会全面发展具有重大意义。当被问到"您对华夏文明传承创新区建设改变甘肃的经济面貌抱有多大信心"时，16.27%的被访知识分子表示"非常有信心"，48.14%表示"比较有信心"，28.14%表示"不太有信心"，7.46%表示"没有信心"（见图6）。图6表明，64.41%的被访者对华夏文明传承创新区建设改变甘肃的经济面貌有信心。

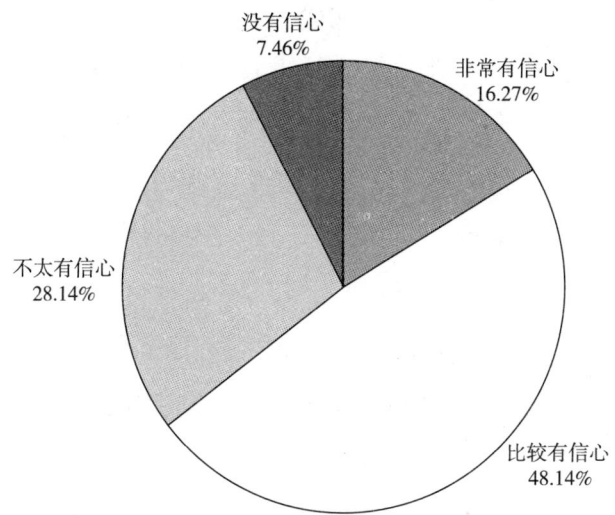

图6 被访者对"华夏文明传承创新区"建设改变甘肃经济面貌的信心

三 对调查结果的几点思考

"华夏文明传承创新区"建设是一个以文化为切入点,通过对华夏文明的挖掘、传承、保护、展示、创新等环节,使甘肃文化资源优势能够转化为文化生产力,进而推动全省经济结构战略性调整的平台。问卷调查结果也表明,绝大多数被访者以不同的方式关注着这项工作的进展,对其总体工作布局也高度认可,超过六成的被访者对其改变甘肃经济面貌的前景抱有希望。与此同时,调查结果中也有几点值得我们重视与深度思考的问题。

(一)"华夏文明传承创新区"建设宣传工作需向广度和深度推进

华夏文明传承创新区建设这项工作在得到国务院正式批复后,

新闻媒体对其策划经过、文化优势、工作布局、重大意义、基本思路等方面的报道宣传不计其数。甘肃省委省政府也积极组织或利用各种机会举行推介会，持续进行多层次、全方位的宣传。可是，在问卷统计结果中，依然有31.19%的被访者对"一带、三区、十三板块"的工作布局表示"不清楚"，12.54%对"华夏文明传承创新区学术平台"建设"不清楚"，13.56%对目前甘肃旅游节会时间最长、规模最大的"敦煌行·丝绸之路国际旅游节""不清楚"，23.05%对迄今为止甘肃签约理念最新、科技最新、综合性最强、投资额度最大的临洮"太石水城"项目"不清楚"。尽管知识分子由于行业的差异，对华夏文明传承创新区的了解程度有所不同，但是在同一道选题中，表示"不清楚"的被访者比例依然显得略高。这客观上要求我们必须强化社会宣传，扩大影响，为整体推进华夏文明传承创新区建设吸引更多的参与力量。

（二）需要积极利用人们逐渐增强的文化资源保护与传承意识

保护是传承的基础，传承是创新的前提，没有保护与传承，文化创新就成为无本之木、无源之水。在一些访谈中，有部分人士对当地文化资源在利用过程中的损坏现象、非物质文化遗产保护与传承的前景以及一些低水平浅层次的开发利用现状深表担忧。因此，当调查他们对文化资源普查与分类分级评估工作、对禁止国有不可移动文物被转让或抵押作为企业资产经营的现象、对影印出版文溯阁《四库全书》等工程项目的认识与态度时，持反对意见的比例很低，普遍都有较高的认同。随着经济社会的整体发展，人们对文化的需求也愈发强烈，这导致更多的人将目光聚焦在文化领域，渴求获取更多的文化资讯，对文化资源保护与开发利用的意识也与日俱增。这也告诉我们，在未来的资源保护与利用上，政府需要积极利用人们对文化保护与传承的热情与激情，吸引越来越多的人投入此项工作。

（三）对当前文化建设面临的制约因素需要综合性考量与分析

被访者在对当前文化建设中面临的主要制约因素的认识上，并非是一拥而上，集中在某一项制约环节上，出现一边倒的评判结果。如在关于文化产业发展滞后原因的分析中，"优势文化资源潜力挖掘不够"，"文化产业创新能力不足"，"文化人才严重匮乏"等因素居于前列，其后才是资金不足，财政、税收支持政策等方面；又如44.75%的被访者认为甘肃文化产业发展集团的成立对缓解贷款难、融资难问题有"部分作用"，位居所列选项之首；再如在对甘肃文化事业建设发展面临困难的认识上，认为"文化事业投入经费不足"的被访者仅占22.03%，说明甘肃的文化事业建设不仅仅是受制于经费欠缺的制约。文化建设是一项综合性的工程，需要多方面的合作协助，需要一些更加详细具体的制度性约束，更需要从全局出发，总体规划，这样才能确保实现文化惠民的美好愿望。

（四）"敦煌文化"品牌建设发展的空间前景巨大

敦煌是古代政治、经济、军事、文化、宗教、民族和东西方文化交流汇聚之地，以此而形成的敦煌文化内涵丰富、领域广阔，为世界罕见，成为甘肃文化资源中的一张王牌。甘肃知识分子阶层对华夏文明传承创新区建设中敦煌文化将发挥核心引领的作用有充分的认识，并且对打造"敦煌文化"品牌，借力敦煌文化宣传甘肃形象充满期待。如对"敦煌画派"文化工程建设、"敦煌行·丝绸之路国际旅游节"的举办、"敦煌国际文化旅游名城建设"项目等，均有很高的认可度。这说明，敦煌文化的影响力正在不断地渗入到人们的潜意识里，"敦煌文化"品牌将在人们心目中居于无可替代的地位。未来的文化建设及对外文化宣传，敦煌文化必将成为甘肃特别倚重的一张文化名片，其品牌发展前景十分乐观。

四 对策及建议

（一）借助网络等新兴媒介，强化对"华夏文明传承创新区"建设的宣传

第一，在政府门户网站已有的信息报道的基础上，丰富内容，拓展形式。集合广告、图片、宣传标语、讲座视频、访谈专题、专家解读、学术文章、工作进展、重大项目、宝贵经验等集中宣传展示。第二，充分开拓宣传渠道，利用数字电视、数字期刊、数字杂志、数字广播、数字电影、车载电视、视频、LED显示屏等，对相关的工作进展进行立体化、全方位、多层次的宣传攻势。第三，利用网络课堂的便捷性对与文化事业发展领域相关的人员进行教育宣传，扩大华夏文明传承创新区的知名度和影响力。第四，重视网络舆情，创建华夏文明传承创新区建设政民互动专栏。通过开辟的专栏板块，收集分类针对华夏文明传承创新区建设的意见建议，并及时予以答复，形成良性互动格局，这样既能加深人们的认识和参与程度，又能促进宣传。认识的深度决定着发展的高度，只有在广泛深入的宣传中，才能使更多的人群认知、理解华夏文明传承创新区这个国家层面唯一的文化战略平台。

（二）健全创作生产引导机制，促使"华夏文明传承创新区"持续发展

传承与创新是相互依存、相互促进、相互影响的辩证统一关系。没有传承，创新就失去了根基；没有创新，传承就失去了活力。甘肃富集的文化资源为创作生产提供了取之不尽、用之不竭的题材。因此，首先，需要降低准入门槛，营造公平竞争环境。依据"非禁即入"的原则，无论是个体创作者，还是民办文化机构，其产品都可以进入市场。创作类型上，文学、小说、诗歌、音乐、美术、舞蹈、书法、摄影、戏剧、游戏、动漫、影视剧本等，无所不含，充分调动各类创作者的积极性。其次，设立引导性创作生产专项扶持基金。完善扶持体制，对长期从事创作生产且有成果积淀和影响力的个人或组织予以鼓励支持，激励基层创作生产者的工作热情。最后，对以甘肃元素为主的获奖创作产品给予资金奖励；成立奖励评审小组，对在国际、国内各种展览评比中获奖的甘肃籍或非甘肃籍创作的具有甘肃特色的文化产品给予奖励；完善创作生产人才引进与培养体系。出台优惠政策引进及聘请急需紧缺的创作生产人才，每年选送一定数量的青年创作生产培养人才到高等院校深造，到创作繁荣地区学习交流，到基层锻炼实践，丰富阅历，开阔视野。

（三）文化融合科技，着力培育"华夏文明传承创新区"的创新能力

第一，以科技为支撑，实施文物保护与文化改造工程。注重数字化科技力量对文化资源的保护，推进文化资源数据库的信息化建设；利用科学技术，提升科技对舞台效果、乐器演奏、电影技术、

印刷技术等文艺领域的改造力度,加速对文化馆、图书馆、博物馆等公共文化服务平台的建设与完善,切实提高文化资源共享程度。第二,以产业园区为主阵地,发挥科技在文化创新上的作用。动漫游戏、网络文化、设计创意、文化演艺、文化会展、现代传媒等领域都能促进科技与文化融合,并能产生集聚效应,培育出新型文化业态。第三,以企业为主体,培育对数字化关键技术、专门技术的攻克能力。企业对文化融合科技占据市场有迫切需求,用文化创意和科技结合,通过数字、网络、高清、多媒体等手段,给企业开拓新的文化传播形式、创建新的盈利模式,为实现企业转型升级创造条件。第四,以重大项目为载体,促进科技与文化融合。项目能使科学技术、文化资源、文化人才三者达到深度结合,可以有效解决科研、资金、人力、市场推广等难题,为产业创新提供保障平台。

B.4 甘肃新阶层对政府绩效的评价

索国勇　马亚萍*

摘　要： 从公民视角，选择甘肃新阶层群体为被访问对象，以新阶层对政府绩效评价为主题，从宏观和微观角度评价甘肃省政府绩效，透过他们的评价反映省政府公共管理效益。本次甘肃新阶层对政府绩效的评价符合甘肃省社会经济发展现状，提出了从建立和完善符合甘肃省情的绩效评估与评估主体多元化的体系、加大民生方面评估指标比重以及重视政府绩效评估结果的运用力度等方面提高政府绩效建设的思考。

关键词： 新阶层　政府绩效　评价

纵观我国政府绩效评价现状，从中央到地方政府绩效评价呈现评价主体多元化、实践及其模式多样化的发展特征。随着我国公民参政议政意识的加强，公民参与政府绩效评价作为我国公民现阶段

---

* 索国勇，男，藏族，本科，甘肃省社会科学院政治所副所长，副研究员，主要研究方向：中国藏族文化及藏传佛教；马亚萍，女，回族，硕士，甘肃省社会科学院西北少数民族女性与社会性别研究中心主任，副研究员，中国统一战线理论研究会民族宗教理论甘肃研究基地研究员，主要研究方向：民族社会学及其少数民族女性。

较为合理、公正的参政形式之一获得社会各界的广泛认可。

鉴于此,本项研究紧扣党的十八大报告提出"要创新行政管理方式,推进政府绩效管理"主题,从公民视角,选择甘肃新阶层群体为被访问对象,以新阶层对政府绩效评价为主题,从他们对政府绩效和期望值切入,围绕政府行政和社会绩效两个层面,从宏观和微观角度对甘肃省政府绩效进行评价,透过新阶层评价视域反映省政府公共管理效益,从而折射出省委省政府在经济、政治、文化、社会和生态建设方面着眼于甘肃省全面建成小康社会的综合施政效能。

一 调查背景与数据来源

新社会阶层是指改革开放以来,从工人、农民和知识分子阶层中分化出来的、存在于传统体制之外的新社会群体。改革开放30多年来,我国的利益格局、社会治理方式和社会阶层结构发生了根本性变化,作为改革开放产物的新社会群体和多元政治参与力量,新阶层逐渐在社会事务中发挥着越来越重要的影响力,他们表达自身政治诉求和参与政治事务的主动性、迫切性与日俱增。在构建社会主义和谐社会过程中,为提升甘肃省政府绩效、创新社会管理、推动甘肃省经济社会全面发展,新社会阶层人士充分发挥参与甘肃省各项社会事业发展的积极性,贡献他们的聪明才智,因此,本次调查选择了甘肃新阶层作为被访问对象,旨在以体制外人士的视角和主观感受评价甘肃省政府绩效。

本次调查方法采用问卷分层随机抽样与访谈相结合,以问卷调查为主,访谈为辅,问卷使用SPSS数据库统计软件录入。调研分别在兰州、张掖和嘉峪关3个城市展开,共发放问卷250份,收回有效问卷232份,有效回收率为92.8%。调查对象是居住在城市的新社会阶层,按其职业分别来自民营科技企业的创业人员和技术人员、受聘于外资企业的管理和技术人员、个体户、私营企业主、中介组织、自由职业人员等6个行业(见表1)。经 SPSS 数据库统计分析软件检测,结果显示问卷设计各项指标合格,调查地域、被访问对象具有一定的代表性,因此,本次调查数据能够比较客观地反映甘肃新阶层对政府绩效的评价。

表1 调查问卷基本信息①

单位: 份, %

调查信息		问卷数	所占百分比
调查地点	兰州	86	37.1
	张掖	77	33.2
	嘉峪关	69	29.7
性别	男	127	54.7
	女	105	45.3
年龄	20岁及以下	6	2.6
	21~30岁	75	32.3
	31~40岁	78	33.6
	41~50岁	57	24.6
	51~60岁	14	6.0
	61岁及以上	2	0.9
受教育程度	小学以下	6	2.6
	中学或专科	134	57.8
	本科	79	34.1
	硕士	3	1.3
	博士	10	4.3
职业	民营科技企业的创业人员和技术人员	30	12.9
	受聘于外资企业的管理和技术人员	6	2.6
	个体户	35	15.1
	私营企业主	67	28.9
	中介组织的从业人员	53	22.8
	自由职业人员	41	17.7

① 本文所有数据来源于调查问卷统计结果。

二 甘肃新阶层对政府绩效的评价

政府绩效作为现代社会公共管理的主要内容之一，是目前世界普遍采用的全面衡量各国政府执政效果，公众对政府执政效果以及对政府执政能力、公信力是否满意的评价方式，也是评价作为政府管理主体——工作人员的综合素质，尤其是责任意识的重要指标体系。

（一）对政府工作作风与公信力的评价

随着我国政府管理体制改革，创新社会管理进程的推进，2012年甘肃省委省政府在全省实施效能风暴建设，2013年围绕中央在全党深入开展以为民、务实、清廉为主要内容的群众路线教育实践活动精神实施了一系列勤政廉政建设举措。政府在转变职能及其工作作风方面初显成效，政府的执政能力和在社会公众中的公信力有了一定提升。

1. 对政府转变工作作风的总体评价较高

为了解政府转变工作作风的情况，结合群众路线教育实践活动，我们在问卷中以中央"八项规定"和省委"十项规定"为内容，测试这两项规定对促进政府转变工作作风是否具有效力。调查问卷数据分析显示，47%的被访者认为这两项规定对转变政府工作作风"有效果"，35%认为"一般"，两项合计占其总数的82%，12%认为"不太有效果"，6%认为"没有效果"（见图1），表明大多数被访者对这两项规定促进政府转变工作作风持肯定态度。

被访者对政府转变工作作风分地区调查数据进一步分析显示，

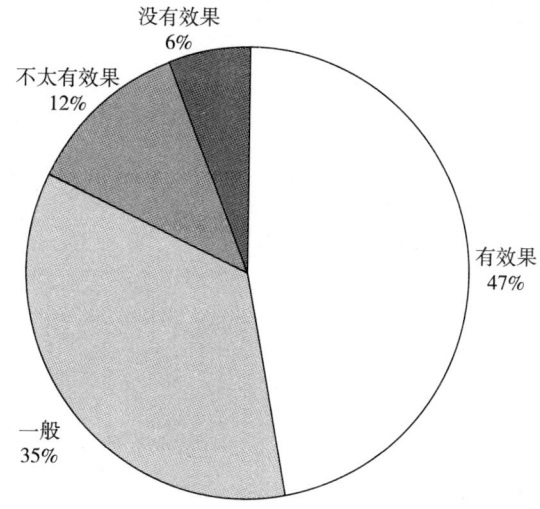

图 1　被访者对政府转变工作作风的总体评价

嘉峪关市肯定程度最高，认为"有效果"的占其问卷总数的 63.8%，程度最低的是兰州市，占其总数的 37.2%；相反否定程度最高的是张掖市，认为"没有效果"的占其总数的 11.7%，最低的是嘉峪关市，占其总数的 1.4%（见表 2）。分地区与总调查统计数据分析结果基本一致，表明两项规定对促进政府转变工作作风的效果是显著的，被访者认同程度较高，但在不同地区所取得的成效不同。

表 2　不同城市对政府转变工作作风成效评价

单位：%

调查地区	您认为中央的"八项规定"和省委的"十项"规定对政府转变工作作风是否有效			
	有效果	一般	不太有效果	没有效果
兰　州	37.2	38.4	19.8	4.7
嘉峪关	63.8	27.5	7.2	1.4
张　掖	44.2	37.7	6.5	11.7
合　计	47.4	34.9	11.6	6.0

2. 对政府公信力评价良好

本次调查在问卷中设置了"您认为省政府今年承诺要办的10项26件实事百姓能从中受益吗?"选项作为测试政府公信力的指标。调查问卷数据分析显示,48.3%的被访者认为"能",31.9%认为"较小",两项合计占其总数的80.2%,15.5%认为"流于形式",4.3%认为"不能"(见图2)。大多数被访者选择"对省政府今年承诺要办的10项26件实事百姓能从中受益"选项,表明被访者对政府执政能力和公信力充满信心,信任度增强。

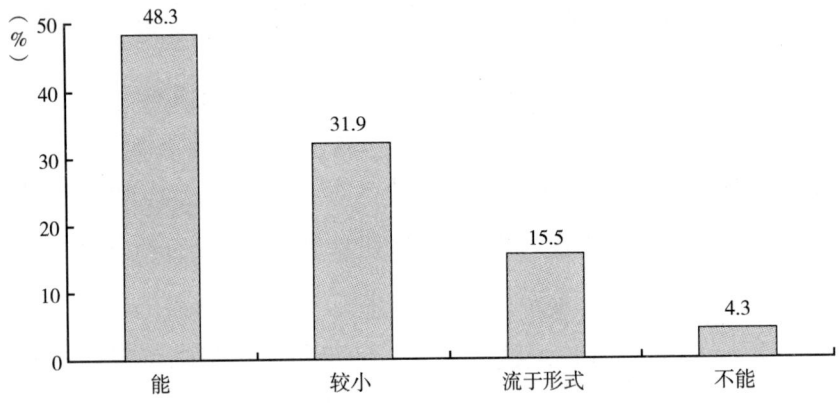

图2 被访者对政府公信力的评价

被访者对政府公信力分地区调查数据进一步分析显示,嘉峪关市信心程度最高,认为"省政府今年承诺要办的10项26件实事百姓能从中受益"的占其问卷总数的66.7%,最低的是兰州市,占其总数的37.2%;相反,没有信心程度最高的是兰州市,认为"不能"者占其总数的5.8%,最低的是嘉峪关市,占其总数的1.4%(见表3)。分地区与总调查统计数据分析结果较为一致,3市大多数被访者选择"能"项,表明他们对政府执政能力和公信力充满信心,但不同地区信心程度存在一定差距。

表3 不同城市对政府公信力评价

单位：%

调查地区	您认为省政府今年承诺要办的10项26件实事百姓能从中受益吗			
	能	较小	流于形式	不能
兰 州	37.2	37.2	19.8	5.8
嘉峪关	66.7	23.2	8.7	1.4
张 掖	44.2	33.8	16.9	5.2
合 计	48.3	31.9	15.5	4.3

（二）对政府行政绩效的评价

1. 对政府行政绩效总体评价良好

政府执政能力体现在能否为社会公众提供快捷便利的良好服务，社会公众的满意程度是评价政府行政效能的重要指标。调查问卷数据分析显示，20.7%的被访者对政府行政绩效总体表示"满意"，54.3%表示"基本满意"，两项合计占其总数的75%，15.9%表示"不太满意"，9.1%表示"不满意"（见图3）。表明大多数被访者对政府行政绩效总体效果满意程度较高。

分地区调查数据进一步分析显示，对政府行政绩效总体"满意"度最高的是嘉峪关市，占其问卷总数的33.3%，最低的是兰州市，占其总数的10.5%；相反，对政府行政绩效总体"不满意"度最高的是兰州市，占其问卷总数的14.0%，最低的是嘉峪关市，占其总数的1.4%（见表4）。分地区与总调查统计数据分析结果较为一致，3个城市大多数被访者对政府行政绩效总体效果满意度较高，但不同地区满意程度存在一定差距，满意度最高的嘉峪关市与最低的兰州市相比，两者相差22.8个百分点。

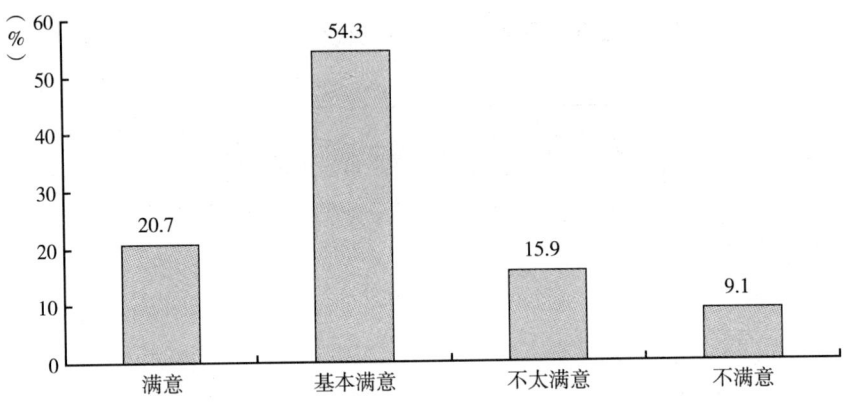

图3 被访者对政府行政绩效的总体评价

表4 不同城市对政府行政绩效的总体评价

单位：%

调查地区	您对各级政府行政绩效的总体评价是			
	满意	基本满意	不太满意	不满意
兰　州	10.5	51.2	24.4	14.0
嘉峪关	33.3	58.0	7.2	1.4
张　掖	20.8	54.5	14.3	10.4
合　计	20.7	54.3	15.9	9.1

2. 对政府行政绩效具体评价较高

为真实反映政府行政绩效和效能，问卷中设置了9项与政府行政工作关系密切的选项，用满意、基本满意、不太满意和不满意4个梯度为测试指标，用赋值法表示满意度，4为满意，3为基本满意，2为不太满意，1为不满意，即赋值越高满意度越高。

通过SPSS数据库软件分析，采用赋值方法由高到低排序，结果显示在9项多项选择题中，满意度排列前3位的选项依次是"服务态度"、"打击假冒伪劣，维护消费者权益"和"服务水平"，其赋值分别是3.13、3.06和3.04；排列后3位的选项依次是"办事效率"、"民众投诉办理"和"廉政勤政、惩治腐败"，其赋值分别是2.86、2.81和2.78。（见图4）。表明政府在转变工作作风方面成效显著，执政能力和社会责任意识进一步提升，这些成效是2012年甘肃省委省政府在全省实施效能风暴建设和2013年开展群众路线教育实践活动效果的具体体现，同时"廉政勤政、惩治腐败"作为满意度最低的选项，表达了人们对政府加大反腐倡廉力度的期盼，应该引起决策部门的重视。

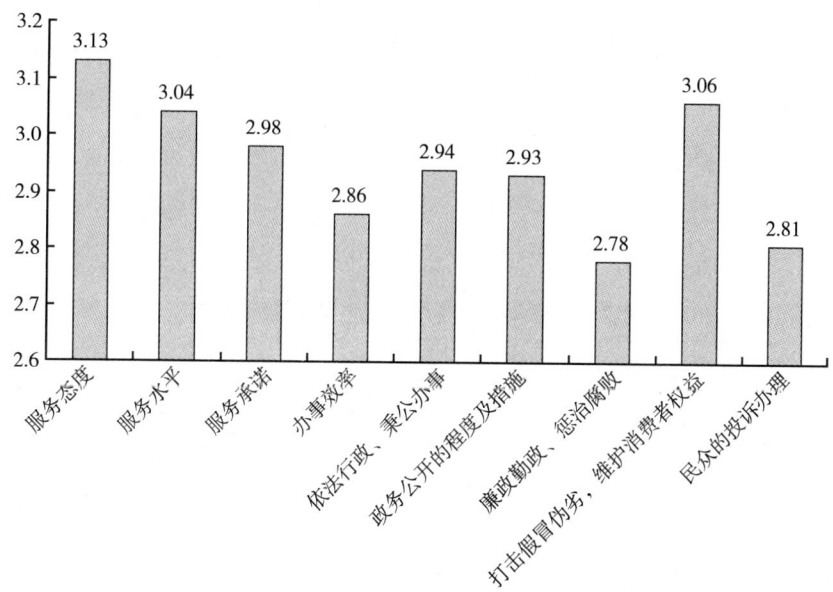

图4　被访者对政府行政绩效的具体评价

以9项具体选项为指标，以职业为变量，分职业测试被访者对政府行政绩效的满意度。采用赋值法由高到低排序，结果显示在9项多项选择题中，总体满意度排在前3位的依次为"服务态度"、"打击假冒伪劣，维护消费者权益"和"服务水平"，其赋值分别为3.13、3.06和3.04，其中个体户对这3项的满意度最高，而民营科技企业的创业和技术人员、受聘于外资企业的管理和技术人员对这3项的满意度最低；总体满意度排在后3位的依次为"廉政勤政惩治腐败"、"民众的投诉办理"和"办事效率"，赋值为2.78、2.81和2.86，其中受聘于外资企业的管理和技术人员对"廉政勤政惩治腐败"的满意度最低，民营科技企业的创业和技术人员、中介组织从业人员对"民众的投诉办理"的满意度最低，受聘于外资企业的管理和技术人员对"办事效率"的满意度最低。比较不同职业对总体满意度排名靠前的"服务态度"赋值来看，满意度最高的个体户与最低的受聘于外资企业的管理和技术人员相比，两者相差1.07个赋值（见表5）。表明，不同职业对政府行政绩效具体效能的满意度存在一定差异，部门间差距较为明显，因此，政府在行政效能方面，尤其一些具体部门在行政效能方面尚存诸多不尽如人意的地方有待进一步改进，反腐力度亟待加强。

表5 不同职业对政府行政绩效的具体评价

职业 项目	民营科技企业的创业和技术人员	受聘于外资企业的管理和技术人员	个体户	私营企业主	中介组织从业人员	自由职业人员	总体满意度
服务态度	2.80	2.50	3.57	3.34	2.87	3.10	3.13
服务水平	2.77	2.50	3.37	3.30	2.81	2.90	3.04
服务承诺	2.67	2.33	3.23	3.33	2.75	2.80	2.98
办事效率	2.63	2.50	3.06	3.13	2.58	2.83	2.86
依法行政秉公办事	2.60	2.33	3.43	3.18	2.68	2.80	2.94
政务公开的程度及措施	2.63	2.33	3.40	3.18	2.60	2.83	2.93
廉政勤政惩治腐败	2.73	2.33	3.11	3.03	2.45	2.63	2.78
打击假冒伪劣维护消费者权益	2.80	2.50	3.57	3.34	2.70	2.90	3.06
民众的投诉办理	2.47	2.50	3.26	3.10	2.47	2.68	2.81

以 9 项具体选项为指标，以 3 个城市为变量，分地区测试被访者对政府行政绩效具体评价总体满意度，排列前 3 位的依次为"服务态度"、"打击假冒伪劣，维护消费者权益"和"服务水平"，其赋值分别为 3.13、3.06 和 3.04；比较不同地区对总体满意度排名靠前的"服务态度"赋值来看，满意度最高的嘉峪关市与最低的兰州市相比，两者相差 0.67 个赋值。3 个城市总体满意度排在后 3 位的依次为"政务公开的程度及措施"、"办事效率"和"廉政勤政、惩治腐败"，其赋值分别为 2.93、2.86 和 2.78；就不同城市对总体满意度排名靠后的"廉政勤政、惩治腐败"满意度来看，最高的嘉峪关市与最低的兰州市相比，两者相差 0.83 个赋值。由此可见，3 个城市的政府在行政绩效及效能方面存在着明显的区域性差距，嘉峪关市政府行政效能满意度最佳，作为省会城市的兰州市政府行政效能满意度排名靠后。在满意度较高的选项中，3 个城市均集中在"服务态度"、"服务水平"和"打击假冒伪劣、维护消费者权益"选项上，表明政府在转变职能、提升政务水平和维护社会公平正义方面所取得成效得到社会公众一定程度的认可。"政务公开的程度及措施"和"办事效率"选项的满意度较低反映了政府在转变职能和服务意识方面仍存在诸多需要改进的问题，特别是"廉政勤政，惩治腐败问题"作为满意度最低选项仍是各地区被访者关注的焦点（见图 5）。

调查在问卷中设置了与民众切身利益联系比较紧密的执法和审批两个窗口行业作为评价政府具体工作部门指标，以 3 个城市为变量，测试被访者的满意度。对分地区调查统计数据进一步分析显示，对行政审批部门"满意"度最高的是张掖市，占其问卷总数的 53.2%，最低的是嘉峪关市，占其总数的 21.7%；对行政执法部门"不满意"度最高的是张掖市，占其问卷总数的 51.9%，最

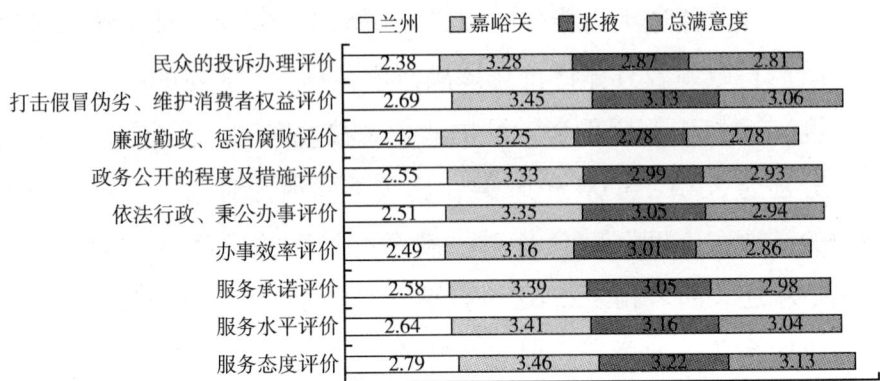

图5 分地区对政府行政绩效的具体评价

低的是嘉峪关市,占其总数的11.6%(见表6)。分部门看,两个部门相比较,被访者对执法部门的满意度低于审批部门1.7个百分点;分地区看,张掖市对行政审批的满意度高于嘉峪关市31.5个百分点。这表明政府具体工作部门工作作风存在部门和地区间的差异。

表6 不同城市对政府工作部门评价

单位:%

调查地区	最满意的部门是			最不满意的部门是		
	行政审批	行政执法	其 他	行政审批	行政执法	其 他
兰 州	24.4	19.8	7.0	20.9	17.4	8.1
嘉峪关	21.7	29.0	2.9	20.3	11.6	2.9
张 掖	53.2	46.8	0	48.1	51.9	0
合 计	33.2	31.5	3.4	29.7	27.2	3.9

2013年7月22日甘肃定西市岷县、漳县发生里氏6.6级地震,本次调查在问卷中设置了"您如何评价政府在这次漳县抗震救灾中所做的工作"选题,以满意度为变量,作为测试民众对政府应对处理突发性事件能力及处置措施效果的考量指标。对调查数据进一步

分析发现，从选项梯度看，被访者选择"非常满意"的占问卷总数的 14.7%，选择"比较满意"的占问卷总数的 45.7%，选择"基本满意"的占问卷总数的 32.3%，选择"不满意"的占问卷总数的 7.3%。从"满意"与"不满意"两个梯度看，满意梯度选项合计占问卷总数的 92.7%（见图 6），表明被访者对政府抗震救灾工作评价高，甘肃省政府在应急管理建设及应对处理突发性事件方面效能显著。

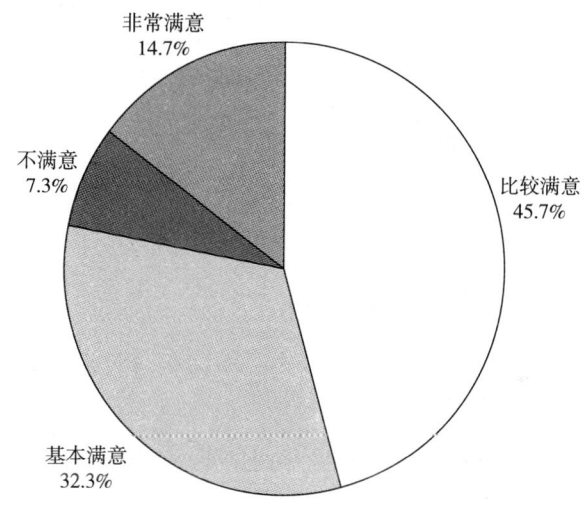

图 6　被访者对政府岷县、漳县抗震救灾评价

3. 对政府行政绩效改进的期望

通过 SPSS 数据库软件对问卷中设置的 9 项多项选择题分析，测试新阶层对政府行政工作改进期望值，以频次为单位，采用由高到低排序方法，排序结果显示在 9 项多项选择题中，排列前 3 位的选项依次是"办事效率""廉政勤政、惩治腐败"以及"服务态度"，分别占总频次的 15.2%、14.5% 和 12.0%（见图 7）。在 9 个期望值选项中，频次最高的"办事效率"比最低的"服务水平"

高出6.4个百分点，表明被访者对政府行政效能方面的改进比对工作作风方面的期望更高，从侧面反映了政府近年来在转变作风方面成效较为显著，但行政效能方面有待改善。

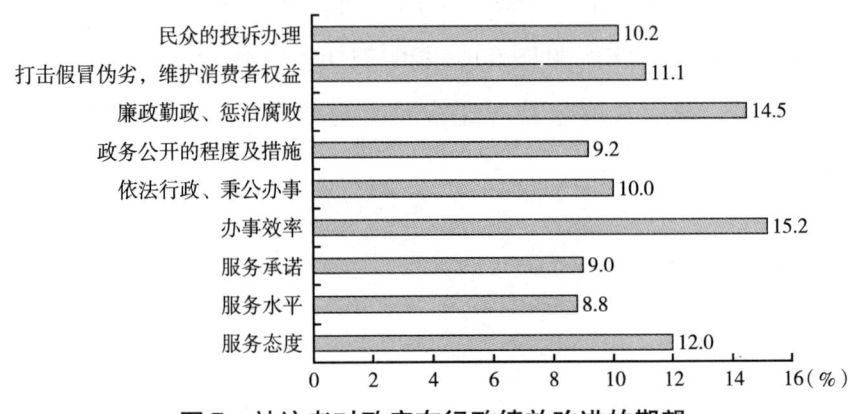

图7　被访者对政府在行政绩效改进的期望

（三）对政府社会绩效的评价

1. 对政府社会绩效总体评价良好

社会绩效是展示政府行政能力、公信力及其施政效果的平台，民众对政府实施社会建设方面的满意度是评价其社会效能的重要指标。调查问卷数据分析显示，21%的被访者对政府社会绩效总体表示"满意"，54%表示"基本满意"，两项合计占其总数的75%，16%表示"不太满意"，9%表示"不满意"（见图8）。大多数被访者对政府社会绩效总体表示满意，评价良好。

分地区调查数据进一步分析显示，对政府社会绩效总体"满意"度最高的是嘉峪关市，占其问卷总数的30.4%，"满意"度最低的是张掖市，占其问卷总数的5.2%；相反，对政府社会绩效总体"不满意"度最高的是张掖市，占其问卷总数的33.8%，"不满意"度最低的是嘉峪关市，占其问卷总数的2.9%（见表7）。分地区与总

甘肃新阶层对政府绩效的评价

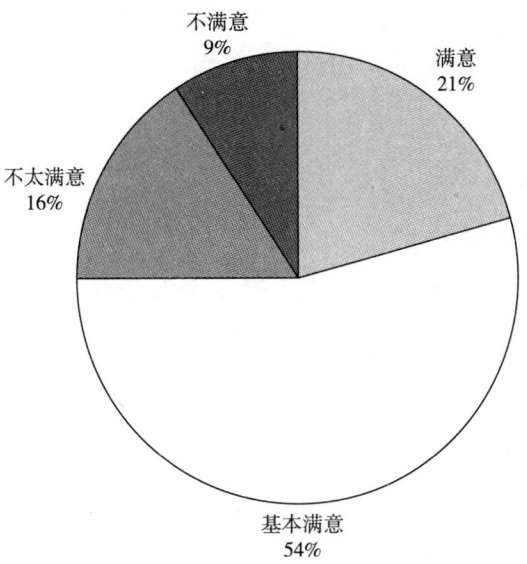

图 8　被访者对政府社会绩效的总体评价

调查统计数据分析结果较为接近，3 个城市大多数被访者对政府社会绩效总体选择"满意"项，表明他们对政府在社会建设方面施政效果持肯定态度，评价较高，但不同地区满意程度存在一定差异，满意度最高的嘉峪关市与最低的张掖市之间相差 25.2 个百分点。

表 7　不同城市对政府社会绩效总体评价

单位：%

调查地区	您对各级政府社会绩效的总体评价是			
	满意	基本满意	不太满意	不满意
兰　州	8.1	50.0	30.2	11.6
嘉峪关	30.4	58.0	8.7	2.9
张　掖	5.2	51.9	9.1	33.8
合　计	13.8	53.0	16.8	16.4

2. 对政府社会绩效具体评价较高

调查在问卷中设置了与民众生活贴近、感受深刻的 12 项政府实施的社会建设方面工作作为评价其社会绩效的指标，以民众满意度为变量，采用由高到低排序方法，测试民众对政府社会绩效具体评价效果。排序结果显示，满意度排列前3位的选项依次是"基础设施建设"、"改善人居环境"以及"社会治安状况"，分别占被访者总数的41.4%、38.4%和35.3%，在满意度方面，最高选项"基础设施建设"比最低选项"物价上涨"高出37.1个百分点（见图9）。

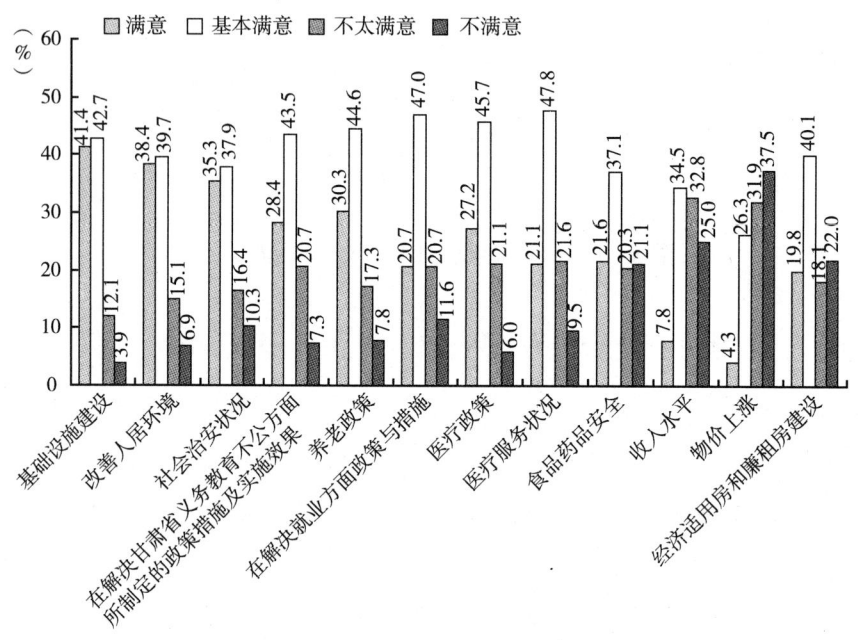

图9 被访者对政府社会绩效具体评价

以12项具体选项为指标，以职业为变量，分职业测试被访者对政府社会绩效的满意度。采用赋值法由高到低排序，结果显示在12项多项选择题中，满意度排在前3位的依次为"基础设施建设"、"改善人居环境"和"社会治安"，赋值分别为3.57、3.52和3.30，被访者的职业是私营企业主；满意度排在后3位的依次为"收入水平""经济适用房和廉租房建设"和"物价上涨"，赋值分别为1.83、1.83和1.60,被访者的职业分别是受聘于外资企业管理和技术人员、民营科技企业的创业人员和技术人员。满意度最低的是"物价上涨",赋值为1.60,被访问者的职业是民营科技企业的创业人员和技术人员;满意度最高的私营企业主与最低的民营科技企业的创业人员和技术人员相比,两者相差1.97个赋值(见表8)。分析上述总体和分职业的调查数据,表明政府在基础设施方面建设成就显著,这是近年来甘肃省为加大对外开放在硬件建设和改善人居环境方面投入力度大的直接体现;同时,"物价上涨"作为被访者满意度最低的选项,既反映出甘肃民众收入水平太低、经济欠发达的省情,又表达了人们对政府提升价格调控能力的期盼,应该引起决策部门的重视。

表8 不同职业对政府社会绩效的具体评价

项目	民营科技企业的创业人员和技术人员	受聘于外资企业管理和技术人员	个体户	私营企业主	中介组织从业人员	自由职业人员
基础设施建设	3.00	2.67	3.34	3.57	2.94	3.12
改善人居环境	3.00	2.50	3.29	3.52	2.64	2.98
社会治安状况	2.67	2.50	3.31	3.30	2.68	2.88
在解决甘肃省义务教育不公方面所制定的政策措施及实施效果	2.93	2.17	3.14	3.09	2.75	2.83
养老政策	2.70	2.33	3.20	3.25	2.75	2.90
在解决就业方面的政策与措施	2.60	2.50	2.83	3.03	2.66	2.6
医疗政策	2.77	2.50	3.20	3.03	2.87	2.85
医疗服务状况	2.77	2.67	3.06	2.91	2.70	2.61
食品药品安全	2.23	2.33	3.17	2.90	2.19	2.41
收入水平	2.03	1.83	2.46	2.24	2.15	2.44
物价上涨	1.60	1.83	2.14	1.93	1.96	2.22
经济适用房和廉租房建设	2.37	1.83	2.77	2.81	2.30	2.66

3. 对政府社会建设方面改进的期望

通过SPSS数据库软件对问卷中设置的4大类和18个具体项目多项选择题的分析，测试新阶层对政府社会建设方面改进的期望，以频次为单位，采用由高到低排序方法，排序结果显示排列前3位的选项依次是"重视垃圾收集与处理"、"平抑物价"和"增大绿地面积"，分别占总频次的29.9%、27.4%和26.1%（见表9）。以综合类改进5项内容为例，以期望值为变量，采用排序方法，排序结果显示，位列前3项的分别是民生方面、环境方面和社会治安。"民生方面"选项位列首位，表明被访者对政府社会建设改进方面的期望与他们的生活密切相关，折射出近年来中央重视民生工程及以人为本的执政理念与民众期望相一致。

表9　被访者对政府社会建设方面改进的期望

单位：%

综合类	民生方面	25.4
	环境治理	23.9
	社会治安	18.0
	综合执法	17.9
	投诉办理	13.6
基础设施	重视垃圾的收集与处理	29.9
	增加公共卫生间	25.0
	增加文化体育设施	23.7
	增加自行车停放处	12.8
人居环境	增大绿地面积	26.1
	噪音治理	24.3
	水污染	23.5
	大气污染	22.0
民生方面	平抑物价	27.4
	加大市场监管及执法力度,确保食品药品安全	24.8
	增加收入	24.7
	加大养老保障投入	19.6

三 基于调查数据分析的结论与思考

（一）基于调查数据分析的结论

通过调研，我们认为本次被访的甘肃新阶层对政府绩效的评价符合甘肃社会经济发展现状。

综观整体评价，无论从宏观和微观视域，还是从多层面、多指标考量，其反映的问题与当前甘肃省经济社会发展中的热点难点基本一致，期望政府工作的改善聚焦于政府职能转变和改进工作作风。与此同时，被访新阶层对政府绩效评价也体现了甘肃省政府施政效果及其社会建设管理卓有成效，全面反映了甘肃社会经济发展取得长足进步，民众生活得到显著改善的现实。

（二）对提高政府绩效建设的思考

1. 建立和完善符合甘肃省情的绩效评估体系

政府绩效作为现代政府公共管理的前沿课题，对政府转变职能、提高执行力、公信力、改进工作作风、加强勤政廉政建设具有重要作用。我国借鉴世界各国地区政府绩效管理经验，加大了政府绩效评估体系建设研究和实践运用探索，全国有24个省（自治区、直辖市）和20多个部门不同程度地开展了政府绩效管理工作，各省市区各类指标体系建设研究及试点运用是其具体体现。党的十八大报告明确提出"要创新行政管理方式，推进政府绩效管理"的目标，为此，甘肃省应尽快推进政府绩效管理建设工作，制定和完善符合甘肃省情的指标评价体系。

2. 完善评估参与主体多元化的体系建设

为提升甘肃经济社会发展和全面实现小康社会建设发展战略，在全省政府绩效评估体系建设完善的过程中，为改变评估缺乏透明度和民众参与度不足的缺陷，避免政府绩效评估流于形式和运动式，建议引入第三方评估方式以及重视民众评估体系建设。

3. 加大民生方面评估指标比重

为更好地实施中央政府"以人为本"的执政理念和党的十八大提出的"五位一体"发展战略，克服甘肃省以往绩效评估体系中片面强调经济增长指标现象，避免重复建设、盲目投资、浪费资源以及"政绩工程""形象工程"所造成的不必要损失，建议在甘肃政府绩效评估体系建设完善过程中加大民生方面的评估指标比重。

4. 重视政府绩效评估结果的运用力度

为提高政府施政效果，提升政府执政能力和公信力，推进我国政治民主建设进程，加大公众舆论监督力度，全面提升政府绩效效能和公共管理建设质量，针对以往在政府绩效评估过程中仅有评估缺乏结果运用的现状，建议甘肃省政府在未来实施政策制度过程中，高度重视政府绩效评估结果的运用力度，从而全面提升政府执政效能。

B.5 甘肃农民工对城镇化的反响和要求

马东平*

摘　要：

甘肃农民工为了挣钱和寻找更好的发展道路走出了农村，由于在城市存在户籍限制、高企的房价、不对等的医疗保障和子女就学困难等问题，目前甘肃农民工想成为市民的愿望并不迫切；而如果想成为城镇居民，农民工首先想得到户籍保障，也想拥有或保留对农村承包地的权利，在城市能够买到保障房，拥有和城市居民一样的社会保障。农民工的这些需求对于国家制度层面、具体政策措施层面是巨大的改革和挑战，建议通过逐步消除城乡二元户籍管理制度、保留农民工在农村的土地承包权、逐步实现农民工社会管理的流入地管理、加强农民工职业培训等措施促进城镇化的进程。

关键词：

甘肃农民工　城镇化　反响和要求

在中共十八大报告和新一届国家领导人讲话中，城镇化作为中国经济增长的一个主要动力，被提到了非常醒目的位置。

---

* 马东平，女，回族，博士，甘肃省社会科学院研究员，主要研究方向：民族社会学。

城镇化是指人口向城镇集中的过程。农民工，也称民工，指中国大陆特有的持农业户口身份的工人。目前城镇化是推动中国向前发展的主要动力，所以，中国城镇化进程的推进和农民工命运紧紧地捆绑在了一起。城镇化的本质是人口城镇化，但是，在过去相当长一段时间里，一些地方和部门将其简化为土地的城镇化、房子城镇化，甚至仅仅是劳动力的城镇化。结果，农民工及其家属无法充分分享城镇化的好处，由此导致了农民工的许多问题。

本报告主要通过对农民工的问卷调查与访谈，将农民工对城镇化的要求分解为劳动就业、教育、医疗、权益等几个方面，了解甘肃农民工对城镇化的反响，并提出推进农民工市民化的政策建议，为推进甘肃省城镇化提供决策参考。

一 调研基本情况

本报告调研采用了社会学问卷调研法和访谈调研法，共发放310份问卷，有效回收298份。问卷主要在甘肃省具有代表性的地区发放，其中，在农民工集中的省会城市兰州发放160份，在民族地区临夏回族自治州发放70份，在中部定西市发放40份，在河西永昌发放40份；其中男性139人，女性147人，性别项缺失12人；回族35人，东乡族3人，保安族2人，撒拉族1人，汉族257人；18~25岁的有84人，26~35岁的有111人，36~45岁的有68人，46~60岁的有33人，缺失此项的为2人；初中及以下文化程度的有122人，高中中专文化程度的有113人，大专文化程度的有21人，本科及以上的有23人，此项缺失19人；在问卷中家庭仅1人外出打工的有145人，夫妻外出打工的有85

人，家里多人外出打工的有55人，此项缺失13人；职业类型中服务员123人，建筑工人（生产工人）78人，管理人员33人，个体21人，自己开办企业2人，其他13人，此项缺失28人；月收入在1000元以下的有62人，1000～2000元的有139人，2000～3000元的有51人，3000元以上的有38人，此项缺失8人；其中103人至今在农村有地，185人已经没有了土地，此项缺失10人。

在本研究中总共访谈30余名农民工，包括餐厅服务员、建筑工人、从事按摩理疗的个体户、美发学徒、生产工人和管理人员等。

二 农民工对进城及成为城市人的感受和反响

（一）农民工外出打工主要是为了多挣钱和寻找合适自己发展的职业

随着工业化、城镇化的迅猛发展，甘肃省由"60后"组成的农村家庭出现了从原来的一个农民工发展到现在几个甚至全家转化成农民工的现象。目前甘肃仍将呈现农村富余劳动力大幅增加的局面。大批甘肃农民工走出家乡，甚至走出甘肃，为本省经济社会发展的提速及用人地区的社会经济发展作出了贡献。对"您选择外出打工的原因？"的调研显示：选择"想多挣钱"的占被访农民工的比例最高，有169人，占有效被访者的57.70%。在边远贫困山区只是靠那点土地已经支撑不了农民的生活开销，许多农民工走出来更多的是为了增加收入。其次，是为了寻找更合适自己发展的职业，68位被访者（占23.21%）选择了此项答案。一个美发学徒在访谈中坦言,她出来打工现在收入也就600元/月,主要是想学一门技术,将来自己也干美发。还有一位餐饮个体户说:"现在没有本钱,只能小打小闹地干点,等自己积攒了点本钱,就去盘个店面,做个稍大的生意。"最后,是需要学习技术,45位(占15.43%)被访民工表达这是自己外出打工的目的。具体的调查结果如图1所示。

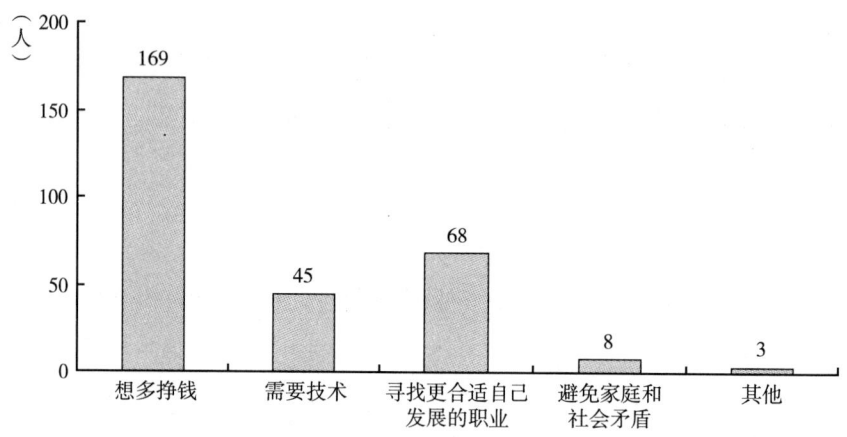

图1　您选择外出打工的原因

(二)绝大多数农民工在城市工作的感觉"一般"或者"不幸福",成为市民的愿望并不迫切

被调查和访谈的农民工基本上都是甘肃籍,他们在兰州或者省内其他市、州和县城打工,其中一些人在城市生活较稳定,但大多数在城市打零工,所以,许多农民工感觉自己与城市人的想法和生活方式还是有距离,城市人也并没有完全接纳农民工群体。图2显示,只有9%的被访农民工在城市感到"很幸福",16%感到"幸福"。这些农民工有技术、薪酬比较高、在企业中是管理阶层,他们一般长期在一个地方打工,有固定的住所,有的是整个家庭外出，基本和城市的人没有区别；而感觉"一般"的占55%，感觉"不幸福"和"很不幸福"的共占20%。他们一般是临时在一个地方打工，在农忙时回家，城市生活物价高、生活压力大、不能跟家人孩子在一起、孤独和生活环境差都让他们觉得在城市生活不幸福。

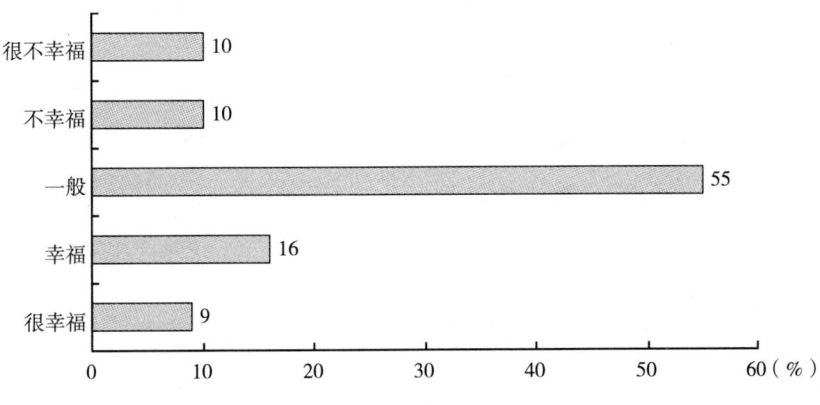

图2　农民工在城市的感受

由于多数农民工在城市中生活的感受"一般"和"不幸福"，他们迫切成为市民的愿望也不强，在我们调查中，只有16%的被访农民工迫切想成为市民，59%对成为市民的愿望是"一般"和"无所谓"，25%"不想成为市民"，认为城市不可久留，在城市里打工挣些钱后还是要回农村。

（三）没有城市住房是农民工成为市民的最大障碍

目前农民工融入城市既面临制度性的限制，也面临由于长期城乡二元结构造成的城市和农村、农民之间在发展、生活方式、观念等方面的差异。因此，农民工逐步融入城市面临着巨大的困难和挑战。本次调查中，从农民工自身来看，他们认为在城市中没有住房是农民工成为市民的最大障碍,选择这个问题的被访者占总数的49.64%,特别是许多农民工认为,现在城市的高房价让他们无法承受;认为没有城市户口是成为市民最大障碍的占被访者的22%;还有15%的被访农民工认为最大障碍是自己没有技能,无法在城市长期立足;6.16%认为自己孩子的教育无法解决是他们成为市民的最大障碍;4.71%认为城市的医疗费用太高是他们成为市民的最大障碍。

(四)绝大多数被访农民工对相关政策和规定不了解,对自己所了解的相关政策表示不满意

早在2006年甘肃省政府就出台了《关于解决农民工问题的意见》,从住房、户籍、培训、子女入学、保险、就业和报酬七大方面提出措施确保农民工的权益。2010年甘肃省出台了《甘肃省引导鼓励农民工回乡创业的意见》,为甘肃省农民工回乡开通"绿色通道"。但这些政策和措施许多被访农民工并不了解,调查显示,80.77%的被访者认为自己对甘肃有关农民工的政策和规定不了解。在对已出台的甘肃农民工政策和规定有所了解的被访者中,有56.11%表示对相关政策"不太满意",10.68%表示"很不满意",仅有33.21%表示"满意"。

三 农民工对目前城市生活的反响和感受

(一)农民工获取工作的途径主要是靠熟人介绍

大批农民工涌向城市,在当前形势下,他们并不是漫无目的。走向经济发达地区的甘肃农民工就业除了熟人介绍外,主要靠政府

组织劳动力输出或者中介公司推荐,而在甘肃省内就业的主要靠熟人介绍。调研显示,76.79%的被访农民工是通过熟人介绍工作的,18.93%是通过劳务公司或者中介机构推荐获得工作机会,其余的是通过政府组织劳动力输出或者其他途径获取劳动岗位的,但这一部分占的比例很少。

(二)农民工工作时间正常,买房族属极少数,对目前住宿条件感觉一般者居多

相对于过去劳动力供大于求的情形,目前劳动力市场不甚饱和,所以,目前农民工的工作强度属于正常,工作时间大部分也在正常范围之内,在我们的调查中,63.42%的被访者的工作时间在8~10小时,工作11~12小时的占15%,工作12小时以上的占11.85%。在被访农民工中,在城市买房者只占9.2%,有的买的是商品房,有的买的是二手房,他们基本上是用人单位的中层管理人员或者是干个体的农民工;其余的被访农民工单独或者与人合租居住,也有一些住集体宿舍和工棚。由于许多人在城市里打工是临时性的,他们对住房条件要求并不是很高,对目前住房感觉一般,没有什么特别的要求,如农民工所说:"能住就行了,又不是自己的家。"

(三)在许多保险中,农民工拥有的医疗保险比例最高,而有病去小诊所居多

早在2006年,在甘肃省劳动和社会保障厅出台的《2006年农民工参加医疗保险专项扩面指标》中,甘肃省就做出了许多有利于农民工灵活参保的规定。劳动保障部门表示,到2008年年底将与城镇用人单位建立劳动关系的农民工基本纳入医疗保险制度范

围，重点解决农民工务工期间的住院或大病医疗费用，并形成农民工参加医疗保险正常的运转机制。所以，在我们调查中，农民工拥有的医疗保险比例最高，但由于农民工医疗保险对门诊医疗很少报销，所以，农民工生病一般选择去小诊所看病，不敢进大医院。图3可以直观地说明当前农民工的保险状况。

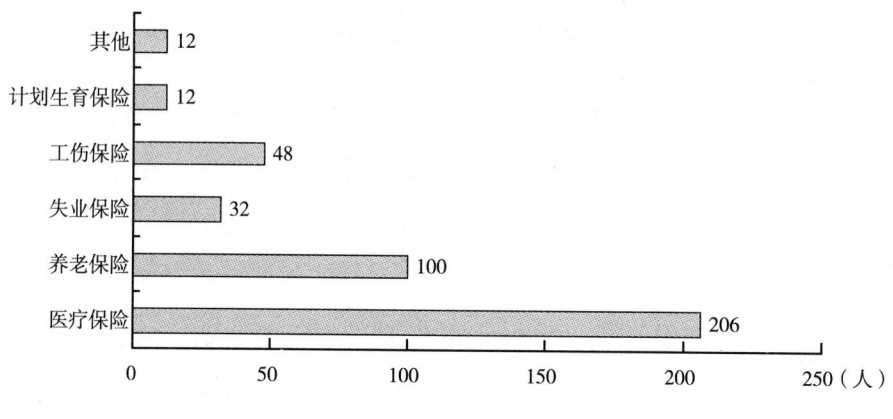

图3 农民工拥有的社会保险（多选）

（四）农民工与用人单位的劳动协议以口头居多，但当合法权益受到侵害时，寻求法律保护成为首选

在甘肃省内打工的农民工大多是通过熟人途径介绍获得工作岗位，所以，劳动者与用人单位之间的协议就比较松散，在我们调查中，53.68%的被访农民工与用人单位口头约定，没有签订劳动合同；只有27.02%的被访者和用人单位签订了劳动合同；19.30%与用人单位既无口头约定，也无正式的劳动合同。

但当被问到"在劳动过程中，您的合法权益受到侵害时，采取什么样的办法？"时，39.72%的被访者回答寻求法律保护，32.06%会找工会或者政府，28.22%表示"忍受"。所以，不管采取什么方式，绝大多数农民工积极地应对面临的权益侵害，显示出新时代农民工的维权意识。

（五）农民工孩子多数在流出地村镇和县城就学，在流入地义务阶段入学和升学基本已经不成为困难，但享受城市优质教育资源困难重重

早在 2008 年，甘肃省教育厅根据省委省政府的精神，将农民工子女义务教育纳入当地义务教育发展规划，会同省财政厅将农民工子女教育经费及"两免一补"纳入公共财政保障范围。在农民工输出地，重点实施农村寄宿制学校建设工程，在农民工输入地，重点做好进城后的农民工子女平等接受义务教育工作；劳动保障厅及省农牧厅，还要将失辍学和大龄农村留守流动儿童的教育培训纳入"阳光工程""农村劳动力技能培训计划"等。在现有的政策框架和条件下，农民工孩子在义务阶段的入学和升学基本上没有困难了，但在实际中，农民工的孩子在打工的地方要上优质教育资源集中的学校是艰难的。由于在甘肃打工的农民工许多就是本省、本地区的人员，所以，他们的孩子一般多数在家乡的村镇和县城就学。调查中，74.63%的被访农民工的子女在当地家乡村镇和县城学校就读，13.66%的被访者子女在农民工所在城市的一般学校上学，只有 11.71%的被访农民工为孩子交高额的择校费、赞助费上了心仪的优质资源集中的学校，所以，在流入地农民工的子女享受城市优质教育资源困难重重。

（六）绝大多数农民工愿意接受职业培训，但在实际工作中接受的培训较少

近年来甘肃省作为劳动力输出大省，政府大力支持农民工参加各类职业培训,许多地区从就业专项资金和相关专项资金中给予补贴。按照"各级政府决策政出一门、各有关部门对口争取资金、县区一级捆绑使用"的原则,采取统一制定培训规划和管理办法、统一审定培训机构、统一检查验收的办法进行管理,推动县区政府对"农村劳动力转移培训计划""阳光工程"和"雨露计划"(针对农民工培训工程)等项目进行整合。同时,健全申报、考察、评审、公示等制度,按照公开、公平、公正的原则,突出行业特色,建设了一批培训质量高、就业效果明显的培训基地。省委、省政府制定政策要求"就业再就业资金的10%用于农村富余劳动力转移就业培训"。同时加强与外省市农民工技能培训合作,建立和完善了相关工作协调机制。

由于政府从上到下对农民工培训非常重视,甘肃省许多向东南沿海地区输出的农民工都积极参与培训,因为必要的技能培训是上岗的必需条件。甘肃的民族地区充分发挥特色产业优势,培训特色产业人员。以张家川回族自治县为例,在劳动力输出中,政府重视民族和地方特色劳动技能的培训,2009~2012年底开展劳务品牌培训3年来,累计培训"伊香拉面师"4660人,全部实现就业,人均年创劳务收入4万元以上。培训出来的技能人才主要分布在北京、武汉、济南、兰州、西安、成都等地。

拥有技术和技能,是找好工作的敲门砖,所以,农民工非常愿意参加相关的培训。在我们的调查中,77.52%的被访农民工愿意参加培训。但农民工就职后其用人单位的培训比较少,调查显示:61.51%的被访者谈到自己的用人单位虽然有培训,但很少,只有17.99%的被访者谈到自己的工作单位职业培训较多,20.5%的被访者谈到自己的单位根本就没有相关的职业培训。

四 农民工对城镇化的要求

（一）如果落脚城市，农民工对城市户籍有比较强烈的要求

目前我国仍然存在城乡二元结构，随着城市化和现代化的推进，客观上需要农村大量剩余劳动力转移，但是由于户籍制度的原因，使得城乡居民在权利、义务上分隔为不对等的两个社会集团，而作为劳动力生产要素的含义被这种分隔淡化了。户籍制度的背后是附加在户口后的各种利益和社会福利，所以，从制度上来讲，如果要让农民工落脚城镇，户籍是个屏障。调查显示，73.05%的被访农民工期望得到城市户口，26.95%认为有没有户口无所谓，只要在城市生存下来就可以。在希望解决城市户口的农民工中，有48.06%的被访农民工希望给所有的农民工解决城镇户口，而51.94%的被访者认为应该为达到一定条件的农民工解决城市户口。可见，如果落脚城市，农民工对城市户籍有比较强烈的要求。

（二）在目前房价高企的形势下，大多数农民工希望能买到保障房

根据新的贫困标准统计，2011年，甘肃省共有贫困人口（人均年收入在2300元以下）837.52万人，占全省农村人口的40.12%，全省有58个贫困县。2012年甘肃全省农民人均年纯收入只有4495元，在全国房价不断上涨的狂潮中，甘肃各个地区的房价也在追随着全国房价上涨的趋势，对于大多数收入仅仅解决温饱的农民工来说，在城市购买高价的商品房，无疑是梦。调查显

示,只有14.34%的被访农民工想买城市中的商品房,56.63%的被访农民工想买到城市中的保障房,还有29.03%的被访农民工期望购买到政府专门为农民工提供的房子。

(三)农民工希望子女在城市就学选择多样化

农民工的孩子在城市入学是一直困扰农民工的一个重大问题。早在2003年,国务院办公厅转发教育部、中央编办、公安部、发展改革委、财政部、劳动保障部《关于进一步做好进城务工就业农民子女义务教育工作的意见》,为农民工子女入学出台了许多原则性的规定,但长期以来由于缺乏具体的操作,许多规定都流于表面。对甘肃农民工来说,大多都是把孩子留在老家的学校就读,即便是随父母在城市就读的,也进不了好学校,许多好学校现在不收借读费,但也不收任何不在片区内的适龄学生,所以,如果没有专门的农民工学校,农民工能托人找关系就近选个差不多的学校就已经是万幸了。所以,在我们的调查中,32%的被访者希望农民工的孩子在城市就学能对其取消各种名目的费用,34%的被访者希望孩子就近读书,30%的被访者希望建立专门的农民工子弟学校解决读书难的问题。

(四)农民工对保留承包土地"所有权"的意愿比较强烈

调查显示,有些城郊的农民已经没有了土地,但大部分农民工在家乡还有承包的土地,他们出来打工,土地有的转租了,有的让人继续耕种,农民工在农忙时节就回家照看庄稼。在调查中,农民工对保留承包土地"所有权"的意愿比较强烈。图4显示,12%的被访者对承包地的处理方式是愿意"转让",22%希望"用土地换取城市户口和住房",38%希望"采取出租土地的办法",26%愿意"转包",只有2%的被访者没有选择具体的方式。以上统计显示,有64%的被访农民工想保留对土地的承包权。

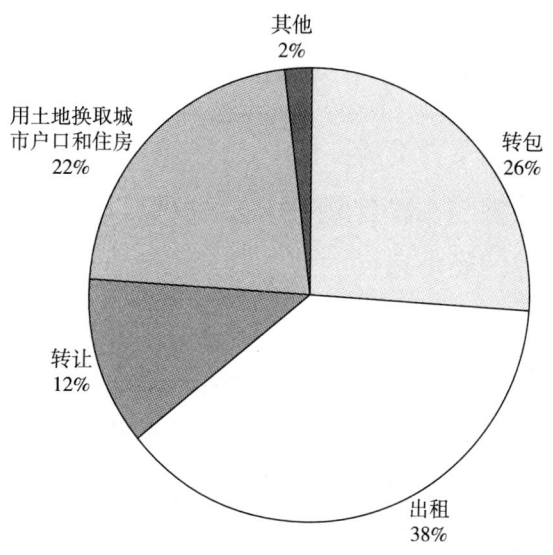

图4 农民工选择处理承包地的方式

(五)农民工希望具有和当地城市居民一样的医疗保障

目前,我国没有关于农民工医疗保障的统一规定,有的城市试点农民工的流入地医疗保障,其余的就是农民工参与流出地的医疗保障。甘肃省的农民工尤其是在甘肃省内打工的农民工基本上都是参与流出地的医疗保障。甘肃省的各个县市新农合制度自2003年启动后,参保率很高,2007年就实现了全部农村居民的全覆盖。而且许多地区也在推进即时结报,全省金穗惠农新农合"一卡通"工作也在推进。但对于外出打工的农民工有时候得了急病,就近医疗就显得困难重重。在调查中,有41%的被访农民工希望能够拥有和当地市民一样的医疗保障，37%希望在打工当地享受到新农合政策，22%希望到户籍所在地进行新农合就医。

（六）农民工在城市中进一步发展的意愿强烈，希望成为有素质、积极守法的城镇公民

目前，在农民工打工的城市中，他们只有在经济上提供服务的义务，没有政治参与、社会保障等方面的权利，农民工与城市的关系仅仅就是简单的经济雇佣关系，而不发生任何政治、社会关系。相对于农村，农民工流动到城市后经济收入得到提高，但其社会地位仍然处于城市社会的底层。由于自身文化等素质的制约，他们在劳动力市场上也处于弱势，所从事的大多是城镇劳动力不愿做的工作，并且不稳定。在访谈中，大多数年轻的农民工表达出在城市进一步发展的强烈愿望，希望通过锻炼、培训等途径，成为有素质、积极守法的城镇公民。

五 解决农民工问题推进城镇化的对策和建议

推进城镇化，其实就是让更多的人（主要是农民）以市民的身份、生存方式乃至精神面貌在城市生活。农民工如何逐步地蜕变成市民，对于国家的制度层面、具体的政策措施层面是巨大的改革和挑战。

（一）将重点放在中小城市，继续推进改革城乡户籍二元分割体制现状

从调研来看，首先，目前甘肃城市生存生态对农民工总体上是

不利的，主要表现在住房、医疗保障、子女就学和文化生活等方面，而造成这些方面区别的根源则是城乡户籍的二元分割。假如许多农民工有城市户籍，被纳入了社区管理，至少他们的医疗保障、子女就学和文化生活等就都不成问题。

兰州在户籍改革中已经迈出了实质性一步。2013年5月，兰州市公安局专门出台了《兰州市公安局推进户籍管理制度改革实施细则（试行）》，规定在本市务工（同时按照国家规定参加社会保险）或经商满2年以上并拥有房屋所有权，可申请落户；在城关、七里河、西固、安宁行政区划内连续务工满10年（同时按照国家规定参加社会保险），在红古区、永登、榆中、皋兰县行政区划内连续务工满5年（同时按照国家规定参加社会保险），拥有房屋使用权（承租公有房屋、承租出租人有房屋所有权私房的），可申请落户；在"城市四区"投资300万元以上，经营、兴办实业的业主，可申请落户；在红古区、永登、榆中、皋兰县"一区三县"投资额度由当地区县政府决定，方可申请落户。兰州进一步放开城市户籍，使城乡户口的"附加值"趋于平等，保障符合条件的农民工转变身份后的利益和待遇，逐渐消解以往城乡二元结构体制形成的歧视。所以，参照省会兰州在户籍制度上的改革，甘肃省各地尤其是城镇化推进的重点小城镇在目前国家大力推进城镇化的过程中，改革制度壁垒，主动接纳农民工融入城市社会，必须加大户籍制度和与之相关的社会管理制度的改革，逐步形成农民工与城市居民身份统一、权利一致、地位平等的制度体系。

（二）妥善解决农民进城后承包土地权益保障问题

在将推进符合条件的农民工逐步在城镇就业和落户作为推进城镇化的重要任务，放宽中小城市和城镇的户籍限制的同时，对农民进城过程中的承包土地权益也要加大维权力度。在我们的调研中，农民工保留承包地的意愿很强烈，所以，国家在政策上必须确定在城镇定居落户农民工的土地承包财产权利，其土地承包权益不能被随意剥夺。更多的制度设计应该让农民工的土地通过市场转让获得财产收益，或者是作为进城的一个资本来源，要允许转让土地等资产，增加财产性收入，也可以保留土地承包权，依法流转，等等。

（三）就城市性质和容量来看，中小城市、小城镇是推进城镇化的重点，在推进的重点地区，应该有条件地给农民工提供中小城市保障房

就甘肃来看，兰州、天水等市都是全省和地区的中心城市，它对人才的要求高，在这些地区落户生存对于农民工来说也是巨大的挑战，而且这些中心城市经过多年的发展，对于人口、资源等的容载量也在日趋饱和。城镇化的重点也是推进中小城市、小城镇的城镇化程度，甘肃许多的农民工都是来自于县、乡镇的农民，他们融入小城镇对于自己的挑战不大，更能实现双赢。

2013年2月上届政府最后一次国务院常务会议提出"2013年年底前，地级以上城市要把符合条件的外来务工人员纳入当地住房保障范围"。十八大报告中也将"住房保障体系基本形成"列入国家发展的新任务。农民工作为城镇化推进中的主力军，农民工要成为市民，居者有其屋是最大的问题，在我们的调研中，农民工也强烈表达了在城市中通过优惠政策拥有住房的愿望，国家把保障房通过对一定条件的限定（如纳税的年限等）提供给农民工，既加大了经济的发展，也解决了农民工最大的问题。

（四）逐步强化对农民工执行以流入地政府管理为主的管理体系，有助于改善目前农民工在城市的民生问题

城镇化推进过程中，涉及户籍改革等重大问题，不是一朝一夕所能完成的，而涉及的社会管理则可以逐步改革和完善，最终实现量变到质变的目标。我国目前对农民工管理有流出地管理和流入地管理。在甘肃省对农民工的社会管理有流出地管理的部分，例如，医疗保障、子女入学等，也有流入地管理，例如计划生育等。流入地政府应该逐步把农民工社会管理纳入进去，实现医疗保障与流出地的信息、保障相畅通，促进子女教育、社会保障等基本公共服务均等化。

（五）目前仍然需要加大对农民工就业前、就业中的培训，提高农民工素质

最终能不能在城市落脚，取决于农民工是否掌握了一种技艺和能力。所以，在城镇化过程中，提高农民工的素质至关重要。当前，提高农民工素质，必须加强培训，这种培训需要在就业前，也需要在职业中，所以，政府、社会、企业要整合现有各类教育资源，建立多渠道、多层次、多形式的农民技术培训体系和培训网络，使广大农民工掌握一至两门实用技术，真正使其成为有文化、懂经营、会管理的新型农民，提高他们的就业创业能力，提高农民工的市民转化率。

社会热点篇

Hot Social Topics

B.6
甘肃民众对中央和省委改进作风相关规定的反响

李巧玲*

摘　要：本报告以民众为调查对象，基于实证分析，了解到绝大多数被访者对新一届党中央和省委改进工作作风的态度、行动和措施是满意的，认为其实施效果良好，作用显著。对继续深入改进作风抱有希望、怀有信心。但是，由于改进作风过程的艰巨性和长期性，以及对"四风"长期以来一直没有得到根治

---

* 李巧玲（1974～），法学学士，甘肃省社会科学院法学研究所副研究员，主要研究方向：法社会学、地方立法。

甘肃民众对中央和省委改进作风相关规定的反响

的"一阵风"的"经验"判断，也有一部分被访者对此存在怀疑态度，持观望心理。通过剖析这些问题和不足，提出五条对策和建议。这对贯彻中央和省委改进作风相关规定，以改进作风为牵引破冰前行，实现干部清正、政府清廉、政治清明、社会齐心的美好甘肃具有十分重要的理论和现实意义。

关键词：

民众　中共中央　甘肃省委　改进作风　反响

党的作风是一个政党及其党员世界观的外在表现形式，重视加强和改进作风建设是中国共产党的一个鲜明特色。中国共产党在90多年来的实践活动中，一直高度重视加强和改进作风建设。十八大召开后不久，中央出台了"轻车简从、精简会议、规范出访、改进文风"等改进工作作风的八项规定，并要求党员干部在思想上、作风上"照镜子、正衣冠、洗洗澡、治治病"，决定从2013年下半年开始，用一年左右时间，在全党自上而下分批开展党的群众路线教育实践活动，以县处级以上领导机关、领导班子和领导干部为重点，切实加强全体党员马克思主义群众观点教育，把贯彻落实中央八项规定作为切入点，进一步突出作风建设，集中解决形式主义、官僚主义、享乐主义和奢靡之风问题。八项规定一出台，各地区、各部门纷纷采取措施、贯彻落实，同年12月23日，甘肃省委制定了"改进工作作风、密切联系群众"的十项规定。

领导干部的作风问题，党历来重视，民众也十分关心。以作风正党风、以党风赢民心，十八大之后的一系列改进和加强作风建设的措施受到社会各界广泛关注，特别是新一届中央领导集体以身作则,并对改进作风多次强调,不仅成为社会关注的焦点,而且点燃了民众的激情。2013年9月,甘肃省社会科学院舆情调研组在全省范围内对"中央和省委改进作风相关规定的反响"进行了舆情调研,进一步了解被访甘肃民众对贯彻改进作风的意见、态度以及对改进党风政风乃至整个社会风气的强烈呼声和殷切期盼。

一 调查对象的基本情况

本次调查以兰州市、定西市、天水市、平凉市、武威市、金昌市6个(地级)市,甘南藏族自治州、临夏回族自治州2个自治州,永昌县、清水县2个县作为主要调研区,采用问卷与访谈相结合的方式展开。调研组共发放问卷630份,收回问卷621份,其中有效问卷604份,问卷有效率为97.26%。从调查对象所在地构成看:兰州市148人,占样本总数的24.50%;定西市82人,占样本总数的13.58%;天水市(清水县)67人,占样本总数的11.09%;平凉市83人,占样本总数的13.74%;武威市77人,占样本总数的12.75%;金昌市(永昌县)66人,占样本总数的10.93%;甘南41人,占样本总数的6.79%;临夏41人,占样本总数的6.79%。从民族结构看:汉族519人,占样本总数的85.93%;回族52人,占样本总数的8.61%;藏族28人,占样本总数的4.64%;满族3人,占样本总数的0.50%;土家族2人,占样本总数的0.33%。从调查对象的政治面貌看:中共党员250人,占样本总数的41.40%;无党派人士311人,占样本总数的51.49%;民主党派43人,占样本总数的7.12%。调查样本的其他详情见表1。

表1 调查对象的基本情况①

单位：人，%

基本情况		人数	百分比
性别	男	353	58.44
	女	251	41.56
年龄	18～25岁	78	12.91
	26～35岁	184	30.47
	36～45岁	195	32.29
	46～60岁	130	21.52
	61岁及以上	17	2.81
文化程度	不识字	14	2.32
	小学	37	6.13
	初中	114	18.87
	高中（职中）	117	19.37
	大专	136	22.52
	大学本科	159	26.32
	研究生及以上	27	4.47
职业	国家与社会管理者阶层	45	7.45
	经理人员阶层	29	4.80
	私营企业主阶层	30	4.97
	专业技术人员阶层	83	13.74
	办事人员阶层	68	11.26
	个体工商户	57	9.44
	商业服务业员工阶层	53	8.77
	产业工人阶层	72	11.92
	农业劳动者阶层	130	21.52
	失业人员阶层	37	6.13

① 本文图表数据均源自专题问卷统计结果。

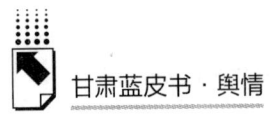

二 被访甘肃民众对中央和省委改进作风相关规定的态度

（一）被访甘肃民众对中央和甘肃省委出台改进作风相关规定的看法

1. 被访甘肃民众对中央和甘肃省委改进作风的相关规定认知是肯定与赞同

甘肃省委认为，中共中央政治局关于改进工作作风、密切联系群众的"八项规定"，是新一届中央领导集体向全党全国各族人民作出的庄重承诺，为全党和各级领导干部做出了表率。甘肃省各级领导干部特别是省级领导同志要认真学习贯彻，率先转变工作作风。同时，各级领导要按照甘肃省委出台的"十项规定"密切联系群众，带头真抓实干、求真务实，推进甘肃与全国同步建成全面小康社会目标的实现。那么，被访甘肃民众是如何看待中央的"八项规定"和甘肃的"十项规定"的呢？被问及"您是如何看待中央和省委关于改进工作作风、密切联系群众相关规定的？"时，在604份有效问卷中，24.25%的被访者认为改进作风表明了新一届中央和省委加强党风建设、联系群众的坚定决心；17.83%认为是中央和甘肃省委整治当下党内形式主义、官僚主义、享乐主义和奢靡之风的重要举措；20.23%认为是党转变作风、改进党风的良好开端，给基层干部带了个好头；9.29%认为转变作风停留在表面，根本问题不触及，深层问题难解决；14.85%认为中央和省委决心大，但下面不落实，改不掉顽疾；13.55%认为改进作风初见成效，但是制度与监督跟不上，转变成果难以巩固（见图1）。中央"八项规定"出台以及甘肃"十项规定"跟进措施的实施,最明显的就是干部作风发生了很大转变,中央最高领导层的示范带动和甘肃省委对各级领导的严格要求也体现出明显的社会效应,带动了整个社会风气的明显好转。所以,被访甘肃民众对中央的"八项规定"和甘肃的"十项规定"给予了很高评价,也普遍认可。

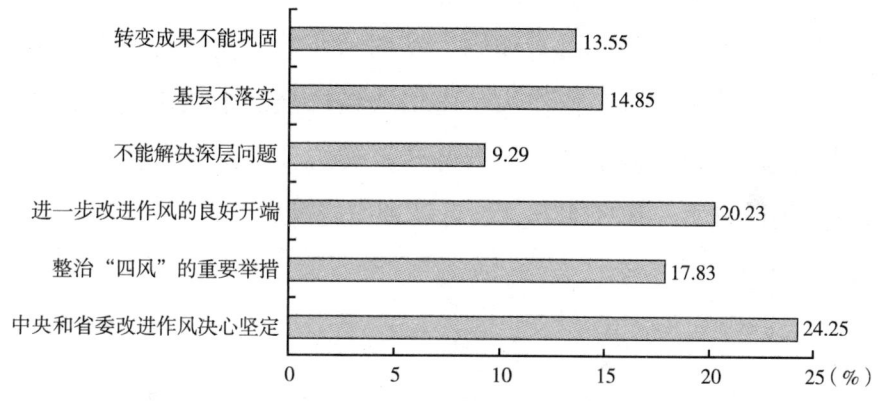

图1 被访者对中央和甘肃省委改进工作作风的认知

2. 被访甘肃民众对新一届党中央和甘肃省委改进作风的态度、行动和措施满意度较高

中央出台的"八项规定",顺应了广大人民群众对树立优良党风政风的热切期盼。为贯彻落实八项规定,中共甘肃省委通过"十项规定",对进一步改进工作作风提出了具体要求。截至2013年8月底,全国共查处违反中央八项规定精神的问题12099起,处理13999人,其中给予党纪政纪处分2814人。中央纪委先后两次共对14起违反中央八项规定精神的典型问题进行了通报,各级纪检监察机关也集中通报了一批当地查处的典型问题。中央"八项规定"和甘肃"十项规定"实施以来,甘肃省各级纪检监察和党委督查部门共派出工作人员近1200人次。据不完全统计,截至

2013年6月底，甘肃已有100余人次因违反规定受到了责任追究和组织处理。被问及"目前，您对新一届党中央和省委改进工作作风的态度、行动和措施的评价是什么？"时，33.50%的被访者表示"满意"，52.19%表示"比较满意"，9.26%表示"不满意"，4.04%表示"很不满意"，还有1.01%人表示"不了解"（见图2）。十八大以来，新一届中央领导集体从出台"八项规定"切入，坚决果断刹风整纪，中央政治局以身作则，发挥示范效应，甘肃省委迅速跟进，通过了关于改进工作作风、密切联系群众的十项规定，促进了党风政风转变，带动了社会风气好转。被访甘肃民众对新一届党中央和省委改进工作作风的态度、行动和措施满意度较高。

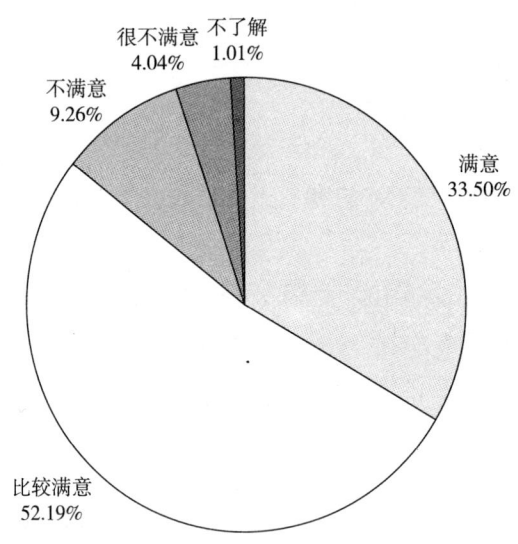

图2 被访者对中央和省委改进工作作风的满意度

3. 被访甘肃民众对中央和甘肃省委改进作风相关规定的治党作用认知是怀疑与期待

十八大以来，中央高层领导频繁传递出改进作风、党要管党、从严治党的讯号。被问及"您看来，中央和甘肃省委改进作风相关规定实施后,对加强'党要管党、从严治党'有什么作用?"时,45.09%的被访者认为现在还不能过多肯定,要继续观察,但充满期待,相信在新一届领导集体的率先垂范下,风清气正的党风政风必将形成;28.89%认为这是对党政机关和干部思想上、行动上的一次大排查、大检修、大扫除,以扎实行动获得了群众认可;10.81%认为是走走形式罢了,治标不治本;8.45%认为是上有政策下有对策,不会有太大的效果;6.76%表示不了解(见图3)。

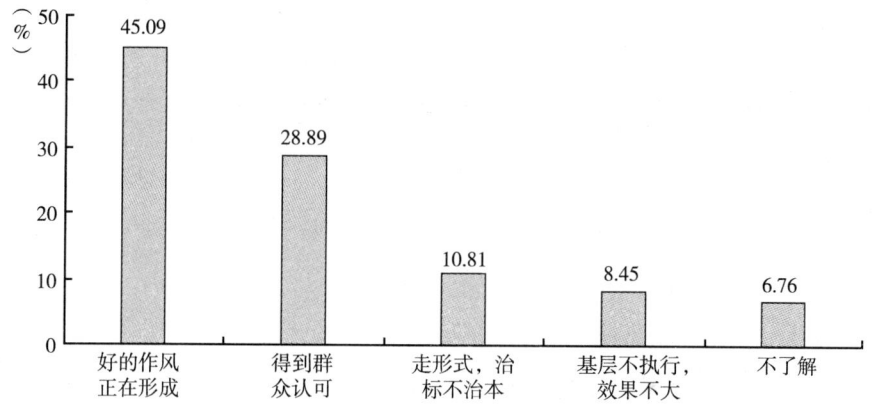

图3　被访者对中央和省委改进作风对党风建设所起作用的认知

调查数据说明,被访甘肃民众对中央和甘肃省委关于改进工作作风、密切联系群众相关规定的治党作用是怀疑与期待的。坚持党要管党、从严治党,切实解决自身存在的突出问题,这是中国共产党的一贯要求。近年来,党先后多次开展过刹风整纪、从严治党的规定和做法,但最后都是前紧后松,效果不明显。因此,被访甘肃民众对这一次改进作风的治党作用持怀疑态度是有一定理由的。但同时,民众从内心期待中央的"八项规定"和甘肃省委的"十项规定"能切实改进党的工作作风,使我们的党始终成为中国特色社会主义事业的坚强领导核心。

（二）被访甘肃民众对中央和甘肃省委改进作风相关规定实施效果的看法

1. 被访甘肃民众认为党政机关和干部队伍中的消极工作作风现象在一定范围内得到遏制

作风问题反映的是精神状态，体现的是党群关系，展示的是干部形象。人民群众认识和评判一个政党，首要的、直接的就是看其作风。改革开放以来，作风问题始终是党关注和重视的问题，一直放在关系到党生死存亡的高度来认识，并采取一系列重大举措，坚持不懈抓作风建设。中央和省委改进作风相关规定实施九个多月以来，在被问到"您认为中央和省委改进作风相关规定实施后，党政机关和干部队伍中消极工作作风现象是否得到遏制？"时，64.53%的被访者认为"在一定范围内得到遏制"，16.71%认为"得到有效遏制"，5.07%认为"没有遏制住"，0.51%认为"变得更加严重"，13.18%表示"不了解"（见图4）。调查结

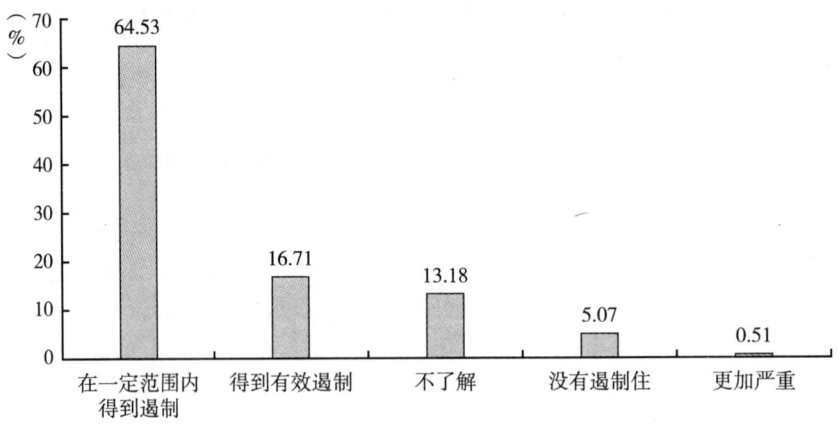

图4 被访者对中央和省委改进作风对消极工作作风遏制作用的认知

果说明，全国和甘肃严厉查处违反中央"八项规定"的行动，以及后续的一系列措施的实施，有力地促进了作风的改进，党政机关和干部队伍中的消极工作作风现象在一定范围内得到了遏制。

2. 被访甘肃民众认为党政机关和领导干部改进工作作风在一些方面成效显著

中央出台"八项规定"以来，全国各地一致表示，切实加强党的建设，以改进工作作风实际成效回应人民期盼。甘肃省立足实际，改进作风工作有序推进，取得了阶段性成效。就"您认为当地领导干部在贯彻落实中央和省委改进作风相关规定的成效如何"调查结果看，7.21%的被访者选择了"好"，39.93%认为"较好"，43.12%表示"一般"，1.18%认为"差"，还有8.56%表示"不了解"（见图5）。总体看来，随着中央"八项规定"和甘肃

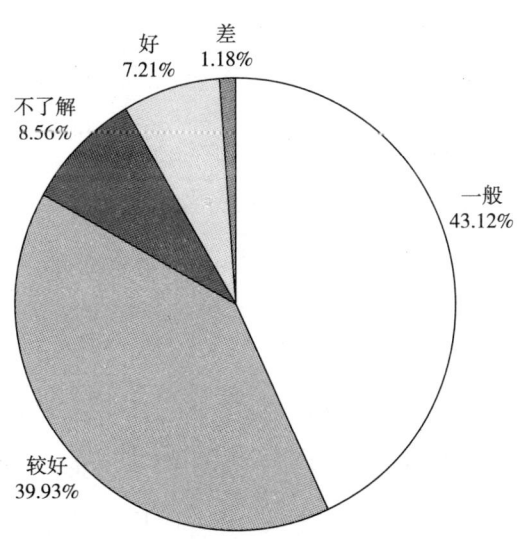

图5　被访者对当地领导干部贯彻改进作风
相关规定社会效果的评价

"十项规定"的实施以及在"厉行节约、反对铺张浪费"的号召下,政府部门的会议费用、会期缩减,部分原定的年底团拜会、答谢会也取消了,很多星级饭店渐失"公款消费",甘肃省接待费用下降了40%以上。民众切身感受到"八项规定"出台使铺张浪费这一痼疾有明显好转,对当地领导干部在贯彻落实中央和省委改进作风相关规定后所取得的成效是认可的。

就"您认为中央和省委改进作风相关规定实施半年以来,党政机关和领导干部改进作风成效显著的方面"调查结果看,22.68%的被访者认为是厉行勤俭节约,接待费用减少,严禁公款吃喝、公车私用;19.02%认为是基层调研深入扎实,陪同减少,不安排群众迎送;16.99%认为是会风改进,减少会议,开短会,讲短话;15.86%认为是领导干部来访视察时交通管制减少,一般情况不封路;6.14%认为是文风改进,文件简报无实质内容不发,严格文稿发表,个人原则上不出书、不题词;4.71%认为是领导在新闻报道上出现的次数越来越少,据新闻价值决定是否报道会议;4.35%认为是议事决策不来回扯皮,互相推诿,办事效率高;4.29%认为是严格执行领导车房待遇等有关规定;3.16%认为是规范出访活动,不安排中资机构和留学生迎送;2.80%认为是除省委、省政府主要领导外,其他常委出席会议活动不刊发侧记、特写等(见图6)。

数据显示,厉行勤俭节约、改进调查研究、精简会议活动和改进警卫工作是改进作风效果较为显著的四个方面,其占比在二成的有1项,一成以上有3项,其他6项占比均不到一成,在效果较为显著的四个方面中"厉行勤俭节约"最为显著。可以说,"八项规定"实施后,在党风层面最明显的是刹住了多少年来反复强调但始终没能够刹得住的"吃喝之风",民众在这方面的感受也是最明

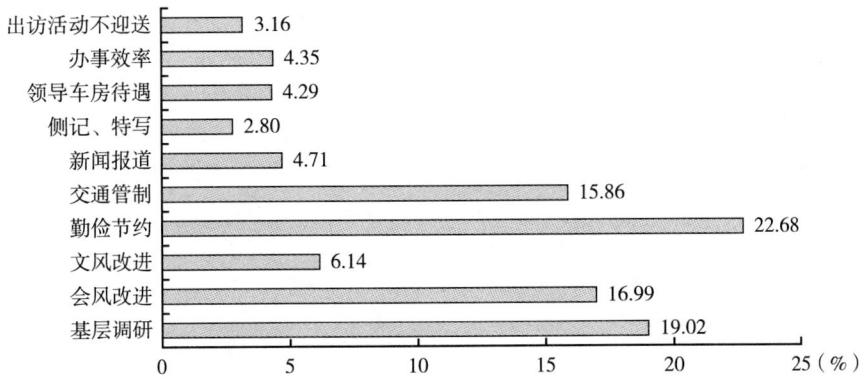

图 6　被访者对中央和省委改进作风十个方面效果的评价

显的。因此，我们要坚持不懈地改进工作作风，以转作风的实际成效凝聚力量加快发展。

三　被访甘肃民众对中央和省委改进作风相关规定的反响

（一）被访甘肃民众对中央和省委改进作风相关规定的反响

1. 被访甘肃民众对中央和省委改进作风充满信心

中央"八项规定"和甘肃"十项规定"的出台体现了政府改进作风的决心，让老百姓看到了政府的转变，对政府重树了信心。而政府只有转变作风、重振信心，才能以更强的凝聚力和执行力推进中心工作。就"您对中央和省委改进作风是否有信心"调查结果看，42.98%的被访者表示"较有信心"，38.23%"有信心"，15.91%"信心不大"，0.85%"没有信心"，2.03%"说不上"（见图7）。数据显示，民众对中央和省委改进作风抱有信心、充满期待。

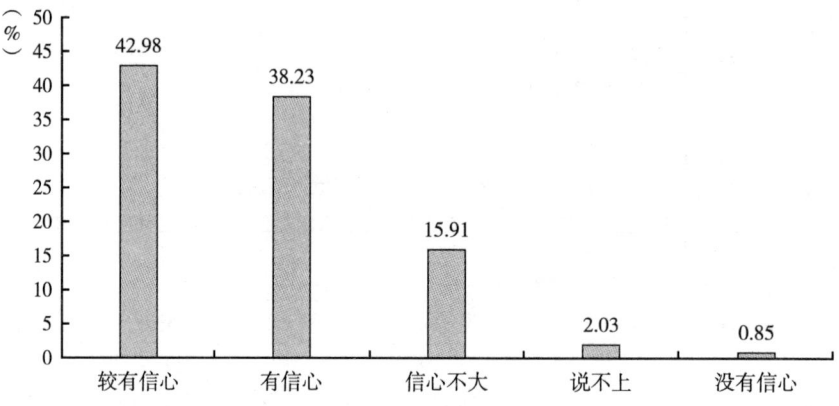

图7 被访者对深入改进作风的信心程度

2. 被访甘肃民众对改进作风能否持之以恒、改进效果是否长久不变依然心存疑虑

改进作风,重在实际行动,贵在持之以恒。当前,大家关注的是好作风能否持之以恒、长久不变。就"您认为今后一个时期的党政机关和党员干部的工作作风将会怎样变化"调查结果看,35.76%的被访者认为"有变化,但不大",32.47%认为"变得会更好",29.34%认为"有变化,但不一定长久",2.43%认为"没有变化"(见图8)。

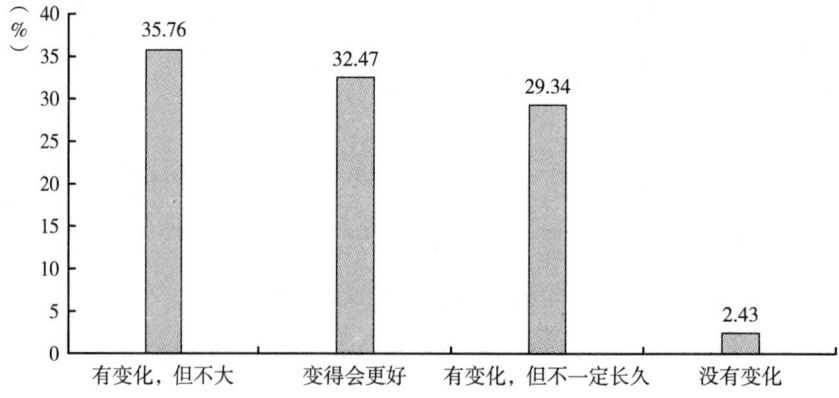

图8 被访者对改进作风未来成效的预期结果

"舌尖上的浪费"能不能被遏制住?"八项规定"能不能长期坚持?民众对改进作风能否持之以恒、改进效果是否长久不变依然心存疑虑,表示"有变化,但不大"或者"不一定长久"的被访者占了六成多。当然,必须看到的是,各项规定的出台只是作风转变之始。民众对狠刹吃喝之风、治理"舌尖上的腐败"是衷心拥护的,但出于对"改作风、改文风、改会风"长期以来一直没有得到根治的"经验"判断,担心其死灰复燃,一切如故。所以,要让改进作风不成为"一阵风",必须持之以恒、常抓不懈。我们坚信,只要上下步调一致、共同努力,就一定能取得实实在在的成效,营造出风清气正的良好环境。

(二)被访甘肃民众认为官场'潜规则'是当下阻碍作风改进的主要因素

"潜规则"是相对于明规则而言的,指那些看不见的、没有明文规定的、约定俗成的,但却又是被广泛认同、实际起作用的、人们必须"遵循"的一种规则。就"您认为当下阻碍作风改进的因素有哪些"调查结果看,33.31%的被访者认为"官场'潜规则'败坏作风",24.01%认为"传统'官本位'思想作祟",22.46%表示"权力'硬约束'有待完善",20.22%认为"监督'软环境'尚未形成"(见图9)。在四个选项中,"官场'潜规则'败坏作风"是人们的首选。潜规则虽然隐藏在显规则之下,但实际上却支配着社会的运行。不管我们是否甘于默然承受,事实上隐蔽暧昧的"潜规则"正潜移默化地影响着你我身边很多人的工作和生活。"潜规则"之所以长盛不衰,原因就在于破坏规则者总能从中更加便捷地获得利益。所以,要让规则发挥其本应具有的效力,就要将监督执行落到实处,严格禁止,加大惩处。

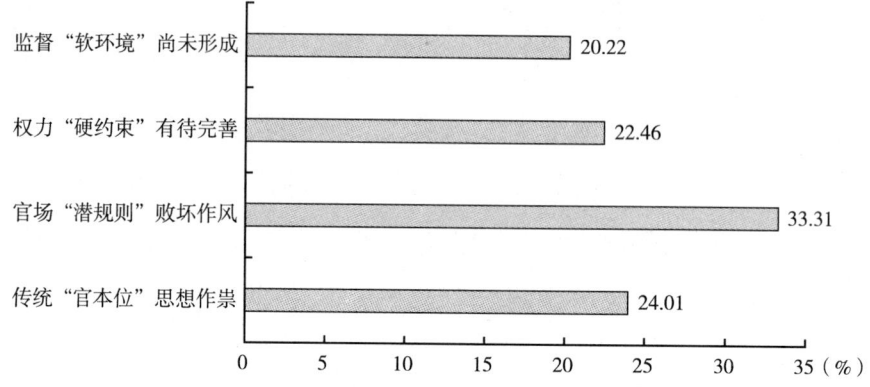

图9 被访者对当前阻碍作风改进因素的认识

四 被访甘肃民众对中央和省委改进作风相关规定的期盼

（一）被访甘肃民众期望改进作风、密切联系群众的措施在未来不断彰显良好效果

中央"八项规定"和甘肃省委的"十项规定"都是一种明确的行动导向和风气引领，展现了自上而下从严要求、从严治党的坚定意志。有中央积极在前做榜样、立规矩，有各级党政机关和领导干部的快步跟上，改进作风、密切联系群众的措施已经显示出了良好的效果。就"您认为中央的这一系列改进作风的措施会达到的效果"调查结果看，28.22%的被访者认为能"增进党群关系，促社会和谐稳定"，26.06%认为能"解决实际问题，更多为民办实事"，23.51%表示能"提升机关效能，增强干部服务意识"，22.21%认为能"节约经费开支，投入更多在民生"（见图10）。对于民众来讲，惩处干部不是目的，真正能赢得人心的是干部能主动去给老百姓办实事，靠工作赢得百姓的信赖。

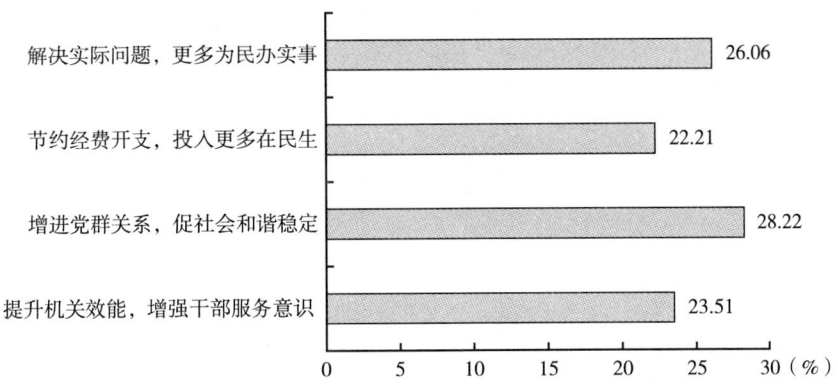

图10 被访者对改进作风的措施会达到的效果认知

（二）被访甘肃民众希望改进作风规定和措施成为一种长效机制

近些年，党在不断加强和改进工作作风，"三讲"教育、保持共产党先进性教育、深入学习实践科学发展观等重大活动增进了党群、干群之间的感情，保持了党同人民群众的血肉联系。就"您对中央和省委改进作风最大期待是什么"调查结果看，24.74%的被访者希望作风转变能够不断制度化、法制化，成为国家政治生活常态；23.38%希望以干部作风转变带动全社会风气好转；22.35%希望将外在作风转化成为人民服务的实际行动；17.91%希望作风转变能够更有效地对干部作风进行监督和评判；11.62%希望以作风转变为契机，推动深层次改革（见图11）。从以往来看，群众路线教育、抓作风建设在党史上不乏先例，但曾出现前紧后松、不了了之的现象。作风建设如何制度化和常态化，成为新一代领导集体需要思考的问题。

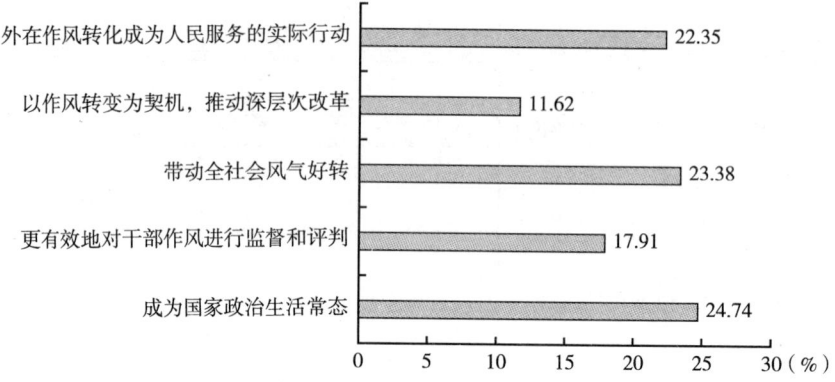

图11　被访者对改进作风期盼的认知

五　调查结论和分析

在中国共产党的发展史上,每当重要历史时期,都要整顿党的作风,保持党的先进性,增强党的生命力,使党员领导干部的思想适应新的形势和要求。当前,只有消除党员领导干部的精神懈怠、能力不足、脱离群众、消极腐败等问题,才能树立执政党的威信,提高执政党的能力,领导全国人民实现"中国梦"。

我们的舆情调查显示,第一,新一届中央从严治党的决心和改进作风的力度,得到了人民群众的广泛关注和高度赞扬。中央出台的"轻车简从、精简会议、规范出访、改进文风"等改进工作作风的八项规定和甘肃省委制定的"改进工作作风、密切联系群众"的十项措施受到社会各界广泛关注。绝大多数被访者对中央和省委改进作风、密切联系群众的相关规定持肯定态度,但被访的甘肃民众中有1/5的人认为当前的改进作风的措施是走走形式罢了,治标不治本,不会有太大的效果。这表明切实改进工作作风,建设高素质干部队伍是当务之急,也是未来作风建设的关键。

甘肃民众对中央和省委改进作风相关规定的反响

第二，绝大多数被访者认为中央和甘肃省委改进作风相关规定的实施效果良好，特别是在厉行勤俭节约、精简会议活动、改进调查研究和改进警卫工作方面改进效果最为显著。党政机关和干部队伍中的消极工作作风现象在一定范围内得到遏制。这说明改进工作作风斗争取得了新成效，机关作风建设得到进一步加强。被访甘肃民众对当地领导干部改进作风所取得的实效有近一半人认为一般，这说明我们目前所取得的成绩与人民群众的要求和期望还有很大的差距。

第三，绝大多数被访者对中央和甘肃省委改进作风充满信心，但民众对改进作风能否持之以恒、改进效果是否长久不变依然心存疑虑。有1/3的人认为官场的"潜规则"将会继续败坏工作作风。这表明继续加大违纪案件的查处力度，纠正工作中的不正之风，是今后改进作风的一个重要着力点。同时，要让规则发挥本应具有的效力，从制度设计上彻底堵住权力寻租的可能。

第四，被访者期望未来改进作风、密切联系群众的措施会增进党群关系，促进社会和谐稳定，能解决实际问题，更多为民办实事。但很多人从以往的"经验"来看，抓作风建设在党史上不乏先例，但都只是"一阵风"，民众希望作风转变能够不断制度化、法制化，成为国家政治生活常态，不要风头一过一切如故。

六　进一步加强和改进作风的对策与建议

加强和改进党的作风建设是全面推进党的建设新的伟大工程的重要组成部分。认真抓好机关作风建设，对于保持党同人民群众的血肉联系，维护党和政府的良好形象，具有十分重大的意义。因此，根据舆情调查，本文就如何加强和改进机关作风、提升机关形象、促进经济发展提出以下对策和建议。

（一）以群众路线教育实践活动为契机，清除作风之弊

目前正在进行的群众路线教育实践活动是党的十八大做出的一项重大决策，是保持党的先进性纯洁性、巩固党的基础执政地位的重大举措。在群众路线教育实践活动中，甘肃省委常委会及时召开党的群众路线教育实践活动专题民主生活会。省委书记王三运在班子对照检查中，根据征求到的意见和班子自身的查摆，归纳和概括了班子在"四风"方面存在的10个问题：在形式主义方面，主要是工作落实不得力、用人机制不健全、会议文件不精简；在官僚主义方面，主要是联系群众不紧密、为民解难不过硬、指导基层不全面、决策程序不周延、权力监管不完善；在享乐主义方面，主要是改革创新意识不够强；在奢靡之风方面，主要是反对铺张浪费不严格。现在，我们要充分利用好群众路线教育实践活动，切实解决在"四风"方面存在的问题，使党员干部思想进一步提高，使广大党员干部的作风有一个大的改观。

（二）以联村联户、为民富民行动为抓手，解决突出问题

"最期盼的是解决问题，最担心的是形式主义"。被访甘肃民众对中央出台的"轻车简从、精简会议、规范出访、改进文风"等改进工作作风的八项规定和甘肃省委制定的"改进工作作风、密切联系群众"的十项措施实施的持久性表示怀疑与观望。从以往的"经验"来看，民众的担忧不是没有道理，要消除疑虑，关键还是要真正解决问题。如果只是走个过场、做个样子，最后就会失信于民。目前甘肃实施的"双联"行动是转变机关作风、密切党群干群关系的重要途径，为践行党的群众路线提供了有效载体和有益借鉴。"双联"行动开展以来，共为联系村帮办各类实事

45.47万件，解决群众急事难事25.1万件。"双联"行动中，省级领导以身作则、率先垂范，各级干部积极响应、踊跃参与，以作风的大转变促进了党群干群关系的大改善。可以说"双联"行动显现了践行群众路线、转作风促发展的新成效。所以，我们要结合"双联"行动，不断丰富党改进作风的形式，积极创新实践方法，使党员干部联系群众有渠道、深入群众有平台、服务群众有载体，从而确保改进作风真正取得实效，赢得民心。

（三）加大纠风治乱力度，解决不正之风

从总体上看，当前广大党员干部的作风主流是好的，对此充分肯定的同时，也应该认识到一些领域的不正之风依然屡禁不止。中央"八项规定"和甘肃省委"十项措施"实施以来，一些公款旅游、公款吃喝、官话套话等不良作风在社会的高度关注中迅速得到处置或整改。因此，要坚持"谁主管，谁负责"的纠风工作机制，不断加大纠风工作力度，深入开展专项治理工作。要有组织地对教育收费、农民负担、医药购销和医疗服务、市场经济秩序等涉及群众切身利益的问题进行专项纠风检查，及时纠正和查处违规违纪问题。

（四）加强监督监察力度，树立社会正能量

当前，在民生领域内，一些损害群众利益的案件时有发生。所以，省委省政府要加强对社保基金、住房公积金、救灾扶贫资金及政府专项资金的监督检查，加大对农村医保、粮食直补、工程建设等强农惠农政策落实和民生工程项目建设情况的监督检查力度，加强对征地拆迁、食品药品安全、环境保护、安全生产等方面情况的监督检查，加强中央和省市县决策部署贯彻落实情况的监督检查，

严肃查处有令不行、有禁不止的现象，着力解决"中梗阻"问题，维护政令畅通。大力整治不作为、慢作为、乱作为问题，着力解决"不作为"问题，促进党员干部增强效能、服务发展；要健全完善督察机制，重点对单位年终团拜会、公款宴请、公款旅游、滥发奖金和实物等违规行为进行查处；要加大查办案件工作力度，严肃查办群体性事件和重大责任事故背后的腐败案件，着力解决发生在群众身边的腐败问题；改进作风绝不能"自说自话、自弹自唱"，应加强群众监督，提供多种平台，畅通群众反映问题的渠道，始终做到让群众参与，及时发现和纠正活动中出现的问题，让群众评价、检验，甚至提出符合实际的目标要求和办法措施；要加强舆论监督，发挥好新闻媒体特别是新媒体的作用，营造浓厚氛围，激发社会正能量。

（五）建立为民务实清廉的长效机制，确保落实

多年来，围绕改进作风，中共中央发了不少文件，采取了不少措施，但最后都变成一阵风。目前，这次整风运动取得了一定的成效，但要把改作风的成效巩固下去、坚持下去关键是要建立一种长效机制。作风上形成的很多积弊顽症，都是体制机制造成的。所以，真正改进作风就应从体制机制上找对策，从建章立制上想办法。针对工作中的死角漏洞和薄弱环节，制度建设应根据情况的变化，及时"升级换代"，才能让好的作风得到弘扬、让不良作风受到遏制。大量事实说明，很多领导干部之所以腐化堕落、身败名裂，往往都是从放松制度约束这根弦、轻易突破制度"红线"开始的。因此，从实际工作来看，既要重视完善各项制度，更要确保每项制度的落实，有执行主体、有检查监督、有问责机制，使其成为不可逾越的禁区、不可触碰的"高压线"，使改进作风有可靠的

制度保障。

清风凉自林谷出,廉洁缘从正气来。作风是一种无形的力量,是一种精神支撑。干部队伍风清气正,社会民众气顺心齐,工作生活才会热情高涨,中华民族伟大复兴的"中国梦"和谱写美好甘肃新篇章才能早日实现。

B.7 甘肃民众关于网络反腐的舆情调查与研究

梁仲靖*

摘　要： 网络反腐是通过网络技术所引起的社会舆论效应对执政行为的监督和对权力的约束，从而达到有效预防、遏制、惩戒腐败的一种新型反腐方式。作为我国经济社会全面转型特定历史背景下出现的特定产物，网络反腐提升了社会监督的整体效能，为反腐倡廉注入了新的活力，但同时网络反腐也面临着道德和法律的双重困境。本报告从舆情视角出发，调查研究了甘肃各阶层社会民众关于网络反腐的认知状况及对相关问题的看法、诉求和建议，通过了解舆情动态，对未来网络反腐制度化建设和政府反腐工作提出了若干对策与构想。

关键词： 网络反腐　舆情　监督　制度化

腐败是人类社会的公敌，预防和惩处腐败关乎民生利益，关乎社会公平，关乎政治稳定。我国正处于经济社会全面改革和转型过

---

* 梁仲靖（1981~），男，硕士，甘肃省社会科学院历史所助理研究员，主要研究方向：旅游文化学。

程中,腐败的破坏性和危害性极其严峻,民众反腐声浪与日俱增,反腐形势刻不容缓。党的十八大报告明确指出,要全面推进惩治和预防腐败体系建设,做到干部清正、政府清廉、政治清明。2013年1月,习近平同志在十八届中央纪律检查委员会第二次全体会议上强调,反腐败是实现"中国梦"的前提,要从严治党,坚持"老虎"、"苍蝇"一起打;要加强对权力运行的制约和监督,把权力关进制度的笼子里,形成不敢腐的惩戒机制、不能腐的防范机制、不易腐的保障机制。这些都充分彰显了党和政府顺应民心惩治腐败、建设廉洁政府的鲜明立场和坚定决心。

近年来,随着互联网技术的迅猛发展,我国网络社会进一步发展壮大。根据《第32次中国互联网络发展状况统计报告》,截至2013年6月底,我国网民数量达到5.91亿人,互联网普及率达44.1%。在此背景下,我国网民利用网络参与政治的热情不断提高,网络正逐步成为我国公众监督政府及公职人员行为的重要手段,成为公众反腐的重要技术载体。网络反腐就是通过网络技术所引起的社会舆论效应对执政行为的监督和对权力的约束,从而有效预防、遏制、惩戒腐败行为的一种新方式,社会力量的广泛参与是网络反腐的突出特点。网络反腐不仅延伸和改变了传统的反腐格局,而且在现实反腐斗争中发挥了愈加重要的作用。

为了解甘肃民众对网络反腐的关注程度以及他们对相关问题的感受、看法、诉求和建议,甘肃省社会科学院舆情调研组于2013年8月下旬,先后深入甘肃兰州、甘南、临夏、平凉、定西、天水、金昌、武威8市(州)14县(区)开展专题调研。调研主要采用问卷调查与访谈相结合的方式。课题组先后发放问卷630份,回收有效问卷603份。通过分层抽样法选取样本,根据国家与社会管理者、经理人员、私营企业主、专业技术人员、办事人员、个体工商户、商业服务业员工、产业工人、农业劳动者、无业失业半失业人员十大阶层人口按比例分层抽样①，同时兼顾性别、年龄、民族、户籍等社会学统计要素，力求抽样的真实性和代表性。有效调查问卷统计分布情况如表1所示。

表1 有效调查问卷统计分布情况

单位：人

调查地点	①兰州:147(24.38%)	②甘南:41(6.80%)
	③临夏:41(6.80%)	④定西:81(13.43%)
	⑤平凉:83(13.77%)	⑥天水:67(11.11%)
	⑦武威:77(12.76%)	⑧金昌:66(10.95%)
性别	①男:242(40.13%)	②女:345(57.21%)
	③缺省:16(2.66%)	
民族	①汉族:507(84.08%)	②藏族:40(6.63%)
	③回族:15(2.49%)	④其他民族:3(0.50%)
	⑤缺省:38(6.30%)	
年龄	①18~25岁:71(11.77%)	②26~35岁:176(29.19%)
	③36~45岁:192(31.84%)	④46~60岁:121(20.07%)
	⑤60岁以上:10(1.66%)	⑥缺省:33(5.47%)
文化程度	①不识字:8(1.33%)	②小学:31(5.14%)
	③初中:115(19.07%)	④高中(中专):115(19.07%)
	⑤大专:143(23.71%)	⑥本科:146(24.21%)
	⑦研究生及以上:25(4.15%)	⑧缺省:20(3.32%)
居住地	①城市:403(66.84%)	②农村:184(30.51%)
	③缺省:16(2.65%)	
职业	①国家与社会管理者:47(7.79%)	②经理人员:29(4.81%)
	③私营企业主:32(5.31%)	④专业技术人员:83(13.76%)
	⑤办事人员:66(10.95%)	⑥个体工商户:57(9.45%)
	⑦商业服务业员工:50(8.29%)	⑧产业工人:75(12.44%)
	⑨农业劳动者:128(21.23%)	⑩无业失业半失业人员:36(5.97%)

---

① 参照陆学艺先生主编的《当代中国社会阶层研究报告》（社会科学文献出版社，2002），将当代中国社会结构划分为国家与社会管理者等十大阶层。

一 统计结果综述

(一)被访者对网络反腐的认知状况调查

1. 关于对网络反腐的态度

在网络飞速发展的今天,互联网不仅成为人们获取信息的重要途径,更成为人们参与公共决策、表达利益诉求和监督公共权力运行的重要手段。互联网大大提升了信息传播的效率,降低了信息获取的成本,为保障公民参与民主政治的知情权、参与权、表达权、监督权等方面提供了技术便利。网络反腐现象的出现即是互联网普及与我国公民社会发育相互融合和促进的集中体现。本次问卷调查显示,44.94%的被访者"经常"上网,36.15%只是"偶尔"去上网,18.91%表示"从来不"上网。在被问及"您是否支持网络反腐"时,84.79%的被访者表示"支持",仅有7.87%持反对态度,另有7.34%对网络反腐不置可否(见图1)。这表明,甘肃网

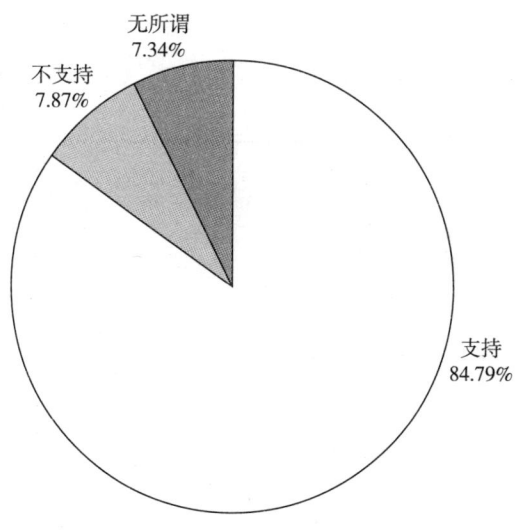

图1 您是否支持网络反腐

络力量已具有一定规模,反腐败已经成为普遍的社会共识,绝大多数甘肃民众对网络反腐现象的出现和网络反腐的作用是认可和肯定的。

2. 关于对近年来网络反腐事件的知晓情况

民众对热点网络事件的知晓情况,在一定程度上反映出民众对网络反腐现象的关注度。盘点近年来网络反腐事件,"雷冠希""房叔""表哥""香烟局长""日记门"等各种经网络曝光的贪腐案例层出不穷。在本调查问卷中所罗列的8项网络反腐案例中(见表2),甘肃民众知晓率最高的前3项分别是"上海高院法官集体嫖娼事件""陕西神木郭爱爱'房姐'事件"和"重庆雷政富、赵红霞不雅视频事件",选择率分别为69.23%、66.03%和62.82%。此外,8项网络反腐事件中,被访者平均选择命中率为3.95项,对所列案例全部知晓的被访者占10.31%,全部不清楚的占6.82%。调查统计表明,甘肃各阶层社会民众对网络反腐事件持有较高的知晓率和关注度。

表2 甘肃民众对热点网络反腐事件知晓率调查

单位:%

网络反腐案例	知晓率	排名
重庆雷政富、赵红霞不雅视频事件	62.82	3
陕西神木郭爱爱"房姐"事件	66.03	2
"表哥"局长杨达才落马事件	60.90	4
郭美美事件引发中国红十字会丑闻	58.33	5
"最牛团长夫妇"敦煌景区打人事件	21.15	8
南京"天价烟"房管局长周久耕落马事件	31.41	7
广州拥有21套房产、番禺城管分局政委蔡彬被"双规"事件	44.87	6
上海高院法官集体嫖娼事件	69.23	1

3. 关于网络反腐兴起的成因

关于网络反腐兴起的原因，34.79%的被访者认为主要源自民众对公共权力的监督意识增强，27.62%认为互联网普及和信息传播便利是关键，22.73%则归因于现实反腐渠道之不畅，还有14.16%认为因当前我国腐败案件逐年增多、曝光率随之增加所致，另有0.70%选择其他（见图2）。调查结果表明，网络反腐的兴起不单单是互联网技术推动的结果，同时也与现实反腐环境密切相关，更重要的是，公众参与意识、监督意识日渐增强，用宪法和法律赋予公民的各项权利对公共权力进行监督和制约的观念日渐深入人心。

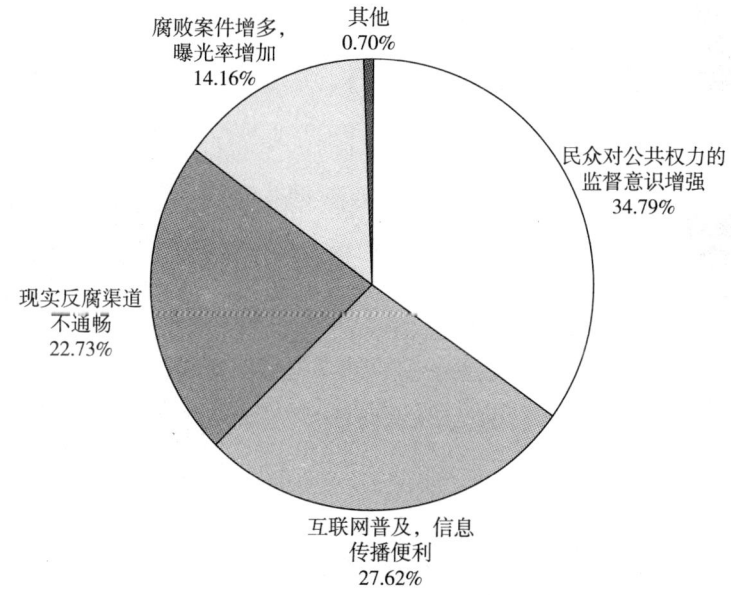

图2 您认为网络反腐兴起的最主要原因是什么

（二）被访者对网络反腐技术和舆情助力的认知

1. 关于网络反腐技术平台

网络曝光和网络举报是网络反腐的最主要手段。网络曝光往往借助于微博、微信、网帖论坛、MSN 等技术平台，而网络举报则更倚重于检举网站、电子邮箱等路径。调查显示，35.31% 的被访者认为微博是开展网络反腐的最有效技术平台，更看好网帖论坛（BBS）或政府检举监察网站的各占 17.13%，选择民间举报网站、微信、腾讯 QQ/MSN 等聊天工具和电子邮箱的分别占 12.06%、8.57%、5.07% 和 1.57%，另有 3.15% 的民众选择其他（见图 3）。这表明，半数以上（52.44%）的被访者倾向于通过发布微博、网帖等方式，将腐败案情公之于众，在短期内形成舆论效应点，督促政府司法、纪检部门高效、透明查处违纪违法和贪腐犯罪。微博作为信息分享、传播以及获取平台，具有及时性、自主性和互动性等特点，用户可以及时更新话题，并以简短、公开的方式进行发布。在我国，微博用户规模高达 3.3 亿人，其中手机微博用户规模 2.3 亿人①，高达 65.6% 的微博用户使用手机终端访问微博，用户行为的移动化让微博成为移动互联网时代最具发展潜力和影响力的电子产品。2012 年 12 月 6 日，《财经》杂志副主编罗昌

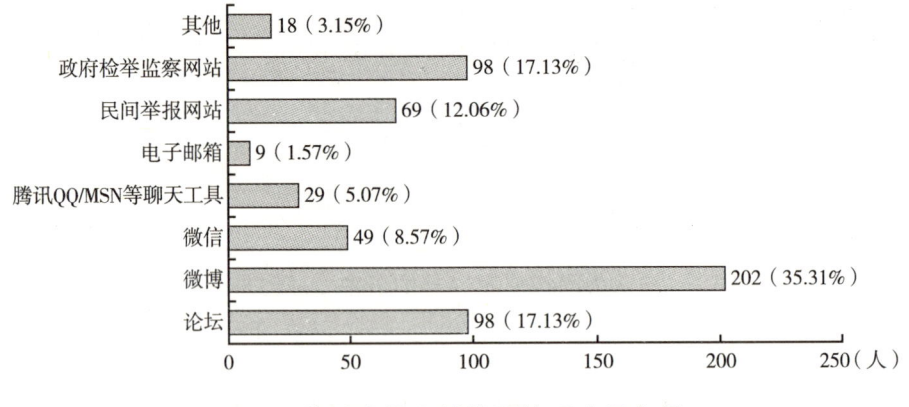

图 3　您认为最有效的网络反腐平台是

① 数据源自 2013 年 7 月中国互联网络信息中心（CNNIC）发布的《第 32 次中国互联网络发展状况统计报告》。

平发布3条微博,向中央纪委实名举报刘铁男存在学历造假、与商人结成官商同盟骗贷、包养情人后反目并威胁女方等行为,5个月后,刘铁男落马,这成为微博反腐的成功案例。

2. 关于网络反腐舆情助力

超过半数(51.40%)的被访者认为,真正推动某一网络反腐事件在互联网上迅速传播的最主要力量是被戏称为"草根""屌丝"的广大网民群体,17.48%则倾向于符号化人物(如受害者、亲人、下属、小三等与被举报者有关系的人)的助力推动作用,而选择公共知识分子("公知")和网络知名人士(网络大V)的分别占13.99%和14.34%,另有2.80%选择其他(见图4)。这表明网络社会中对曝光和惩治腐败具有十分广泛的民意基础,普通网民对贪腐事件进行高密度转载、转发或跟帖,在很大程度上属于独立意识的自发行为,无数网民个体的声音共鸣,形成声势浩大的反腐声浪,成为强大的网络反腐舆情助力。

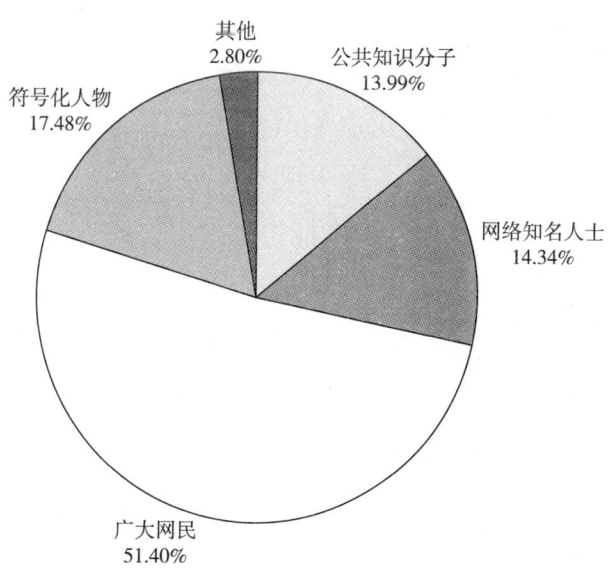

图4 您认为推进网络反腐案件迅速传播的力量来源是

（三）被访者如何看待网络反腐的优势与弊端

网络反腐具有公开透明、快捷高效、匿名安全、直观互动等显著特点。33.04%的被访者认为网络反腐的最大优势体现在其高效性，可以在短期内形成舆论焦点，督促政府部门及时、快速调查和惩办腐败案件。无论是重庆市北碚区区委书记雷政富在其不雅视频曝光63小时后被免职并立案调查，还是山东省农业厅原副厅长单增德因"离婚承诺书"在12小时候后被立案调查，都充分体现出网络舆情推动下相关部门对网络举报线索的高度重视和快速反应。26.05%的被访者认为网络反腐最大优势体现在其公开透明性，许多腐败案情及处理进度、结果，通过网络及时向社会公布，社会正义以看得见的形式得以伸张，让广大民众有更多的知情权。2013年下半年以来，国家相关部门先后对薄熙来、丁书苗、李天一、郭爱爱等涉案人员进行了公开审理，在以往案件庭审电视选播的同时，又采取了"网络直播""微博直播"等审判公开制度的有益尝试，大大增强了司法透明性和权威性，取得了较好的社会效应。16.61%的被访者认为网络反腐的最大优势体现在其公平性，网络反腐不受时间和空间限制，检举成本低廉，普通民众都有条件参与。小鼠标拉下大贪官，低成本催生高效率，成为网络反腐实现的独特魅力；14.16%的被访者则认为网络反腐的最大优势体现在其互动性，网络作为连接普通民众、当事人和政府部门之间联系的纽带，形成案情信息、民意信息高效传播、沟通和反馈的互动机制，有助于促进国家民主法治建设；另有10.14%的被访者更强调网络反腐的安全性，网络检举可以采取匿名检举方式，普通网民也可以在虚拟网络空间自由发表言论，而不必担心被腐败分子打击报复（见图5）。

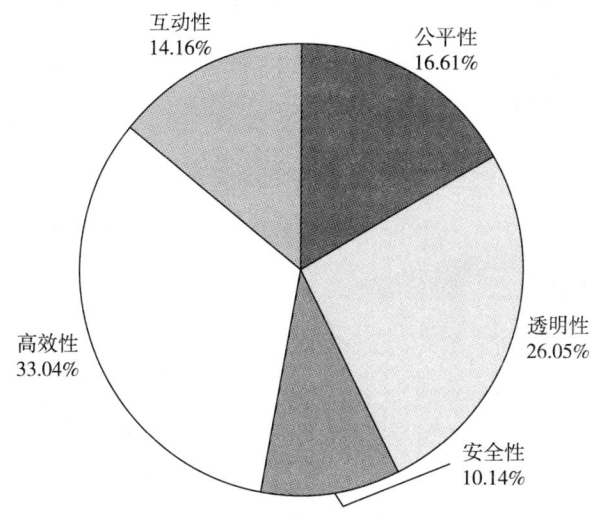

图 5　您认为网络反腐最大的优点是

关于网络反腐的弊端，39.16%的被访者认为最值得关注的是部分网民故意发布错假信息，误导社会舆论导向；19.58%担心普通网民不够理性，易受表面信息鼓动，引发网络秩序混乱；19.23%则着眼于网络技术层面，担心网络举报信息易遭删帖、屏蔽等操纵，从而使网络反腐失去成效；16.08%则强调相关法律不健全，可能会侵犯当事人的名誉权和隐私权；也有少部分被访者（4.37%）认为网络潜在的无政府状态风险会对现实政治稳定构成威胁；另有1.57%选择其他（见图6）。

（四）被访者如何看待政府在网络反腐中的作用

网络反腐过程中政府角色的定位备受社会各界争议。27.80%的被访者认为政府在网络反腐中最主要的作用体现在依托网络监督，高效、公开、透明地惩处腐败；22.03%认为政府应当依法维护和保障广大网民的基本权利，打击网络犯罪和侵权

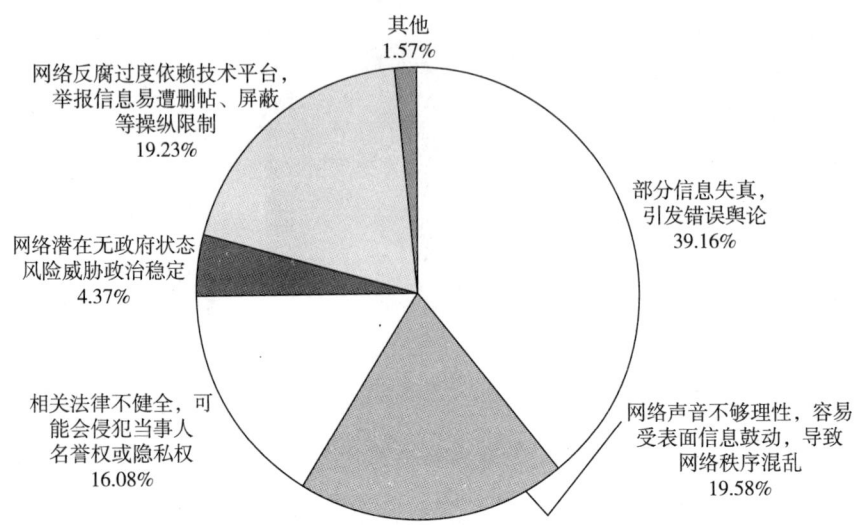

图6 您认为网络反腐的最大弊端是

行为；17.13%则主张政府通过网络监管规范网络环境，引导正确和健康的舆情导向；15.73%强调政府应该依法行政、秉公执法，自觉接受网络媒体监督；15.38%希望政府进一步强化制度反腐，使网络反腐成为制度反腐的有益补充；另有1.92%选择其他（见图7）。这表明，维护公平和伸张正义是政府的基本职责，更多的被访者希望政府在惩治网络腐败方面发挥主导作用。同时，民众对政府维护网络安全、治理网络生态方面也提出了更高的要求和期待。

23.95%的被访者认为解决当前腐败问题，根本途径在于尽快实行官员财产公开制度；22.55%强调公众监督在反腐败斗争中的作用；15.21%希望通过进一步加快民主法治建设来消除腐败；12.76%建议加大司法惩处力度，震慑和遏制腐败；主张对广大政府官员进行道德教育，提高杜绝腐败思想觉悟的占9.27%；寄希望于党内纪律监察制度、高薪养廉和媒体监督的分

甘肃民众关于网络反腐的舆情调查与研究

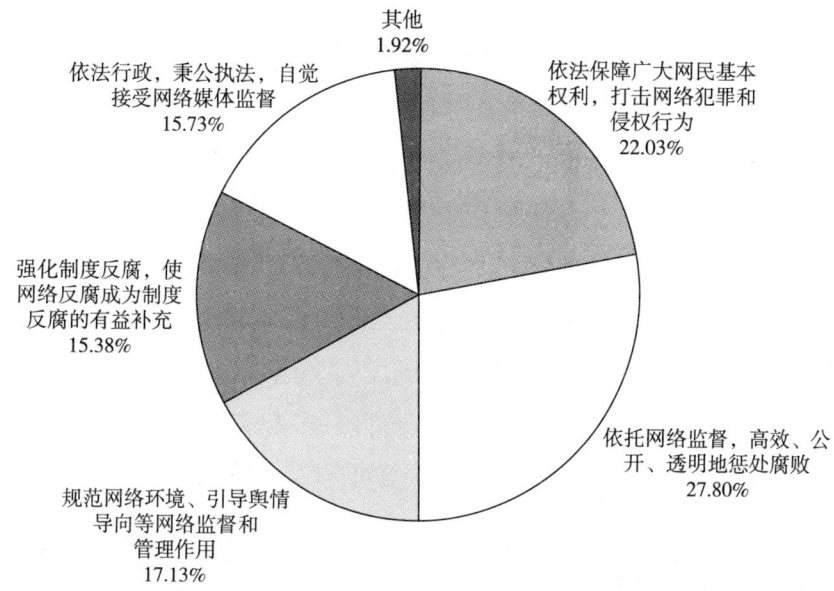

图7　您认为政府在网络反腐中的最主要作用体现在

别占6.82%、5.07%和3.85%；另有0.52%选择其他（见图8）。调查表明，民众普遍认为反腐重在监督，只有全面落实官员财产申报公示制度和拓宽公众监督公共权力的渠道，根治腐败才有希望。

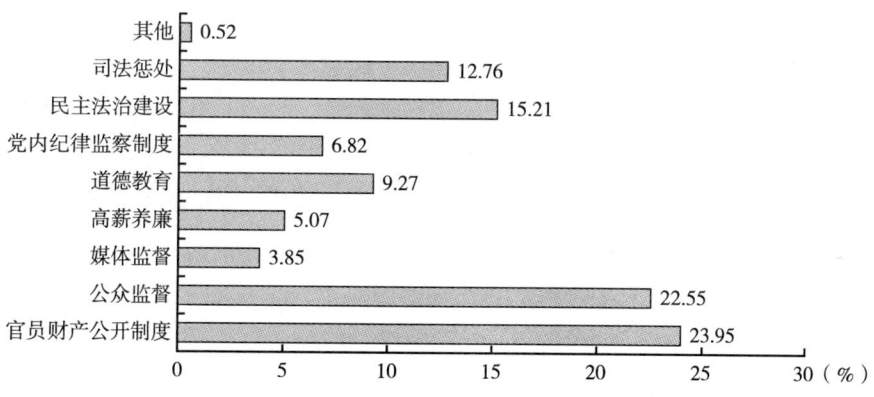

图8　您认为解决当前腐败问题的根本途径是

151

（五）被访者对网络反腐未来发展的建议和诉求

关于未来网络反腐发展方向，33.74%的被访者主张网络反腐平台趋向规范化、统一化；与之相反，15.03%主张网络反腐平台应更加宽松化、多元化；23.60%建议推进网络立法，加强网络监管；17.13%主张健全制度反腐，强化网络监督功能，弱化其检举功能；9.09%则希望网络反腐向电子政务平台化方向转变；另有1.40%选择其他（见图9）。调查表明，多数被访者对当前网络反腐存在的弊端和风险有较为理性的认识，规范、统一的网络反腐平台和法治化的网络环境，是广大民众对未来网络反腐发展方向的殷切期盼。

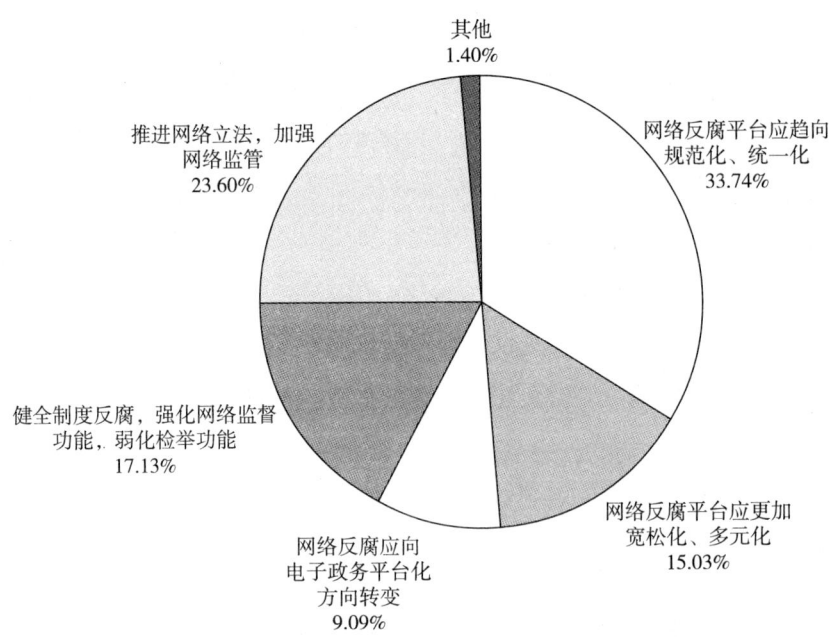

图9　您认为未来网络反腐应该向哪方面发展

二 主要结论

(一)甘肃网络社会力量稳步崛起,公众权力监督意识日渐增强

统计表明,互联网已普遍进入甘肃民众的工作和生活。在本调研抽取的603位被访对象中,八成以上(81.09%)的被访者使用互联网,其中经常上网的达到44.94%,仅有18.91%从未接触过网络。2013年1月15日中国互联网络信息中心(CNNIC)发布的《第31次中国互联网络发展状况统计报告》数据显示,截至2012年12月,甘肃网民数量为795万人次,互联网普及率为31.0%,居全国第27位,增速为13.6%,居全国第11位。网民数量的壮大和网络普及率的逐年提高,使得甘肃网络社会力量日益增强。在微博、微信、BBS等信息平台发展的推动下,互联网日益成为公众信息交流的集散地、各种社会舆论的发源地,也成为普通民众参与政治生活交流、监督政府及公职人员行为的重要技术载体。通过对网络反腐事件的关注度、网络反腐支持率以及网络反腐兴起成因的调查发现,普通甘肃民众的权利意识、监督意识和参与意识正日益增强,预防惩治腐败和构建干部清正、政府清廉、政治清明的民主法治环境已成为普遍的社会共识和现实诉求。

(二)甘肃民众力挺网络反腐,高效透明惩治腐败是众望所归

网络反腐是通过网络技术及所引起的社会舆论效应对行政行为与执政行为的监督和对权力的约束,从而达到有效预防、遏制、惩戒腐败行为的一种全新反腐方式。调查表明,84.79%的被访者对网络反腐持认可和肯定态度，网络反腐在打击惩治腐败方面具有高效快捷、公开透明等传统反腐模式所不可比拟的优势，它在本质意义上整合了民意与政府之间的联系，腐败案情经举报人或爆料人之手公之于众，为相关反腐职能部门有的放矢查处、侦破腐败案件提供了有力证据或线索，从而大大提升了反腐效率。更为重要的是，广泛的舆论氛围也是对政府反腐职能部门的问责和监督，促使其高效、公平、公正地查处腐败案件，并及时、公开、透明地向社会反馈侦办结果，保障了民众的参与权、监督权和知情权，有助于形成了一个良性互动的社会民主法治环境。

（三）微博被视为最有效的网络反腐技术平台，"草根"网民是腐败案情网络传播的真正助力

关于网络反腐技术平台，多数被访者更看好微博反腐。这不仅与众多微博反腐成功案例密切相关，更是由微博技术的快捷性、及时性、互动性的信息分享、传播方式所决定。在我国，微博用户规模高达3.3亿人，以智能手机为主流的智能移动终端使得高达65.6%的微博用户使用手机终端访问微博，大大提升了微博使用的普及率和便捷性，微博已经成为中国网民的应用主流，其网络舆论传播中心的地位远非其他互联网产品所能比拟，这正是微博为网络反腐所倚重的最主要原因所在。同时，调查表明，网络社会中腐败信息的迅速传播主要是广大普通网民群体独立意识和自发行为共同作用的结果，在很大程度上代表了公意与理性。在反腐败面前，所谓"公知"和"网络大V"的声音退居次要，符号化人物角色的作用也十分有限，"草根"网民才是网络反腐案件传播的真正助力。

（四）网络反腐存在的弊端不容忽视，甘肃民众期待网络反腐规范化、制度化

网络共同体的虚拟性、网络公民身份的合法性、网络信息的真实性以及"人肉搜索"的"网络暴力"等问题的存在，使网络反腐的"双刃剑"性质也越来越凸显。调查显示，甘肃民众对网络反腐过程中网络信息真伪、网民素质、网络技术操纵、当事人名誉权和隐私权等问题无不表示关注和担忧。33.74%的民众主张建立规范化、统一化的网络反腐平台，23.60%的民众建议推进网络立法，加强网络监管，依靠网络反腐的制度化，保障网络反腐的正向功能的实现，防止网络反腐的各种消极影响。

（五）网络反腐凸显现实反腐制度的困境和需求，甘肃民众呼吁建立官员财产公开制度等长效化防腐机制

调查表明，网络反腐兴起的根本原因，并不仅限于网络的技术因素本身，而在于社会公众政治觉悟和监督意识的增强，同时也与现实反腐渠道的不畅有很大的关联。网络反腐兴起的一个不可忽视的重要背景是：我国在结束了依靠群众运动开展反腐败的方式之后，在相当长的一段时期内并未能建立起一种制度化、规范化的社会力量对腐败现象的监督揭发机制，从某种意义上讲，网络反腐也是社会监督制度化困境倒逼下的产物。这些制度性缺陷包括民众参与、监督参与反腐败的保障制度上的缺失，反腐败机构独立性和执行力不足，传统媒体的监管制度以及诚信管理制度不完善等。从长远来看，制度反腐重于网络反腐，社会监督胜于司法惩处，建立长效的制度化防腐机制势在必行，而全面实施官员财产申报

公示制度和切实保障公众监督权力已成为当前社会各阶层民众的一致呼声。

三 对策与思考

权力是腐败的温床,绝对的权力必然导致绝对的腐败。因此,反腐败必须立足于对公共权力的制衡和监督,只有把权力关进制度的笼子里,让权利在阳光下运行,自觉接受社会监督,才能有效防范和杜绝腐败的发生。网络反腐作为我国经济社会全面转型特定历史背景下出现的特定产物,在推进社会正义,拓展社会参与,促进行政、司法监督和反腐倡廉建设等方面,都发挥了重要作用。但同时,网络反腐也存在一定的弊端和风险,在人们越来越高的反腐呼声中,必然要对现行的网络反腐实行制度化、法制化的规范。事实上,现行的网络反腐承载了一些本不应由其承载的东西,虽然网络反腐能发挥较大的作用,但它不能取代制度反腐的核心地位。

(一)全面实施官员财产申报公示制度

官员财产申报公示制度被公认为是"阳光法案"和反腐利器。早在1994年,全国人大常委会就将财产申报法列入立法规划,但至今仍迟迟未能出炉。2009年以来,全国各地方政府逐步扩大了试点范围,但至今仍未全面实施。建议尽快推动官员财产申报制度立法进程,全面实行政府官员财产定期公示制度,建立健全监督机关、民意监督对干部财产收入的动态和常态监督机制,让官员财产收入始终处在公众的"眼皮底下",让官员财产公示制度真正成为防腐反腐的利器。

（二）进一步完善网络立法，依法保障网络规范、健康、有序运行

进一步健全和完善网络立法，应尽快制定《中华人民共和国互联网管理法》，使之成为我国网络规制的基本法，并以该法为核心，建立起由法律、法规、规章及行业自律规范共同组成的，有针对性、系统性、可操作性和前瞻性的网络法律法规体系，为维护网络规制提供健全的法律保障。依法打击网络诈骗、网络泄密、网络谣言等网络犯罪活动，保护公民的信息安全和个人隐私，净化和治理互联网生态环境，保障网络规范、健康、有序运行。同时，网络法律法规的制定和实施，必须以宪法为准绳，网络立法必须保障公民宪法所赋予的一切权利，公民言论自由和对公共事务的知情权、表达权、参与权、监督权必须受到尊重和保护。

（三）整合网络反腐资源，实现网络反腐与现行制度的有机衔接

在网络反腐事件中，互联网主要起到腐败信息公布和传播的功能，而真正落实惩处腐败案件的是中央纪检和政府司法等职能部门。因此，整合网络反腐资源基本目标就是要尽可能高效、快捷地将腐败举报线索传递到官方的反腐职能部门手中，从而提高惩处腐败的效率。这就需要建立规范、统一的专业化政府检举平台。目前，各级政府纪检部门已经朝这个方向努力，最高人民检察院、中央纪委监察部以及各地检察监察部门，都开设了网络举报平台，但效果都不尽如人意。一个微博平台，其使用普及率和信息流通量却能独步天下，官方专业检举网络平台的打造也应朝着唯一性、专业性、便捷性、参与性等方向努力。同时，应当注意到，实现网络反

腐与制度反腐的有效衔接，政务公开、取信于民是关键，政府反腐部门应充分利用互联网媒体的优势，建立健全网络反腐责任机制，建立通畅的网络反腐材料处理渠道，保障举报信息的及时处理与结果反馈。只有通过明确责任主体和严格的问责程序，确保职能部门对网络举报保持持久的敏感度，保障有专门的机构和人员去收集处理网络投诉和举报，并形成一条通畅的网络反腐信息专门处理渠道，使网络反腐向法治型转轨，网络反腐才能具有持久的生命力。

（四）推进政府职能转变，建立制度反腐的长效机制

腐败的实质是权力腐败，反腐败的重心自然是对权力的制约。实现政府职能的转变是实现对权利制约的关键。现代服务性政府的精髓在于简政放权，弱化政府的行政审批职能，强化其公共服务职能。只有这样，才能最大化消除权力寻租的腐败空间。要逐步推进政府职能转变，深入推进党务公开、政务公开工作，完善政府预算制度，完善政务信息公开制度，完善干部提拔任免制度，在公共决策领域要保障广大民众的知情权、表达权、参与权、监督权；在制度反腐建设方面，要建立惩戒、防范和保障三位一体的反腐长效机制，关键在监督上下工夫，除了加强党内监督和司法监督以外，更重要的是要拓宽公众监督腐败的渠道和空间，提高广大人民群众的公民意识、法治意识和权利意识。

课题执笔人：梁仲靖
课题参与人：金　蓉

B.8 甘肃民众对住房"国五条"的反响和建议

谢 羽*

摘　要： 甘肃地处我国西部内陆，经济发展落后于东部沿海，但是高房价和民众的经济收入水平不成正比，引发了种种社会问题。2013年2月20日，国务院常务会议明确了五项房地产市场调控具体政策措施，即"国五条"。"国五条"及其实施细则，成为了人们关注的热点问题。本报告在问卷调查的基础上，针对民众所关注的住房、房价、调控政策等各个方面的问题进行了分析。并根据甘肃省的大环境，提出了实现居者有其屋目标的几点建议，即通过综合运用土地、信贷等多项杠杆工具，完善廉租住房、经济适用房、限价房等保障性住房各项制度，加大公共租赁房的建设力度，提高城镇建设用地效率，加快老城区、棚户区的改造等多种措施，使经济社会发展的成果惠及民众。

关键词： 甘肃　"国五条"　问卷调查　反响　建议

---

* 谢羽，博士，甘肃省社会科学院历史研究所副研究员，主要研究方向：社会史、地方史等。

住房分配制度改革的实施，促进了我国房地产市场的发展，很多居民的居住条件有了很大的改善，房地产行业已成长为国民经济重要的支柱行业，成为了地方政府财政收入的重要来源。但是，住房问题不仅仅是一个经济问题，更是民生问题，高房价引发了很多社会问题，很多群体的住房需要难以得到满足，实现居者有其屋的目标还远没有达到。甘肃地处我国西部内陆地区，经济发展落后于东部沿海，但甘肃省的房屋价格却是节节攀升，这和民众的经济收入水平不成正比。

稳定房价，一直是政府工作的重点之一，从2010年1月"国十一条"、2010年4月17日"国十条"、2010年9月29日"九月新政"到2011年1月26日的"新国八条"，中央调控政策逐渐升级。2013年2月20日，国务院常务会议明确了五项房地产市场调控具体措施，即"国五条"。"国五条"中稳定房价的新政包括完善稳定房价工作责任制、坚决抑制投机投资性购房、增加普通商品住房及用地供应、加快保障性安居工程规划建设、加强市场监管等五项内容。随后，"国五条"细则公布，再度给楼市调控加码，民众普遍感觉明显是针对当前房价上涨预期增强而采取的更加严厉的调控措施。北京、上海、广州、重庆、大连等城市先后出台了调控限购措施，但随之而来，北京、上海等地出现了功利性离婚以规避调控措施等乱象。"国五条"及其实施细则，以及实际效果，再次成为人们关注的焦点。目前，甘肃省尚未出台"国五条"的实施细则，甘肃民众对这一热点问题的反响也是我们关注的重点问题。

对于房地产问题的研究，研究者从不同的角度，已产生了一批成果。甘肃省社会科学院的研究人员对保障性住房问题曾做过专题调研和研究。① 2013 年 8~9 月，甘肃省社会科学院舆情调研组就民众对"国五条"的反响和建议进行了专题调研。调研采用问卷与实地走访、街头询问等方式相结合，调查范围覆盖兰州市、平凉市、武威市、定西市、金昌市永昌县、天水市清水县，共发放问卷300 份，收回有效问卷 292 份，有效回收率为 97.3%。其中，兰州市居民 234 人、平凉市居民 10 人、武威市居民 15 人、定西市居民10 人、永昌县居民 13 人、清水县居民 10 人。调查对象涵盖十个社会阶层，包括国家与社会管理者、经理人员、私营企业主、专业技术人员、办事人员、个体工商户、商业服务业员工、产业工人、农业劳动者、城乡无业失业半失业者等。

一 问卷统计与分析

（一）被访者对甘肃省房价的总体感受

1. 普遍感受甘肃省房价过高

自 2003 年房地产调控政策开始以来，我国始终以房价作为调控目标，2011 年以后更是频繁提及"房价合理回归"。但什么是合理房价，专家认为应该是和居民可支配收入相适应、涨幅和居民可支配收入涨幅相一致。② 甘肃作为经济社会发展相对落后的地区，被访者对房价的感受如何？调查显示：高达 89.38% 的被访者认为目前的房价"太高，难以承受"，3.42% 认为"不高，可以承受"，

---

① 汉宇：《甘肃住房问题的舆情调研》，《2011~2012 年甘肃省舆情分析与预测》，甘肃人民出版社，2011。
② 王星明、马良鹏：《兰州房价收入比 7.7 西北五省会居首》，《兰州晚报》2013年 9 月 12 日第 B03 版。

7.19%认为"一般"。被访者普遍感受到目前甘肃省房价太高,与收入不成正比。

2. 被访者经济状况可承担的购房类型

被访者的经济状况可承担的购房类型是哪些?调查表示:67.12%的被访者可承担的购房类型为"普通商品住房",4.79%可承担"高档商品住房"①,19.86%可承担"保障性住房",8.21%的被访者认为自己"购买保障性住房条件不够"(见图1)。可见,普通商品房是大部分的被访者可承担的购房类型。

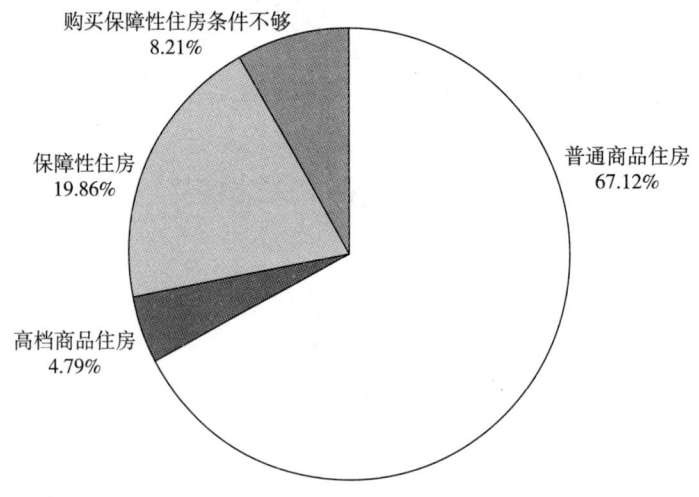

图1 被访者住房购买类型②

3. 被访者的购房目的

对被访者购房目的的调查结果显示:64.72%的被访者购房为

---

① 一般来说,别墅、200平方米以上的"大房子"和评估价值超过主城区平均售价3倍以上的住房可以称为高档商品房。
② 文中图1~图7的资料均来源于《甘肃省舆情蓝皮书》调研组《甘肃民众对"国五条"的反响与建议》专题问卷统计结果。

"自己或家人住",16.78%为"投资出租",13.01%为"升值转卖",5.47%为"其他"(见图2)。可见,甘肃民众的住宅刚性需求较大,超过六成的被访者表示购房目的为解决自己和家人的住房,投资投机性住房需求占近四成的比例。① 我们的调查显示,30岁左右的群体有着迫切的购房置业需要。

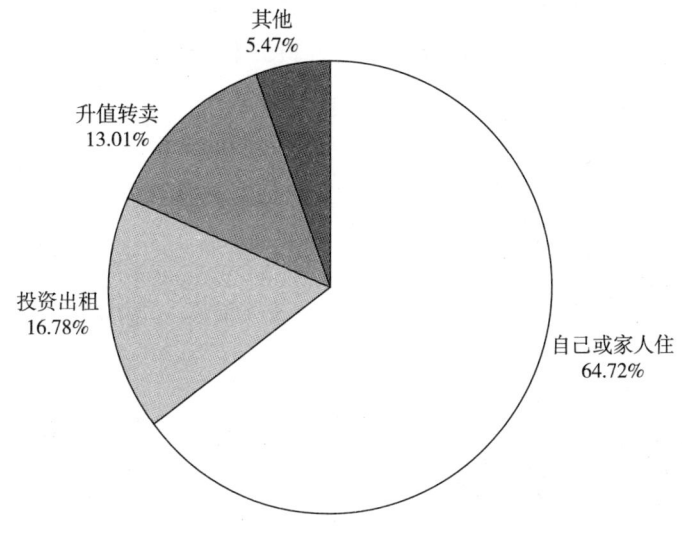

图2 被访者购房目的

4. 被访者认为推动目前房价上涨的最重要的原因

国家统计局数据显示,2013年8月,70个大中城市中,新建商品住宅(不含保障性住房)的价格唯有温州同比下降2.3%,而余下的69个城市房价都有不同程度的上涨。2013年8月,兰州新建商品房价格环比上涨1.2%,同比上涨7.1%。这已经是自2012年11

---

① 一直以来,对投机性、投资性购房并没有具体界定概念,最基本的判断条件为是否购买第二套(含第二套)以上非改善性住房。一般而言长期持有获得出租收益或增值收益的为投资性购房,为短期持有出售赚取差价而购房的为投机性购房。

月以来，兰州市连续第10个月环比、同比"双涨"了，同比涨幅更是刷新2013年7月的最高纪录，7.1%的同比涨幅已经创下两年来兰州房价同比涨幅的新高。① 在这样的形势下，被访者认为推动目前房价上涨的主要原因有哪些？调查表明：20.68%的被访者认为是"住房需求持续旺盛"，23.49%认为是"政府不作为"，13.75%认为是"购房投机行为"，10.94%认为是"土地出让的招拍挂政策"，19.87%认为是"不理性购房行为"，11.24%认为是"其他投资渠道匮乏"（见图3）。

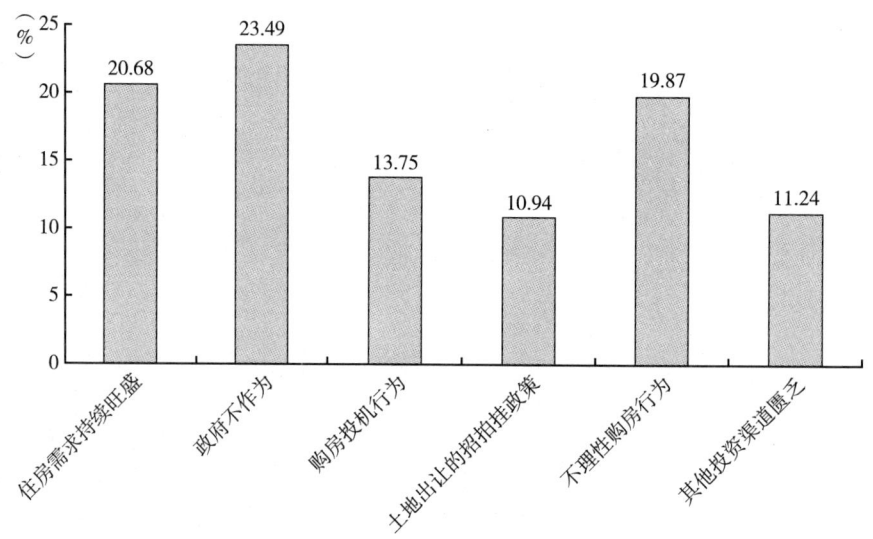

图3 被访者认为推动房价上涨的重要原因（多选）

（二）对"国五条"的关注与了解

1. 被访者对国家实施调控的"国五条"的关注度

2013年2月20日，国务院常务会议明确了五项房地产市场调

---

① 王星明、马良鹏：《8月兰州房价同比上涨7.1%》，《兰州晚报》2013年9月22日第B01版。

控具体政策措施，即"国五条"。"国五条"中稳定房价的新政包括完善稳定房价工作责任制、坚决抑制投机投资性购房、增加普通商品住房及用地供应、加快保障性安居工程规划建设、加强市场监管等五项内容。对于这一新的国家调控措施，被访者的关注度如何？调查表明：有42.80%的被访者表示"关注"，23.63%表示"不关注"，33.56%表示"说不清"。

2. 被访者对"国五条"调控政策出台的满意度

广东省于2013年3月25日率先公布"国五条"实施细则，北京市"国五条"实施细则于2013年3月31日起正式执行，被认为是最严厉的调控政策。该细则规定自2013年3月31日起禁止京籍单身人士购买二套房；严格按个人转让住房所得的20%征收个人所得税，出售五年以上唯一住房免征个税；进一步提高二套房贷首付款比例。上海、重庆等城市也都先后发布了楼市调控地方版细则，从限购、限贷、税收和住房信息联网等方面全面升级调控。但随之而来，北京、上海等地出现了功利性离婚以规避调控措施等乱象。目前，甘肃省尚没有出台"国五条"实施细则，总体而言，被访者对"国五条"调控政策出台的满意度如何？调查表明：22.94%的被访者表示"满意"，45.54%表示"不确定"，31.50%表示"不满意"。被访者普遍感到"国五条"调控政策的出台并没有使房价出现下降的趋势，反而倍感房价上涨的压力。

3. 被访者所了解的具体调控政策有哪些

以稳定房价为诉求的房地产调控进一步深化，土地、信贷、税收等为房地产市场降温的各项调控新政密集推出，综合运用土地管理、规范市场秩序、抑制投机、调整住房结构等多方面杠杆。对于这些具体的调控政策，被访者的了解程度如何？调查表明：18.02%的被访者了解"大量增加保障房的供应"，6.59%了解

"房价地方政府问责机制"，5.81%了解"土地出让方式的转变"，13.17%了解"征收房产税"，23.35%了解"房产限购政策"，19.57%了解"二套房首付及利率提高"，7.26%了解"公开房源，按套标价"；6.21%了解"严控房地产开发企业的融资和项目贷款"（见图4）。在调查中，被访者对与购房相关的如征收房产税、房产限购政策、二套房首付及利率提高等政策了解较多，对其他方面的了解较少。

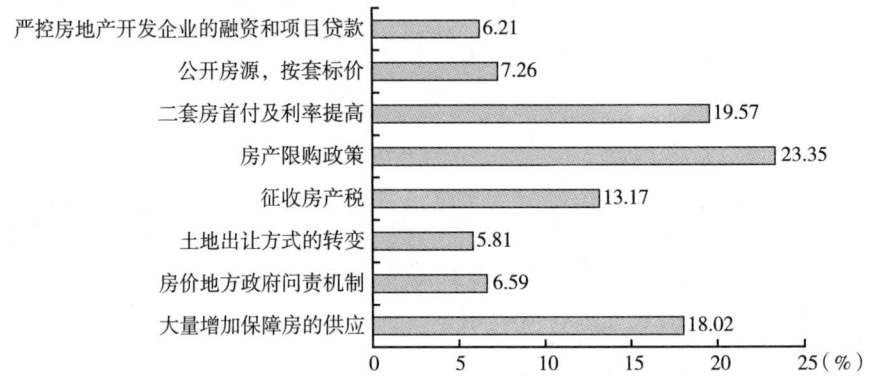

图4 被访者所了解的具体调控措施（多选）

4. 对收紧房贷业务的评价

近期，北京、广州、天津、武汉等地多家银行都以"额度用尽"为由暂停房贷业务，一些银行虽未停贷，但也纷纷取消利率优惠甚至上浮利率，房贷的审批流程也出现了不同程度的延长。收紧房贷业务能在多大程度上起到调控房价的作用？调查显示：8.56%的被访者表示"效果明显"，32.19%表示"效果一般"，59.24%表示"效果差"。在我们的调查中，购房用于自住的刚需一族表示银行收紧房贷以及取消利率优惠加大了他们还贷的压力，甚至影响到了原来的购房计划，让他们的购房更为困难。

5. 对房产税有无必要年内开征的看法

2011年1月底，国家有关部门在上海、重庆启动房产税试点。上海主要针对新购房超过人均60平方米的部分征收，税率为0.4%、0.6%两档。重庆则偏重对存量、增量独栋别墅以及新购高档商品房征收，税率为0.5%~1.2%。关于房地产税的征收将面向更多的城市展开的说法近年来不绝于耳，那么房地产税是否要在年内开征，被访者对此的态度如何？调查表明：16.09%的被访者表示"有必要，应立即开征"，32.87%表示"有必要，年后开征不迟"，51.02%表示"无必要"。

6. 对于房产税应面向哪些群体征收的看法

目前，对于房地产征税范围有多种意见：一是认为房产税为财产税，应面对较富裕的群体征税，对普通居民征收房产税不合理；二是认为房屋是生活居所，所以应保障居民基本居住条件，不应对第一套住房征税，征税重点应放在第二套、第三套住房上。房产税应面向哪些群体征收更为合理？调查显示：56.5%的被访者认为应针对"两套或以上住房持有者"，28.76%认为应针对"人均住房面积高于所在城市人均水平者"，14.72%表示应针对"异地购买住房持有者"。

（三）被访者对甘肃省房地产调控政策的预期与建议

1. 被访者对政府目前调控政策效果的感受

政府采取了一系列的调控措施，目前被访者对于政府调控政策的效果感受如何？调查显示：5.47%的被访者认为政府的调控政策效果"明显"，19.86%认为效果"一般"，55.82%认为效果"不明显"，18.83%认为"几乎没有效果"（见图5）。总体而言，大多数被访者认为政府调整政策的效果不明显。

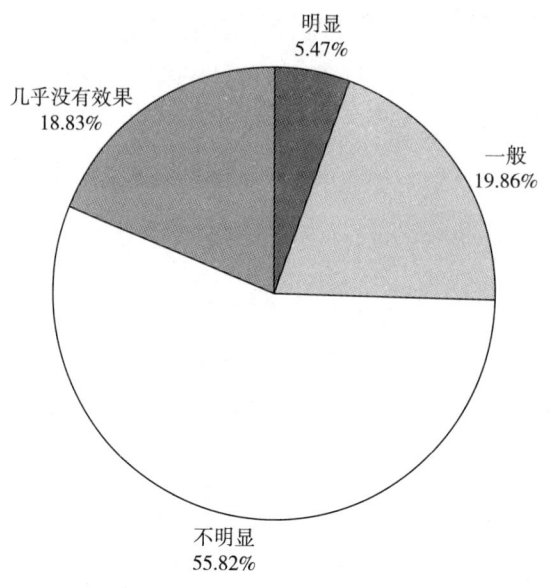

图5 被访者对政府目前调控效果的感受

2. 被访者认为未来一年甘肃省房价的走势

甘肃房地产市场在调控政策的影响下,在出现了短时间的观望僵持后又现回暖迹象,未来一年甘肃房价的走势如何?调查表明:57.87%的被访者认为要"继续上涨",17.12%认为会"持平",3.42%认为会"下降",21.57%表示"不清楚"(见图6)。大部分被访者对此次房地产调控信心不足,觉得难以遏制房价上涨的势头。

3. 被访者希望实行哪些房地产调控政策

高房价产生了一系列的社会问题,尤其是对于中低收入群体而言住房压力更大,被访者希望有哪些调控政策可以得到更好的实行?35.58%的被访者选择"政府加大保障性住房建设",19.76%选择"调整市场供应结构,增加中低端房源",28.93%选择"抑制投资投机性购房",11.46%选择"抑制高档商品房的过度开

甘肃民众对住房"国五条"的反响和建议

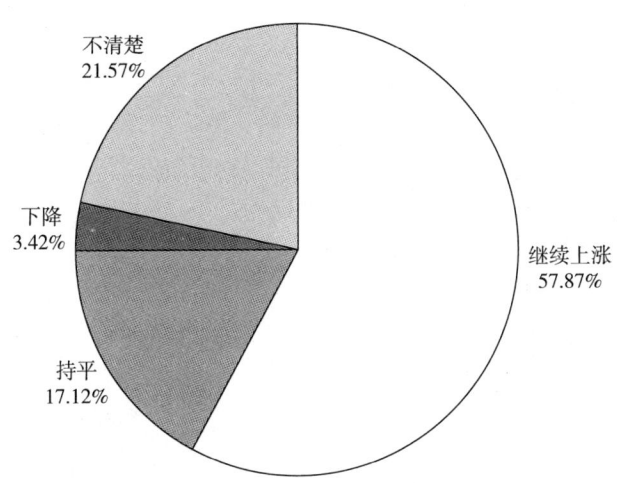

图 6 被访者认为未来一年房价的走势

发",4.26%选择"其他"(见图 7)。调查显示,被访者仍然希望政府是解决住房问题的主体,尤其在甘肃这一经济社会相对落后的地区,其他社会力量薄弱,不可能也没有能力解决住房问题。

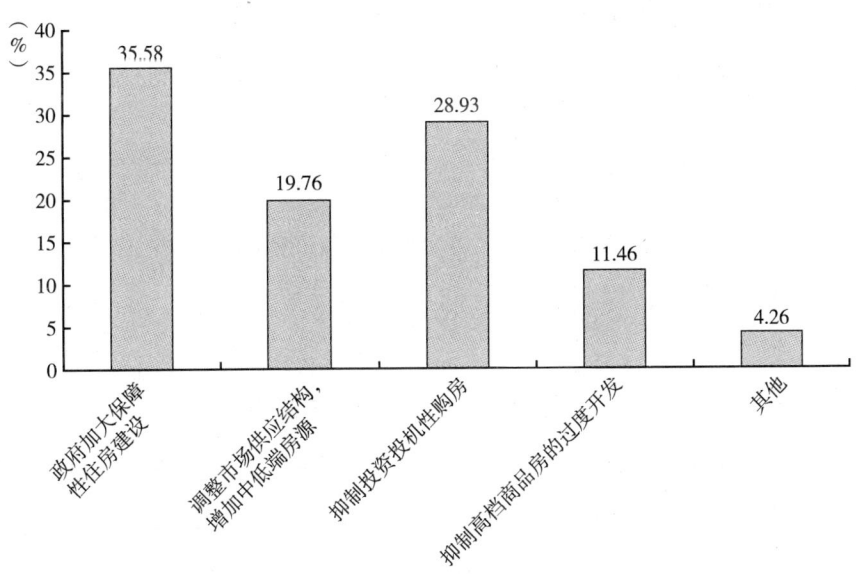

图 7 被访者希望实施的调控措施(多选)

169

甘肃蓝皮书·舆情

二 调查分析及建议

首先,甘肃的被访者普遍感到目前房价高,购买压力大。在调查中,近九成的被访者认为目前房价太高,难以承受,即使是收入相对较高的经理人员、私营企业主以及专业技术人员也感到房价与他们收入的增幅不成正比。其次,被访者对于"国五条"的关注度以及具体的调控措施了解程度不高。目前,甘肃还没有出台"国五条"本省实施细则,这也是在我们的调查中有较少被访者能够明确说出"国五条"及其实施细则的一个原因。针对消费者层面的一些调控措施,如房产限购政策、二套房首付及利率提高等,被访者了解程度相对较高;但其他一些针对政府或者房地产开发商的调控措施,如房价地方政府问责机制、土地出让方式的转变、严控房地产开发企业的融资和项目贷款等,被访者了解程度不高。再次,被访者普遍认为政府调控效果不明显。自"国五条"公布以来,甘肃省的房价仍一路走高,省会兰州的房价更是连续出现了量价齐升的增长。在这样的形势下,只有少数的被访者认为未来一年甘肃房价会走低,大部分被访者认为房价会上涨或持平。最后,被访者普遍希望政府能将各项调控措施落在实处,加大保障性住房的建设,抑制投资投机性购房,实现居者有其屋的目标。

在我们的调查中,被访者仍希望政府成为解决住房问题的主体,希望各项政策落在实处。目前,地方政府更多地关注到房地产行业对经济增长的贡献,而忽视了住房的社会保障功能。如何解决住房问题,促进社会的和谐发展,努力实现将经济发展的成果惠及社会大众,结合问卷调查结果,我们提出如下建议。

1. 住房问题需要运用多杠杆工具发挥协同效应

住房问题涉及面广，解决住房问题是一项重大的民生民心工程，需要各项保障制度的完善、资本市场的培育和发展、土地流转方式的转变、信贷政策的调节等多个杠杆，在供需两个方面同时发挥作用，才能切实解决这一问题。首先，在宏观层面上要实现经济社会的协调发展，各项社会保障事业的不断完善。在我们的调查中，被访者表示为了增加个人未来的保障选择将资金投入了房地产，住房是不动产，对于投资者的心理保障要远远超过股票等其他资本市场。因此，只有资本市场得到培育和发展，才能使民众的闲置资金转入其他的投资领域，减少投资或投机性购房，让房价回归理性。其次，政府要减少对土地出让金的依赖性。2009 年 7 月甘肃省发行 65 亿元地方政府债券用以弥补基础设施建设方面的资金缺口，这是在土地出让金替代方面的有益尝试。① 在土地流转中，要打破政府垄断土地一级市场的格局，推动集体建设用地的市场化流转。再次，在土地供应方面，要切实执行国家要求的确保保障性住房、棚户改造和自住性中小套型商品房建房用地不低于住房建设用地供应总量的 70% 的规定。② 最后，在信贷政策上，要严格控制商业银行向房地产业发放的贷款额度，加强对跨境投融资资金的监控，要继续实行差别化的住房信贷政策。总之，只有多种手段共同实施，才有可能实现居者有其屋的目标。

2. 完善廉租房、经济适用房、限价房等保障性住房的各项制度

中共中央政治局 2013 年 10 月 29 日下午就加快推进住房保障

---

① 梁东、郑慧娟：《2009 甘肃省房地产业发展现状与趋势分析》，《全国商情》2009 年第 23 期。

② 安体富、葛静：《关于房产税改革的若干问题探讨——基于重庆、上海房产税试点的启示》，《经济研究参考》2012 年第 45 期。

体系和供应体系建设进行第十次集体学习,中共中央总书记习近平在主持学习时强调,加快推进住房保障和供应体系建设,是满足群众基本住房需求、实现全体人民住有所居目标的重要任务,是促进社会公平正义、保证人民群众共享改革发展成果的必然要求。习近平强调,从我国国情看,总的方向是构建以政府为主提供基本保障、以市场为主满足多层次需求的住房供应体系。习近平指出,"十二五"规划提出,建设城镇保障性住房和棚户区改造住房3600万套(户),到2015年全国保障性住房覆盖面达到20%左右,这是政府对人民作出的承诺,要全力完成。① 甘肃省的保障性住房建设也在稳步推行中,截至2013年7月底,甘肃省新开工建设各类保障性住房15.6381万套,向6.8322万户、15.12万人发放廉租住房租赁补贴资金9090万元。② 2012年兰州市第二批经济适用住房正式配售共有13个项目2904套经济适用住房,户型面积最大为99平方米左右,最小约为40平方米,可供不同收入阶层的申请者选择。③ 为了充分发挥廉租房、经济适用房和限价房的保障作用,首先,要加强保障性住房的审核和监管机制。目前保障性住房的政策制定、政策实施以及政策监督都属于同一行政主管部门,监管不到位的情况普遍存在,因而导致部分符合条件的群众难以得到住房保障,而较富裕的人群住上廉租房、经济适用房,甚至拥有多套经济适用房的乱象屡见不鲜。其次,要引入退出机制。目前对城镇居民享受廉租房、购买经

---

① 《习近平强调加快推进住房保障和供应体系建设不断实现全体人民住有所居目标》,《兰州晚报》2013年10月31日第A24版。
② 赵文瑞:《截至今年7月全省保障房建成率67.76%》,《兰州晚报》2013年8月16日第A06版。
③ 赵文瑞:《今年第二批经适房明年元月起配售》,《兰州晚报》2012年12月28日第A02版。

济适用房等保障性住房均按收入标准建立了不同的准入条件，但对城镇居民收入水平提高或变化后如何退出保障房体系则没有明确规定，从而使保障性住房丧失了多次循环用于住房保障的功能。① 最后，要进一步调整住房供应结构，建立分层次的住房供应体系②，加大限价商品住房的供应，解决"夹心层"的安居梦。③

3. 加大公共租赁房的建设力度

甘肃省经济社会发展相对落后，有相当数量的中低收入群体存在，对于既不符合廉租住房和经济适用房供应条件，又无力购买普通商品住房、限价房的中低收入家庭，应从实际出发，大力发展公共租赁房建设。目前，甘肃省公共租赁房制度尚不完备，公共租赁房的建设规模和公众的需求差距较大，应加大公共租赁房的建设力度。首先，政府必须通过多渠道加大投入，扩大房源供应。公共租赁房房源筹集方式主要有新建、改建和收购三种方式，应以新建为主，在保障房、商品房中要配建一定比例的公共租赁住房。在解决外来务工人员、新就业职工公共租赁房源方面，应在外来务工人员相对集中的开发区、工业（产业）园区，由区市政府引导各类投资主体建设公共租赁住房，用于企业内部员工居住；在各类开发区、工业集中发展区，所在区（市）县政府或管委会可规划集中建设集体公寓和宿舍，由用工企业租赁。农村集体经济组织可以利

---

① 梁东、郑慧娟：《2009 甘肃省房地产业发展现状与趋势分析》，《全国商情》2009 年第 23 期。
② 赵文瑞：《兰州市限价商品房管理暂行办法》，《兰州晚报》2013 年 8 月 25 日第 A03 版。
③ 买不起商品房，又不够资格申请经适房、廉租房，这批陷入买房尴尬境地的人群被称为"夹心层"。

用集体建设用地集中建设面向外来务工人员的公共租赁住房。① 其次，选好公共租赁房建设地址，要处于交通便利的地区，周围的学校、医院、商场、公交等基础设置要实现配套，避免形成城市"贫民窟"。最后，将公共租赁房保障范围覆盖工人、毕业不久的大中专学生、新就业职工和外来务工人员等多群体，满足多个阶层的住房需求。②

4. 提高城镇建设用地效率，加快老城区、棚户区的改造

随着城市化进程的加快，在控制新增建设用地的同时，要引入城市土地再开发模式。以省会兰州为例，受到河谷型地形的限制，走无限扩大城市规模的道路来解决住房问题，既不现实也不可能。由于历史和现实的原因，在城市中夹杂形成了大量低效率的土地区块，典型的如城中村、老城区以及棚户区等。这些地区受到规划、产权等制约，难以整合，相关部门应积极鼓励开展老城区改造建设，提高城镇土地利用效率。③ 2010年兰州市人民政府下发了《关于城市和国有工矿棚户区改造工作的实施意见》（兰政发〔2010〕147号）文件，明确要求要加大棚户区改造力度，加快棚户区改造进度，力争3年时间改造450万平方米棚户区，使棚户区居民的住房条件得到明显改善。④ 直管公房改造是棚户区改造的重点工程之一，兰州市的直管公房分布零散，管理区域面广线长，

---

① 郎启贵、施勤俭、吴步昶：《我国公共租赁房运作模式的实践与探索——基于部分城市公共租赁房运行情况的比较分析》，《中国房地产》2011年10月下半月（学术版）。
② 郭江华、彭海红、王海波：《公共租赁房：我国保障性住房供应体系的核心》，《经济与管理》2012年第6期。
③ 刘纪学、汪成豪、董纪昌、汪寿阳：《2010年我国房地产市场分析与预测》，《战略与决策研究》2010年第1期。
④ 韩雪梅：《兰州市市属企业棚户区改造项目融资问题的研究》，兰州大学，2011年硕士学位论文。

东至桃树坪，西至河口，南至红山根、伏龙坪，北至五一山。这些房屋，危旧房存量大，管网严重老化，水管跑漏、屋面漏雨的情况普遍存在。① 在对棚户区、老城区的改造中要将产权调换、货币补偿的金额以及拆迁的补助费用落到实处，切实建成民心工程。

5. 对于房地产税的征收要有差别化地谨慎推行

房地产税是国际比较通行的一项税种，但是我国由于特殊历史背景形成了复杂的房地产格局，如土地拥有环节有政府无偿划拨地、集体用地、商品用地等；房产上有房改房、商品房、经济适用住房、单位合作或集资建房、廉租房、小产权房等。针对这种情况，采取一刀切的征税标准显然是不合理的，房地产税的征收要在有差别化的情况下谨慎推行。首先，应构建民众广泛参与公共产品决策的公共选择机制，包括调查民众意见，用公众会议征集民众在房地产税制和政策制定、执行过程中的所需、所想和所关心的问题，讨论特定问题的公众听证会等。② 其次，要加快健全房屋估价系统。这就需要有专业的人员，为现有的房产进行估价，为房产税的征收创造条件；同时，由于房产性质不一，要实现房产信息联网制度。合法地购买二套住房需要交税，但如果采取种种方法规避了二套房条款即可不纳税，这会造成新的社会不公。再次，实行差别化的征收标准。房产税改革的征收区域，可以先考虑东部地区和西部的一线城市，再考虑二线城市；房产税征收范围，可以考虑第一步先对商业用房按照评估价开征，第二步将别墅、高档住宅纳入征收范围，第三步将普

---

① 王星明：《从今年7月1日起兰州市直管公房月租金调整为3.30元/平方米》，《兰州晚报》2013年6月12日财经·综合15版。

② 唐明：《房地产税改革为何启而难动》，《当代财经》2013年第8期。

通住宅纳入征收范围。① 居民基本标准住房与超标准住房的界线要适当分开，标准之内的住房应少征税或不征税，超标准住房应征税或多征税；居住性房屋与投资性（经营性）房屋要适当分开，居住性房屋应少征税或不征税，投资性（经营性）房屋应征税或多征税。② 最后，房产税评估办法、征收和资金去向要公开透明，在报纸、网络等媒体公示告知，接受公众的监督。房产税收入和资金应专门用于保障性住房建设、基础设施建设等民生工程，让民众能够得到政府相应的公共服务。

---

① 安体富、葛静：《关于房产税改革的若干问题探讨——基于重庆、上海房产税试点的启示》，《经济研究参考》2012年第45期。

② 张天犁：《关于新时期房地产税改革及若干政策问题的研究》，《财政研究》2011年第9期。

B.9 甘肃省大病统筹调查与分析

魏 静*

摘　要： 大病统筹是我国基本医疗保险制度的补充形式，主要是针对城乡大病患者的一种医疗救助形式。在甘肃，城镇大病救助以患者发生的一定标准的住院费用为救助起付线，农村制定了大病补偿的病种范围。但是，大病救助在实际运行中，依然存在救助效果不理想、其他救助渠道少及救助水平低等问题。本报告主要以访谈和问卷的形式对甘肃省大病统筹的实施情况及在实践过程中存在的问题进行调查，在此基础上提出可供决策参考的对策建议。

关键词： 甘肃　大病统筹

一　政策回顾

目前，我国全民基本医保制度的框架已经确立，基本医保覆盖13多亿人口，参保率超过95%，形成了世界上最大的基本医疗保

---

* 魏静，硕士，甘肃省社会科学院副研究员，主要研究方向：地方史研究。

障网，人民群众看病就医有了基本保障，但由于城镇居民基本医疗保险、城镇职工医疗保险以及新型农村合作医疗的保障水平还较低，大病医疗费用负担过重问题突出，民众反应较强烈。国务院六部委于2012年8月联合印发了《关于开展城乡居民大病保险工作的指导意见》（以下简称《意见》），引起了社会各界的广泛关注。《意见》作为对大病救助的一项宏观性指导文件，指出，"大病保险的保障范围要与城镇居民医保、新农合相衔接。城镇居民医保、新农合应按政策规定提供基本医疗保障。在此基础上，大病保险主要在参保（合）人患大病发生高额医疗费用的情况下，对城镇居民医保、新农合补偿后需个人负担的合规医疗费用给予保障。高额医疗费用，可以以个人年度累计负担的合规医疗费用超过当地统计部门公布的上一年度城镇居民年人均可支配收入、农村居民年人均纯收入为判定标准，具体金额由地方政府确定。合规医疗费用，指实际发生的、合理的医疗费用（可规定不予支付的事项），具体由地方政府确定。各地也可以从个人负担较重的疾病病种起步开展大病保险"。[1] 对于保障水平，《意见》进一步指出，"以力争避免城乡居民发生家庭灾难性医疗支出为目标，合理确定大病保险补偿政策，实际支付比例不低于50%；按医疗费用高低分段制定支付比例，原则上医疗费用越高支付比例越高。随着筹资、管理和保障水平的不断提高，逐步提高大病报销比例，最大限度地减轻个人医疗费用负担"。[2]

在我国，对于城镇居民大额医疗的病种并没有明确的病种范

---

[1] 国家发展改革委：《关于开展城乡居民大病保险工作的指导意见》，发改社会〔2012〕2605号文件，2012年8月24日。

[2] 国家发展改革委：《关于开展城乡居民大病保险工作的指导意见》，发改社会〔2012〕2605号文件，2012年8月24日。

围,"大病医保"并不是按病种报销,而是按"大额医疗费用"报销。甘肃省 2004 年出台了《兰州市城镇职工大额医疗保险暂行办法》,其中对"兰州市大额医疗费保险"的概念进行了界定,是"兰州市医疗保险经办机构为参加兰州市城镇职工基本医疗保险的人员、团体向商业保险公司投保,参保人员作为被保险人,其发生的超过基本医疗保险统筹基金最高支付限额以上的医疗费用,由商业保险公司负责赔付的商业医疗保险"。兰州市城镇职工大额医疗保险的保险人为中国人寿保险股份有限公司兰州市分公司。关于参保人员的保费,规定"每人每年 60 元,由参保单位和个人(含退休人员)按年分别缴纳 30 元。由参保单位代扣,并于每年元月 15 日前一次性缴到社会医疗保险经办机构,由社会医疗保险经办机构统一向商业保险公司缴纳"。关于大额医疗费用的支付,规定"参加基本医疗保险人员的住院医疗费累计超过统筹基金最高支付限额以上部分,按基本医疗保险的结算年度计算,由商业保险公司赔付 90%,职工个人负担 10%。商业保险公司赔付医疗费用的最高限额为每人每保险年度 18 万元"。① 2011 年,大额支付标准上调至 24 万元。2012 年,兰州市政府对大额医疗费用标准又进行了调整,规定"提高大额医疗保险年度支付限额。大额医疗保险年度最高支付限额由 24 万元调整为 30 万元","大额医疗费用征缴标准由原来每人每年 60 元,调整为按当年元月份执行的全省城镇非私营单位在岗职工年平均货币工资数额的 0.5% 缴纳,单位和个人各负担一半,灵活就业和农民工参保人员全部由本人承担"。② 2013 年,

---

① 兰州市人民政府:《关于印发兰州市城镇职工大额医疗保险暂行办法的通知》,兰政办发〔2004〕9 号文件,2004 年 1 月 19 日。
② 《兰州城镇职工大额医保标准支付限额由 24 万调整为 30 万》,《兰州晚报》2013 年 7 月 5 日。

甘肃省新农合对于住院补偿政策，省、市、县、乡四级医疗机构住院补偿起付线分别为3000元、1000元、500元和150元。省、市、县、乡四级医疗机构住院实际补偿比例分别为55%、60%、70%和80%。省、市、县、乡四级医疗机构单次住院封顶线分别为40000元、30000元、15000元和3000元。年内多次住院的参合农民年度内累计补偿金额统一提高到80000元。[①] 关于新农合的大额医疗费用，《2012年新型农村合作医疗统筹补偿方案指导意见》规定，"对8种农村重大疾病进行定额补偿，单病种每年度最高补偿可达16.1万元，且不计入患者当年新农合封顶线计算基数。同时，将28种特殊病种纳入新农合门诊补偿范围，不设起付线，报销比例为70%"。新农合大额医疗病种为8种疾病：儿童白血病、儿童先天性心脏病、妇女宫颈癌、乳腺癌、重性精神病、耐多药肺结核、终末期肾病、先天性耳聋。2013年，规定的23种大病范围以外的农村重大疾病患者，年累计门诊、住院费用如超过15万元，各地可根据新农合资金结余情况，在现行新农合补偿政策基础上对超出部分再给予20%~40%的二次补偿。参合人员年底内在同级别医疗机构二次住院的，第二次住院的起付线降为该级别医疗机构起付线的50%。

二 调查情况

大病医疗统筹制度作为基本医疗保险的补充形式，为重大病患者减轻医疗负担提供了制度上的保障。那么，这项制度在实践中究

---

① 《甘肃省新农合补偿今年实行门诊统筹+住院统筹》，《甘肃经济日报》2013年7月17日。

竟运行得如何？民众，特别是重大病患者的反响如何？有哪些方面值得肯定或者在哪些方面还有待进一步完善？这些问题成为本课题关注的重点，为此，"甘肃省大病统筹调查与分析"课题组于2013年8月份对甘肃省城乡大病医疗情况进行了实地调查和分析，目的是对大病医疗救助开展情况进行摸底和全面评估，调查采取问卷和访谈两种形式，调查地点为甘肃省甘南合作市、临夏州临夏市、定西市、平凉市、天水市清水县、武威市和金昌市永昌县，问卷发放量为120份，收回有效问卷120份，有效率为100%。下面将围绕问卷调查情况展开分析。

三　调查分析

（一）调查对象的人口学分析

本次调查的对象主要是大病患者，从户籍所属看包括城乡两大部分居民，还包括其他一些人口学指标调查情况，详见表1。

表1　调查对象的人口学指标

变量名	变量值	人数（人）	百分比（%）
性别	男	53	44.17
	女	67	55.83
年龄	20岁及以下	4	3.33
	21~30岁	13	10.83
	31~40岁	43	35.83
	41~50岁	36	30.00
	51~60岁	20	16.67
	61岁及以上	4	3.33

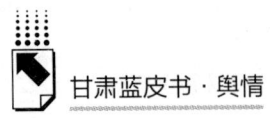

续表

变量名	变量值	人数（人）	百分比（%）
婚姻	已婚	69	57.50
	未婚	38	31.67
	离婚	3	2.50
	丧偶	10	8.33
文化程度	不识字或识字很少	32	26.67
	小学	—	—
	初中	6	5.00
	高中/中专/技校	19	15.83
	大专	24	20.00
	本科	16	13.33
	本科以上	23	19.17
职业	务农	19	15.83
	个体户	15	12.50
	企业员工	45	37.50
	公务员/事业单位员工	20	16.67
	离退休人员	—	—
	学生	11	9.17
	失业或无业	10	8.33
家庭年收入	5000元及以下	7	5.83
	5001~20000元	12	10.00
	20001~40000元	14	11.67
	40001~60000元	49	40.83
	60001元及以上	38	31.67

从表1的统计数据可以看出，本次调查的大病患者在各项所列人口学指标上基本都有一定比例的分布。从性别上看，女性大病患者略多于男性，女性大病病种类型也稍多于男性，如乳腺癌、宫颈癌、子宫癌、尿毒症、胰腺癌、脑瘤等多发生于女性，而肝硬化、肝癌、肾衰竭、骨癌等则多发生于男性患者，在本次调查中，有两

位白血病患者也均为女性。为什么女性更容易患重大疾病？有资料显示，"许多重大妇科疾病已呈现出发病率提高、发病时间提前的趋势。据WHO统计，从1990年至2002年，在世界范围内，乳腺癌的发病率和死亡率均增长了22%。它在各种癌症发病率中排第二，占癌症患者20%～30%，40～49岁为发病高峰。宫颈癌发病率是女性肿瘤中的第二位，全世界每年有20万妇女死于宫颈癌，我国每年新增发病人数超过13万。女性在更年期后，由于卵巢功能的逐渐衰退，更容易患上心血管疾病"。①

从年龄上看，大病患者多集中于31岁到60岁之间（82.50%），这表明中年群体是大病的高发人群。中年正是一个人承担工作和生活压力最重的年龄，有医学资料表明，精神压力和不规律的生活习惯是癌症、心脑血管疾病以及其他一些重大疾病发生的重要诱因，另外，一些遗传性疾病如糖尿病、癌症、心脑血管疾病等也容易在中年爆发出来。

从婚姻状况看，已婚大病患者占多数（57.50%）。在调查中我们发现，绝大多数已婚大病患者都能得到亲人（配偶和子女）的照顾；未婚患者其次（31.67%），主要是青少年，重病病种以先天性心脏病、脑瘫、白血病居多，几乎全部由父母照顾。

从文化程度的调查看，各种文化程度的大病患者都有分布，但总的来说文化水平低（高中及以下）的占多数（67.50%）。文化水平低一般意味着收入水平低，虽然这不是绝对，但却符合普遍情况，这就导致生活水平和生活质量的相应低下以及生活压力的无形增大，这些因素也容易诱发大病的产生，与此同时，大病给其家庭带来的经济负担也就越重。

---

① 《女性为什么要买重大疾病保险》，http://www.quick.xiangrikui.com/。

从职业层面看，大病患者中企业员工居多（37.50%），其次是公务员/事业单位人员和农工，分别为 16.67% 和 15.83%，这三类人员加上离退休人员和学生，几乎全部参加了各类基本医疗保险。大病统筹制度是基本医疗保险的补充制度，这两类制度共同作用，其目的在于最大限度地减轻大病患者的医疗负担。但是结合家庭收入和大病的巨额医疗费用看，实际情况远远不是这样。2012 年兰州市人民政府第 20 次常务会议讨论通过了兰州市城市低收入家庭收入认定标准，"从家庭月人均收入低于 420 元提高到家庭月人均收入低于 540 元"①。如果我们以 540 元/月这个标准算，一个家庭夫妻两人一年的全部收入只有 12960 元，基本生活费用尚难维持，更何况大病医疗费用。表 1 统计结果中有大约 16% 的调查者处于城市低收入水平，而其他调查者绝大部分属于中等收入家庭水平，对于一个中低收入的家庭来说，大病支出则意味着灾难性支出。

（二）对大病统筹政策的了解

本次调查的一项重要内容就是了解大病患者是否对大病统筹政策有较深的认知和理解，只有对政策了解才能消除疑惑和误解。比如，有的患者会质疑为什么自己的病不在大病救助范围内，有的会抱怨为什么报销的费用那么少，还有的埋怨民政部门的救助政策为什么要改变？以上这些问题虽然与制度的缺陷和缺位有关，但也反映了一些患者对目前政策的不了解，图 1 是我们针对这个问题的调查结果。

图 1 表明，大多数被访患者（60.11%）对大病统筹政策只是

---

① 《兰州市提高城市低收入认定标准》，《科技鑫报》2012 年 10 月 11 日。

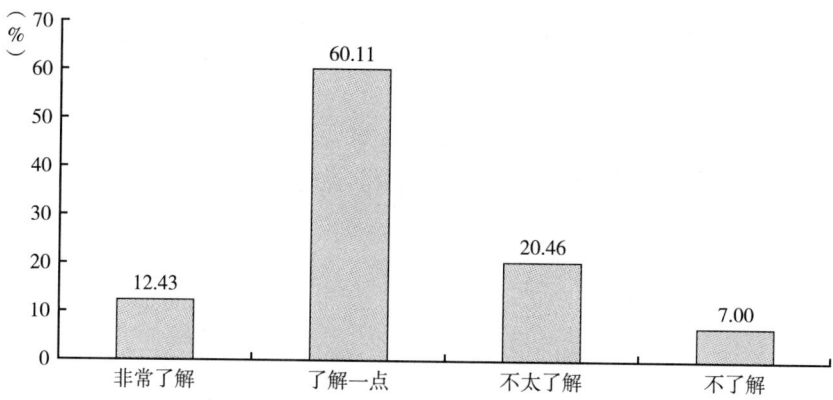

图 1　患者对大病统筹政策的了解程度

"了解一点",还有近30%的被访患者"不太了解"或"不了解",这种情况不利于大病救助政策的有效实施。现阶段,绝大多数城乡居民都参加了各类基本医疗保险,城镇职工大病医疗参保费用一般由单位代扣代缴,农村居民大病补偿不另行缴费,在新农合参保费中一次缴清。城镇灵活就业人员和其他一些流动人员实行自行缴费的政策。很多患者由于平时缺乏对大病救助的了解,或者认为大病发生在自己身上的概率很低,不积极主动了解相关政策,致使对相关医疗机构的报销额度、医疗诊治的选择方案、民政部门的二次救助、慈善机构的救助申请、大病医疗和城镇特殊病补偿、城镇大病医疗统筹和新农合重大疾病补偿等缺乏相应的了解。比如在调查中,我们发现了这样一些情况:一位农村居民由于没有给儿子及时办理新农合,儿子患肝硬化后,前后花去家中9万多元;一位农村患者抱怨报销太少,调查后发现,这是因为他们不了解政策造成的。根据政策规定,甘肃省新农合对于住院补偿政策,省、市、县、乡四级医疗机构住院补偿起付线分别为3000元、1000元、500元和150元,省、市、县、乡四级医疗机构住院实际补偿比例分别为55%、60%、70%和80%。这位患者是在省级医疗机构就诊的，因此只能报销实际发生费用的55%，这其中还不包括自付的费用，加之省城看病成本较县城大，因此自付的负担相当重；还有一位城市企业职工每年带妻子做四次血液透析，对目前的报销额度虽没有意见，但对地方民政部门2013年取消对大病自付费用再报销40%的政策深感不满；另外，还有些大病患者对慈善救助政策和信息了解不够，特别是白血病一类的大病，因为疗效好的治疗方式需要自己负担的费用过重，于是往往采取普通治疗方式。其实，如果多方了解一些社会救助政策，往往也会在自付费用较少的情况下得到较好的治疗方式。如白血病患者既可以向当地民政部门申请救助，也可以带上医院的病情证明、历次住院治疗的医嘱复印件和医药治疗发票，还有当地政府社区或乡镇基层政府情况属实证明到当地红十字会去登记，有了以上的资料就可以得到红十字会的帮助；又如，中国红十字会小天使基金专门针对14周岁以下患有白血病且家庭经济贫困的儿童，其本人可作为申请人，或由家长（法定监护人）作为代申请人，向中国红十字基金会（简称中国红基会）"小天使基金"申请资助。

（三）大病医疗的救助实效

甘肃省城镇实行基本医疗和大病医疗相结合的医疗救助模式，农村实行合作医疗和特殊病门诊补偿相结合的医疗救助模式，其目的都是为了尽可能降低城乡大病患者的看病负担。那么，大病医疗救助在实际运行中是否真正解决了患者的实际问题，通过调查，我们得到了图2所示的统计结果。

图2表明，有82.02%的被访患者认为大病救助能在一定程度上解决家庭的医疗负担。从兰州市城镇职工医疗保险来看，从2011年3月1日起，基本医疗保险最高支付限额由2.6万元调整为

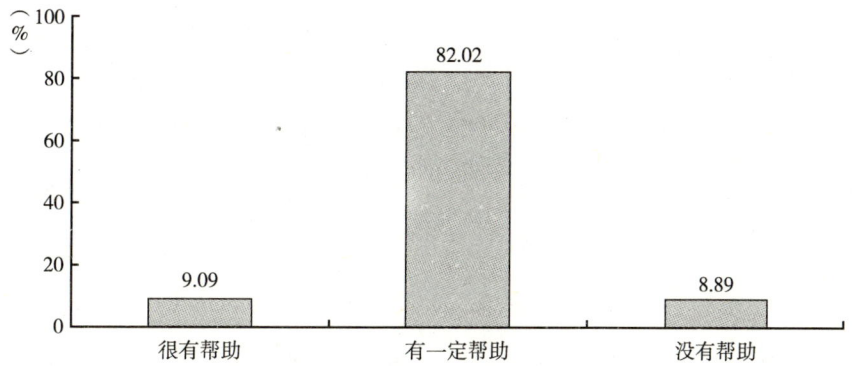

图 2　大病救助是否能有效减轻家庭经济负担

4 万元；超过 4 万元以上符合医疗保险规定的费用，由大额医疗保险基金报销 90%，个人自付 10%。① 2012 年，大病最高封顶线由现行的 24 万元调整为 30 万元。也就是说，大病救助的起付线是 4 万元以上，4 万元以下按基本医疗保险报销，目前城镇特殊病门诊补偿力度和补偿范围十分有限，这样的起付线对于某些患严重的疾病但又构不上大病的患者无疑产生了一定程度的经济负担。重大疾病往往要负担较多的自付费用，且治疗次数较多，从政策上看，虽然个人每次治疗只自付 10%，但实际产生的费用往往更多，因此大病统筹只能在一定程度上缓解家庭的医疗负担。

（四）关于申请民政部门大病医疗救助的程序

目前申请程序分三大步骤，首先是限定申请对象的条件，其次是申请审批环节，最后是民政部门的落实环节。以兰州市安宁区为例来看申请大病救助究竟需要哪些流程。对于申请对象，有五点要求："无生活来源、无劳动能力又无法定赡养人、扶养人或抚养人

---

① 《兰州市城镇职工医保年度最高能报 28 万元》，《西部商报》2011 年 2 月 28 日。

的'三无'人员；享受本区城市居民最低生活保障对象中未参加城镇职工基本医疗保险的人员，或参加基本医疗保险但个人负担医疗费较重的人员；农村五保户和农村贫困户家庭；因患大病、重病长期住院治疗，医疗费用开支大，致使家庭生活特别困难的城乡居民；因意外事故或突发事件造成身体伤害，医疗费用负担过重的城乡居民；民政部门认定的其他困难居民。"[1] 上述规定对大病申请进行了限定，即必须符合三点：一是长期住院治疗的大病、重病患者，二是家庭生活特别困难的城乡居民，三是因意外事故和突发事件造成的身体伤害。关于审批程序，规定首先由符合条件的个人持相关材料和证件向户籍所在地的社区（村）居民委员会提出书面申请，并填写困难居民医疗救助申请表，相关材料包括：城乡居民户口簿、居民身份证、城乡低保领取证、农村五保供养证、城镇职工基本医疗保险、城镇居民基本医疗保险、新型农村合作医疗保险证（卡）、特殊门诊医疗保险证、职业病证明等社会保险辅助证件、商业保险等有关合同证明、医疗机构出具的患病诊断书（病历）、正式医疗收费收据以及各项费用证明材料、医疗保险支付凭证、单位报销凭证及社会捐赠和互助救助帮困情况证明材料等。上述材料经社区（村）初审，并将医疗救助对象的人员名单、申请救助金额张榜公示接受社会和群众监督，在7个工作日内，将经公示无异议的申请医疗救助对象上报街道办事处审核。街道办事处对上报的申请材料在5个工作日内审核完毕，对符合条件的，应上报区民政局审批。区民政局对上报的申请材料在8个工作日内由低保办审批完毕，对符合医疗救助条件的，经区民政局、区财政局、区医院联度会议研究，核准其享受医疗救助的金额，并将批准意见通

---

[1] 《城乡大病救助审批程序》，http://www.lzanning.gov.cn/。

知申请人；对不符合条件的，应说明理由并书面通知申请人。具体流程见图3。

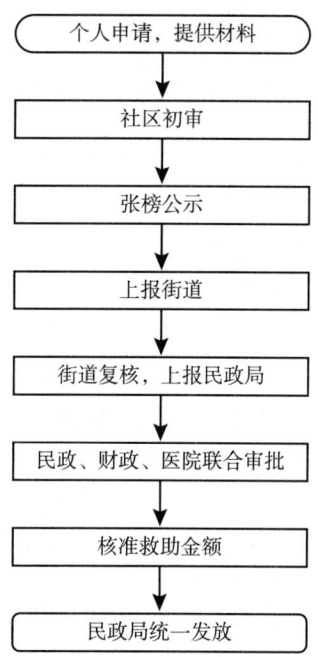

图3 城乡申请大病救助流程

图3反映了申请大病救助的程序，为了了解患者对此程序的态度和意见，课题组设计了"您觉得目前申请大病救助程序是否复杂"一题对患者进行调查，得到的结果见图4。

图4表明，被调查的患者中多数（57.15%）认为目前向民政部门申请大病救助的程序比较复杂。从上述申请流程看，向民政部门申请大病即使顺利，也需要一个月的时间，这无疑滞延了患者获得救助资金的时间，很多家庭在救治大病时往往四处借债，由于不能及时得到救助金，无形增加了患者家人的心理负担。另外，对于不符合条件的患者取消其申请资格是不合理的。我们知道大病患者

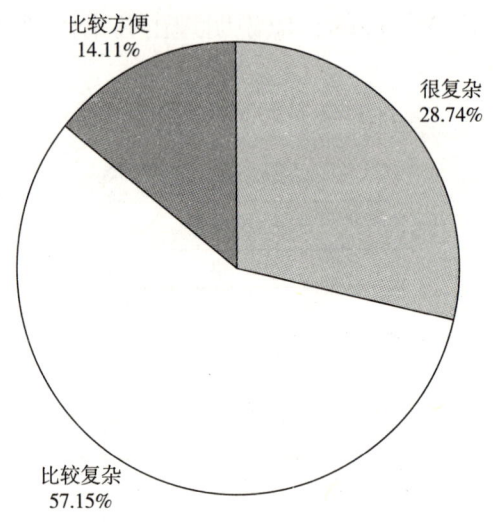

图 4 大病患者对大病救助申请
程序方便程度的评价

家庭未必就是"三无"人员家庭,但是大病往往给家庭带来沉重的经济负担,一些相关部门在审核患者材料时往往将家庭经济收入作为一个重要衡量指标,或者主观地认定某些疾病不在大病救助之内,这样就使一些重病家庭因获得不了救助而陷入更大的负担中。

(五)对大病救助的满意度

大病救助是国家针对特大、重大疾病实行的一项医疗救助政策,在实践过程中,这项政策究竟得到老百姓怎样的评价是我们继续完善这项政策重要的依据之一,为此,我们以大病救助的满意度为指标进行了考察,结果见图5。

图5显示出,有33.74%的被访患者表示"很满意"和"比较满意",有62.13%的患者对大病救助的实效认为"一般",还有4.13%表示"不满意",这说明大病救助还有很多地方需要完善。调查中我们发现新农合特殊病补偿范围太小,一位9岁患有肾母细

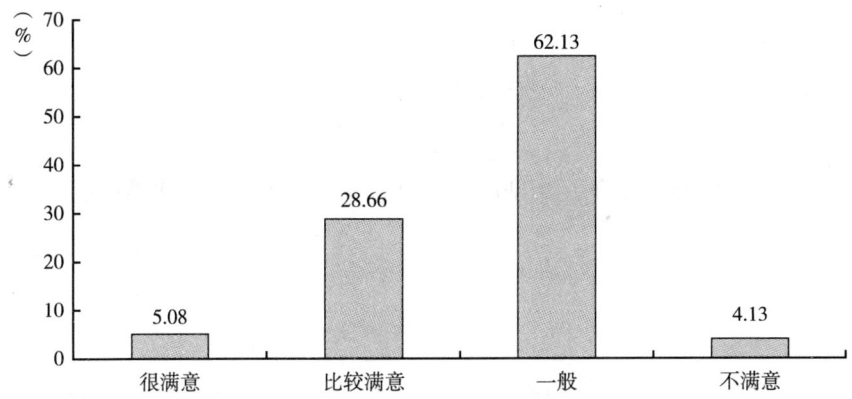

图 5　患者对大病救助的满意度

胞瘤的患者，从2012年9月做手术到现在化疗6次，共花掉家里5万多元。这种较为少见的病不属于新农合特殊病补偿范围，如果按2013年的规定，即"23种大病范围以外的农村重大疾病患者，年累计门诊、住院费用如超过15万元，各地可根据新农合资金结余情况，在现行新农合补偿政策基础上对超出部分再给予20%～40%的二次补偿"，这位患者由于年累计门诊、住院费用没有超过15万元，因此只能按普通新农合住院比例报销，加之患者选择的是省、市级医疗机构，报销的费用就更少。调查中我们还遇到一位血液透析患者，一年做四次透析，原来经当地民政部门可救助大病报销后个人承担部分的40%，从2013年5月开始当地民政部门停止了这一救助政策，使家庭原本尚可维持的经济状态又陷入危局中。还有一位患者反映，大病申请救助的程序复杂烦琐，社区办事人员服务态度恶劣，让很大一部分因病致贫的家庭望而却步，得不到实惠，病人因缺钱或钱不能及时到位得不到救治。以上种种问题都反映了目前我国大病救助在实践中存在一些问题，这些问题只有引起政府的高度重视，才有可能使大病患者真正得到福音。

四 调查结论

(一)城乡大病救助取得一定成效,受到广大患者欢迎,但还存在一些问题

一是医疗救助的范围、病种有待扩大。目前,城乡医疗救助有明确的救助对象、限定的救助病种以及救助起付线。对没有被纳入救助范围的人,一旦患上医疗费用较高的病种,由于无法得到医疗救助,因病致贫返贫的现象时有发生。此外,对救助病种的限制,使许多不符合限定病种的特困患者无法得到救助。二是医疗救助程序复杂、手续繁多。目前,医疗救助要通过个人到居委会(村)申请,并经过县民政以及医保部门、新农合等相关部门审核审批。因涉及多个部门,而每个部门都要按照各自的操作流程自下而上报批,审批手续繁多,审批时间长,影响了医疗救助的时效性。三是医疗救助资金少、救助标准低。对患有大病的贫困对象,由于治疗费用金额巨大,虽然有一定比例的报销但自付费用也很高。民政部门由于各种原因不能贯彻既定政策,受救助比例和救助封顶线的限制,有效的救助资金对患特大恶性疾病的贫困群众来说是杯水车薪,无法从根本上解决实际困难。特别是农村五保对象、城镇"三无"对象家境一贫如洗,患病后只能依靠政府全部解决其医疗费用,而巨额的医疗费用迫使他们不得不放弃治疗。四是因病致贫的困难对象逐渐增多,导致不断增加的保障需求与有限的保障规模之间的矛盾十分突出。由于现在农村困难群众较多,特别是年人均纯收入低于最低保障标准的农村绝对贫困人口多,纳入低保对象的人口占的比重较少,大病重病直接影响到贫困人群的生存和就业，影响他们改善生活和融入社会，使他们陷入"病－贫－病"的恶性循环中。五是病后报销。我国当前各种医疗保险都是病后报销，由于患者在病前和病中有很大的不确定性，无法确定其具体病情和医治费用，因此只能进行病后报销和申请，民政救助和慈善救援也基本上是病后申请，而实际存在的问题是，一些患者在医治中途就无力担负费用，最后只能放弃治疗。虽然对大病患者事前救助也是存在的，但比例很小，而且能救助的资金非常有限。

（二）基层医疗机构技术和服务水平有待提高

大病患者，特别是基层城乡大病患者，要想得到较高的报销比例只能在政府指定的县级定点医院就医和住院。如果患者所患的病在定点医院看不了或者没有相应的专科，而又不得不去其他非定点的但是级别更高、专业更对口的医院就诊和住院的话，那就只能得到较低比例的报销额度，如果不在指定医疗机构就诊，不多的医疗救助还要被取消。这就说明只有切实提高基层医疗机构的水平和服务，大病患者的医疗负担才能有所降低。

（三）救助渠道单一，民政部门救助力度较弱

甘肃省慈善总会目前对个人大病救助还没有具体的项目，平时有人来寻求帮助，也爱莫能助。而兰州市慈善总会的大病援助只覆盖兰州市所辖的三县五区，省内其他市州的大病患者无法得到援助。据了解，兰州市慈善总会的大病救援主要针对可以痊愈的大病患者，因为慈善资金有限，对于非正常情况下的意外事故无法援助。甘肃省内其他市州目前几乎没有大病援助项目。这样，除了民政部门的救助之外，大病患者病中无力担负医疗费用时，几乎没有

其他求助渠道。当前,民政部门和慈善机构对急需医疗费的大病、重病患者的救援,往往是力不从心。岷县烧伤女孩灵玲预计治疗期间花费将达几十万元,目前已花去5万余元,当地民政部门救助了8000元,而这对于几十万元来说无异于杯水车薪。① 民政部门救助基金有限,救助人群又不断增加,使得既定的救助政策不能得到有效贯彻,据了解,"目前甘肃省民政部门的医疗和临时救助确实存在资金额度不足的问题,往往大病的治疗费用会达到几十万元之多,但是民政救济也只有几万元"。②

五 对策建议

(一)从国家层面看,应加大资金投入,简化申请程序,提高大病救助成效

目前,大病救助成效不理想主要是救助范围受到限制,建议扩大农村大病患者的病种范围,适当降低城镇大病患者的救助线,扩大城镇特殊病病种范围。比如关于大病门诊,兰州市城镇职工医疗保险特殊病长期门诊病种目前只有18项,城镇居民特殊病长期门诊病种只有10项,两者的病种范围各不相属。相比之下,青岛市的门诊大病种类共有50种,符合条件的患者可到社保部门办理,在医院门诊买药可享受报销待遇,适用范围整合了城镇职工、居民(含少年儿童)等不同群体。另外,青岛市还规定了18种有限额的门诊大病可定点在社区定点医疗机构,凡定点在社区门诊的大病患者,在其定点社区就诊时,按医保有关规定负担起付标准后,其

---

① 《大病救助距离患者还有多远?》,《兰州晨报》2011年3月28日。
② 《大病救助距离患者还有多远?》,《兰州晨报》2011年3月28日。

发生的门诊大病病种范围内的医疗费，只需支付个人负担部分。目前青岛七区具有门诊大病办理资质的社区定点机构有300多家，几乎覆盖了所有街道社区。

对于大病的治疗，应提高报销和补偿额度，建议继续扩大报销范围，将一些特效药物和技术纳入报销范围。目前，我国国产药品达186829种，进口药品8301种。可报销的医保用药在药品目录中的占比仅为1.8%（几乎仅为国产药），其余98.2%不在医保报销范围内，此类药为自费药。国产药品目录包括甲、乙两类，其中乙类药品先自付5%后才能报。基本医疗保险包含药品共3584种，其中甲类870种，乙类2714种，也就是说76%的药品，需要我们先自付一部分钱再报销。对于重大疾病医疗，医院多建议采用医保药品目录外的药品和设备，因为能报销的药品有20%就已经很不错了。如兰州市对大病报销做了一定的限制，比如新型昂贵的非必需的特殊检查、新特药品及进口药品（如PET-CT、各类胶囊镜检查、靶向治疗药物等）费用不在报销范围内。但是这样的规定存在一定的不合理性，因为大病往往更需要先进的治疗，患者为了求得更好的治疗就会付出巨额的医疗代价。针对此种情形，建议国家加大资金投入，扩大报销范围，特别是提高进口药物和技术的报销比例，减轻患者的医疗负担。

进一步提高农村特殊病的补偿额度。简化申请大病救助程序，缩短审批时日，扩大救助面，使更多的大病患者和家属能及时报销或领到救济金；设立针对农村五保对象、城镇"三无"对象的大病救助专项基金，实行收支两条线，使这些人员不仅能得到基本医疗保障，在患大病时同样也能得到相应的救助，各级政府和民政部门应对这些人员进行及时的备案登记，摸清情况。

（二）从地方层面看，政府应加大投入努力提高基层医疗机构的服务和水平

目前，我国基层医院医疗水平仍相对落后，尤其是在西部欠发达地区不能满足老百姓的就医需求，这也是大医院"患者扎堆"，而基层医院少人问津的主要原因，对于大病患者这无疑增加了看病成本和医疗负担。建议地方政府应加强基层医疗卫生队伍的建设，提高诊疗水平，让老百姓得到更好的就医质量。另外，地方政府应加大投入解决大病患者看病难的问题，如使基层医疗机构普遍采纳"远程治疗"方式，"远程诊疗"是指单个医生或医疗专家团队通过网络、电话、传真等各种现代化通信方式，完成患者诊疗全过程的诊疗方法。比如海南三亚市人民医院早在2008年就安装了一套价值160多万元的远程医疗新设备，疑难病患者可以不用走出三亚，就能通过远程医疗系统得到国内外医疗专家的诊断和治疗。又如，2013年"肿瘤专家远程会诊中心"在北京安定门中医医院挂牌成立，肿瘤专家远程会诊中心运用最新网络传输技术和设备，实现专家在线互动咨询、病历资料同步传输、专家讲座实时观看、权威专家联合会诊、治疗方案全面优化、远程监护心理指导、远程预约双向转诊、教学培训资源共享等八大功能，形成在线交流无障碍、家门口看大专家、挂专家号不排队、少花钱能看大病、资源共享最大化、诊疗失误最小化、省时省力更省钱、诊疗康复一体化等八大特色，成为肿瘤患者的康复直通车。

地方政府还应加大地方财政扶持力度，像对待教师一样给予基层卫生院一个统筹的财政支持，提高基层医护人员的收入水平，在保证基层医护人员生活的基础上进一步开展业务培训，通过到大医院、高一级水平医院的进修、学习，提高基本疾病救治水平，降低

大病发生率，提高普通民众的健康水平，提高百姓对医疗卫生服务的满意度。

（三）强化民政部门的大病救助资金及监督管理

民政系统对享受各种社会救济资金的人员，应当按照有关规定对救助对象的有关情况及资金发放、领取的情况进行认真记录，并采取一人一档的方法，建立档案。各级政府应和上级民政部门上下联合，对享受各个救助项目的条件、范围和发放情况，在乡镇政务公开栏中予以公示，主动接受社会监督。民政部门应与各级政府及有关部门加强沟通，要对享受社会救助金的对象严格进行审核，对上报的救济对象，要有当地户籍管理部门证明，防止虚报人数。民政部门要坚持组织监督与群众监督相结合，加强对"大病救助"申请、审批的全程监督，发现倾向性、苗头性问题，要及时进行批评教育，要定期进行检查和审计，定期听取群众的意见和建议，把重大决策和重大问题及时公开，设立举报电话，接受各方面的监督。

B.10
甘肃民众对公共文化服务的评价与要求

金 蓉*

摘 要： 本研究报告以调查问卷数据作支撑，重点对甘肃省公共文化服务设施及公共文化服务供需现状、民众对公共文化服务的满意度、民众对公共文化活动的参与意愿、未来社区需要完善和增加的公共文化服务、民众的公共文化活动时间等内容进行了研究。结果表明，甘肃省公共文化服务设施和社区群众性公共文化活动项目设置之间存在供需脱节现象，民众对公共文化服务满意度不高，但去公共文化活动场所参加公共文化活动的积极性高，期望在网络时代政府的公共文化提供能更多地体现时代特征，加快网络服务设施建设步伐，增强便利性。

关键词： 公共文化服务

一 调研目的、方法和样本概况

（一）调研目的

近年来，伴随着政府职能向服务型转变步伐的加快，公共文化

---

* 金蓉（1977~），女，硕士，甘肃省社会科学院历史研究所助理研究员，主要研究方向：城市与区域发展规划、旅游规划与可持续发展。

服务逐步成为政府工作的重要内容之一。党的十七届六中全会明确将满足人民群众基本文化需求作为社会主义文化建设的基本任务,要求完善公共文化服务体系,让群众享有公益性、基本性、均等性、便利性的公共文化服务权益。为此,上至中央,下至各基层文化服务单位,均积极加强公共文化服务设施建设。在此背景下,甘肃省公共文化服务设施不断增加,服务水平明显提高。但供给数量的增加是否意味着供给结构的改善和服务效率的提升?是否意味着人人都能共享公共文化建设的成果?公共文化服务的均等性、便利性是否得到体现?供给最多的公共文化设施和服务是否是民众最需要的文化设施和服务?民众对公共文化服务还有什么要求与期望?这些都是急需解决的现实问题。同时,经济的相对欠发达、较低的城市化发展水平、庞大的中低收入人群和民族人口数量大的特点使得甘肃省文化发展在资金投入、服务主体、服务方式等方面有其相对的地域性和特殊性。通过对公共文化服务舆情的调研,及时了解甘肃民众对公共文化服务水平的认知和对未来发展趋势的期盼,探索经济发展水平低、民族人口数量大地区公共文化服务的路径,为政府提高公共文化服务效率提供参考。为此,舆情调研组于2013年8~9月在甘肃省会兰州市、西部的武威市和金昌市、南部的临夏回族自治州和甘南藏族自治州、东部的平凉市、定西市和天水市进行了问卷调研和座谈访问,问卷和访谈涉及国家与社会管理者、经理人员等十大社会阶层,被访者对甘肃省公共文化服务的认知具有普遍性和代表性。

(二)调研方法

本次调研采用问卷调查、实地走访及个别访谈相结合的方法。研究过程中,借鉴文献分析法对相关问题进行理论梳理,问卷调研的数据统计主要通过SPSS软件实现。

（三）调研样本概况

本次调查以十大阶层和甘肃省东、西、南、北、中5个区域作为重点，采取问卷调查、实地走访和个别访谈等方式展开。课题组共发放调查问卷630份，回收问卷615份，其中有效问卷603份，问卷回收率为97.62%，有效率为98.05%。调查问卷样本包括：兰州市147人，占样本总数的24.38%；合作市41人，占样本总数的6.80%；临夏市41人，占样本总数的6.80%；清水县67人，占样本总数的11.11%；定西市81人，占样本总数的13.43%；平凉市83人，占样本总数的13.76%；武威市77人，占样本总数的12.77%；永昌县66人，占样本总数的10.95%。调查样本的职业分别是：国家与社会管理者阶层47人，占样本总数的7.79%；经理人员阶层29人，占样本总数的4.81%；私营企业主阶层32人，占样本总数的5.31%；专业技术人员阶层83人，占样本总数的13.76%；办事人员阶层66人，占样本总数的10.95%；个体工商户57人，占样本总数的9.45%；商业服务业员工阶层50人，占样本总数的8.29%；产业工人阶层75人，占样本总数的12.44%；农业劳动者阶层128人，占样本总数的21.23%；失业人员阶层36人，占样本总数的5.97%。问卷调查样本的性别、年龄、文化程度、居住地等信息详见表1。

表1 调查样本的基本情况

单位：人，%

指标		人数	百分比
民族	汉族	507	84.08
	回族	15	2.49
	藏族	40	6.63
	满族	2	0.33
	土家族	1	0.17
	缺省	38	6.30

续表

指标		人数	百分比
年龄	18~25岁	71	11.77
	26~35岁	176	29.19
	36~45岁	192	31.84
	46~60岁	121	20.07
	60岁及以上	10	1.66
	缺省	33	5.47
文化程度	不识字	8	1.33
	小学	31	5.14
	初中	115	19.07
	高中(职高)	115	19.07
	大专	143	23.71
	大学本科	146	24.21
	研究生以上	25	4.15
	缺省	20	3.32
居住地	城区	306	50.75
	城郊	64	10.61
	县城	97	16.09
	乡镇	20	3.32
	农村	100	16.58
	缺省	16	2.65

数据来源：课题组调研问卷统计结果。

二 调查对象对公共文化服务的评价

（一）民众对公共文化服务设施建设情况的感知

1. 公共文化服务设施供给情况

公共文化服务设施是公共文化服务的有效载体，数量充足、配备合理的公共文化服务能大大提高公共文化服务效率。随着公共文化建设步伐的加快，公共文化设施供给增速明显，但在目前公共文化理论和实践均重视供给总量的环境下，现有的供给设施是不是民众所需要的？这个问题若得不到足够重视，则有可能设施建设速度越快、建成总量越大，造成人力、财力的浪费就越大。从图1可以看出，民众最需要的公共文化服务设施排名前三位的分别为（多选题）：体育健身场馆/器材，327位被访对象选择了此项，占14.37%；有线电视，244位被访对象选择了此项，占10.73%；文化活动室，215位被访对象选择了此项，占9.45%。从地域分布看，民众最需要的公共文化服务设施略有差异，甘肃西部的武威市和金昌市的永昌县最需要的公共文化服务设施排前3位的分别是有线电视、体育健身场馆/器材和公共电子阅览室；兰州市、定西市以及东面的平凉市、天水市的清水县和全省的样本情况一样；南面的临夏回族自治州和甘南藏族自治州的合作市民众最需要的公共文化服务设施排名前3位的分别是有线电视、寺庙和图书馆/农家书屋。从阶

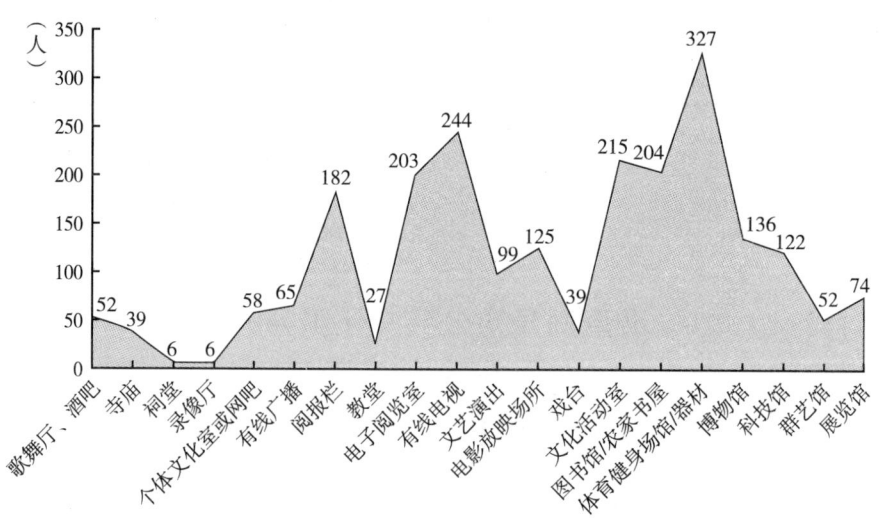

图1 调查民众最需要的公共文化服务设施情况

层看,十大阶层均将有线电视作为最需要的公共文化服务设施,紧随其后的公共文化服务设施需求略有差异。从公共文化服务主体看,除了寺庙以外,其余绝大多数公共文化服务设施的供给主体均为政府。

2. 社区提供的公共文化服务设施情况

由于调查对象涵盖十大社会阶层,所以此处的社区既包括城市社区,也涵盖以村、小组为单位的农村社区。此外,由于被访对象所处社区的经济发展水平、区位等存在差异,社区公共文化服务设施建设的差距较大,有部分被访者居住的社区属于新建社区,其公共文化服务设施还处于建设完善阶段,民众对此颇为不满,有57位被访者认为其所居住的社区根本没有任何公共文化服务设施,占被访对象总数的9.45%。从图2可以看出,社区提供的排名前3位的公共文化服务设施分别是(多选题):体育健身场馆/器材,有301位被访者选择此项,占18.21%;有线电视,有211位被访者选择此项,占12.76%;图书馆/农家书屋,有177位被访者选择此项,占10.71%。从区域看,社区提供的公共文化服务设施除临夏

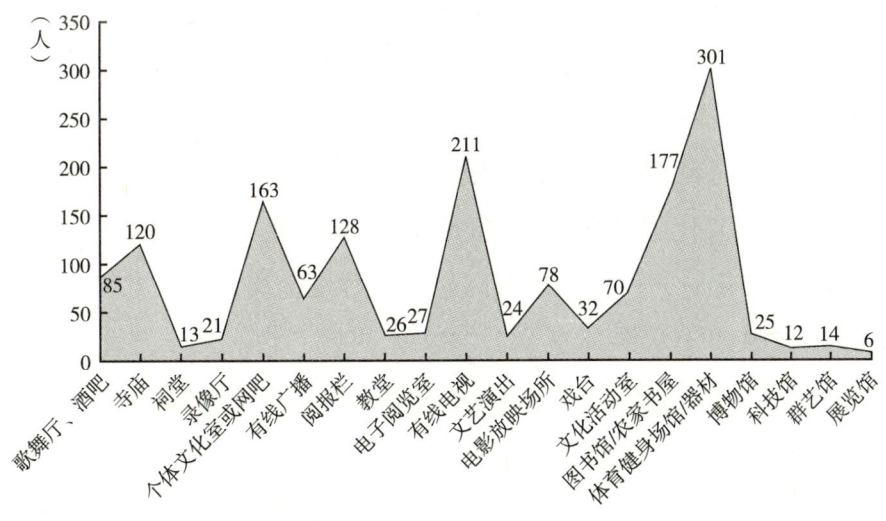

图2 社区为民众提供的公共文化服务设施情况

和甘南的合作市外，其他城市区域特征不明显。临夏和甘南的合作市由于是民族地区，少数民族人口占区域人口总量的绝大部分，他们的宗教文化与寺庙息息相关，因此，在这两个地区，寺庙在社区提供的公共文化服务设施中仅次于有线电视，位居第二。

（二）公共文化服务满意度调查

公共文化服务的满意度是体现民众幸福指数的一个重要指标，公共文化服务满意度包括指标众多，问卷从宏观和微观角度各选取了2个指标进行民众的满意度调查。宏观指标包括公共文化服务项目设置和工作人员专业水平，微观指标包括公共文化服务设施开放时间和工作人员服务态度。调查结果显示，民众对以上四个衡量指标的满意度均不高。除57位被访者认为所居住的社区没有任何公共文化服务设施，因而没有对服务满意度做出评价外，剩余被访者满意度最高的是服务设施开放时间，但也仅占31.87%（"非常满意"为6.23%，"比较满意"为25.64%）（见图3）。满意度最低的是公共文化服务项目设置，仅占17.22%（"非常满意"为5.13%，"比较满意"为12.09%）（见图4）。可见，有了公共文化服务设施，还需要有一定的公共文化服务能力和水平才能使民众享受到高效而满意的公共文化服务。

1. 公共文化服务设施开放时间满意度调查

公共文化服务设施开放时间在一定程度上决定着公共文化受众群体的范围和受众群体享受公共文化的便利性。图3显示，选择"特别满意"的有34人，占被访者总数的6.23%；选择"比较满意"的有140人，占25.64%；233位被访者评价"一般"，占42.67%；144位被访者选择"不满意"，占20.88%；25位被访者选择"很不满意"，占4.58%。访谈中，部分民众反映农村公共文

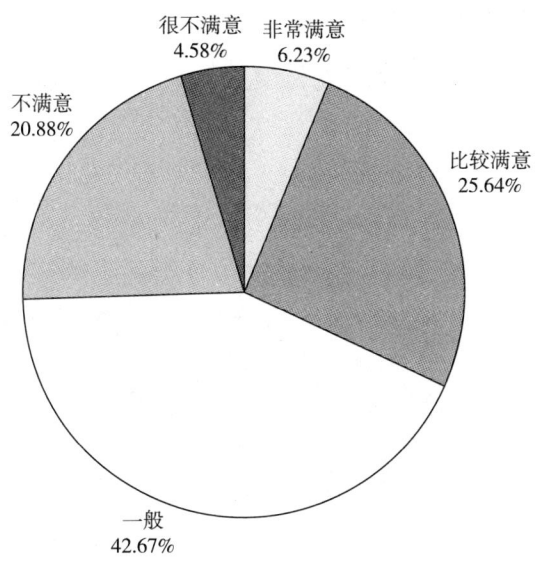

图 3　民众对公共文化服务设施开放时间的认知情况

化服务设施基本无专人看管，没有固定的开放时间，经常去的时候是"铁将军"把门。而对于城市社区而言，居住在社区的居民和农民工均反映，社区公共文化服务设施的开放时间和他们上下班时间一致，基本没有机会享受公共文化服务。

2. 公共文化服务项目设置满意度调查

公共文化服务项目是检验公共文化服务是否真正贴近民众的一个具体指标，设置合理、因地制宜的服务项目，不仅能使公共服务设施利用效率最大化，而且能使民众更加便利、有效地享受到公共文化服务。图4显示，民众对甘肃省公共文化服务项目评价不高。选择"非常满意"的有28位，占被访者总数的5.13%；选择"比较满意"的有66位，占12.09%；263位被访者评价"一般"，占48.17%；160位被访者选择"不满意"，占29.30%；29位被访者选择"很不满意"，占5.31%。在实地调研过程中，有民众反映社区的图书室中都是看了几年的老书,图书基本不更新,而摆着的几台供查询资料的电脑,管理人员要么说网络不合适,要么说电脑不合适,很少有机会给民众使用,民众对此颇有怨言。

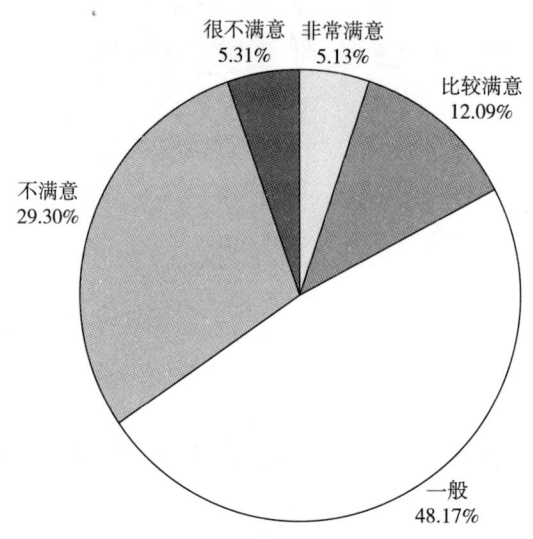

图4　民众对公共文化服务项目设置的认知情况

3. 公共文化服务人员态度满意度调查

从问卷调查结果可以看出,甘肃省公共文化服务人员的服务态度没有被得到认可,民众对他们的服务态度评价不高,满意率仅为1/4左右。32位被访者表示"非常满意",占被访者总数的5.86%;94位被访者表示"满意",占17.22%;133位被访者表示"不满意",占24.36%;29位被访者表示"很不满意",占5.31%;258位被访者评价"一般",占47.25%。

4. 公共文化服务人员专业水平调查

由于甘肃省属于经济欠发达地区,基本无力承担专职公共文化服务人员的劳动报酬,因此,大多数基层公共文化服务人员属于兼职或聘用,专业水平参差不齐,民众的认可度不高。问卷调查结果显示，民众对甘肃省公共文化服务人员专业水平表示满意的不足三成，其中"非常满意"的23人，仅占被访者总数的4.21%；"比较满意"的130人，占23.81%；"不满意"的88人，占16.12%；"很不满意"的35人，占6.41%；49.45%的受访者对公共文化服务人员的专业水平评价"一般"。

（三）群众文化活动调查

1. 社区开展过的群众文化活动调查

社区是开展群众文化活动的前沿阵地，当被问及"您所居住社区开展过的群众文化活动主要有哪些？（多选题）"时，251位（21.85%）被访者认为社区开展过最多的群众文化活动是包括广场舞、广播操、街舞等活动在内的体育健身活动，这和近年来在城乡兴起的广场舞热有密切关系。该活动参与的群众多，多属于群众自发组织，但社区至少提供了活动的场所，并且营造了活动的氛围；排名第二位的是免费放电影活动，有174位（15.14%）被访者选择此项。这和近年来国家大力推进的农村电影放映"2131"文化惠民工程有密切关系；同时，由于国家"千台大戏送农村"和"送戏下基层"文化惠民活动的推进，使业余文艺团队演出排名第三位，有154位（13.40%）被访者选择此项；排位倒数三名的分别是诗歌朗诵比赛，以花灯、杂技、猜谜等为主的民俗活动和劳动技能比赛（见图5）。值得关注的是有119位被访者（占样本比重的19.73%）表示其所居住的社区从未开展过群众文化活动，更不要说参与群众性文化活动了。

2. 民众最喜欢的群众文化活动调查

从民众最喜欢的群众文化活动调查结果看，位列前三的分别是体育健身活动、劳动技能比赛和兴趣体育项目比赛，分别有284位（19.32%）、205位（13.95%）和183位（12.45%）被访者选择

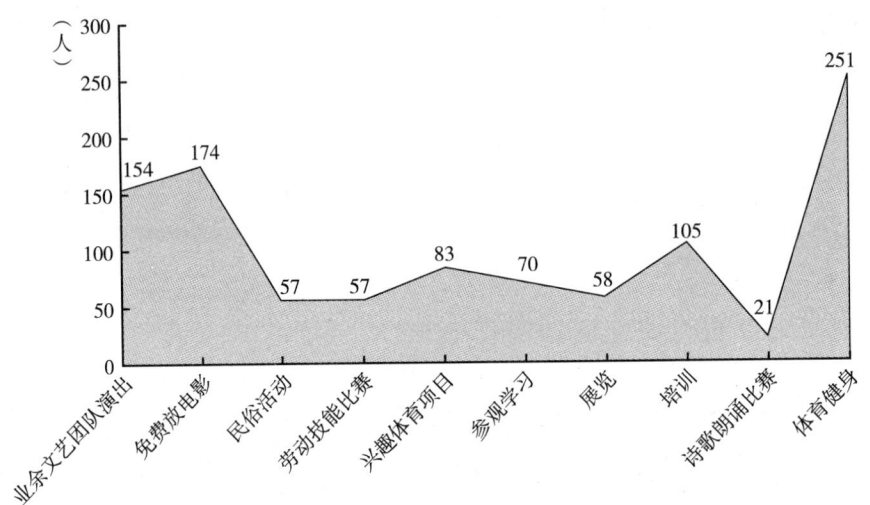

图5 民众对社区开展过的群众文化活动的认知

(见图6)。这和社区提供最多的群众文化活动排名吻合度不高,说明公共文化供给与群众的需求存在一定的差异性。同时,在另一方面也说明政府的供给导向对民众的公共文化喜好影响较小。排名倒数三位的分别是朗诵比赛、展览和免费放电影活动。

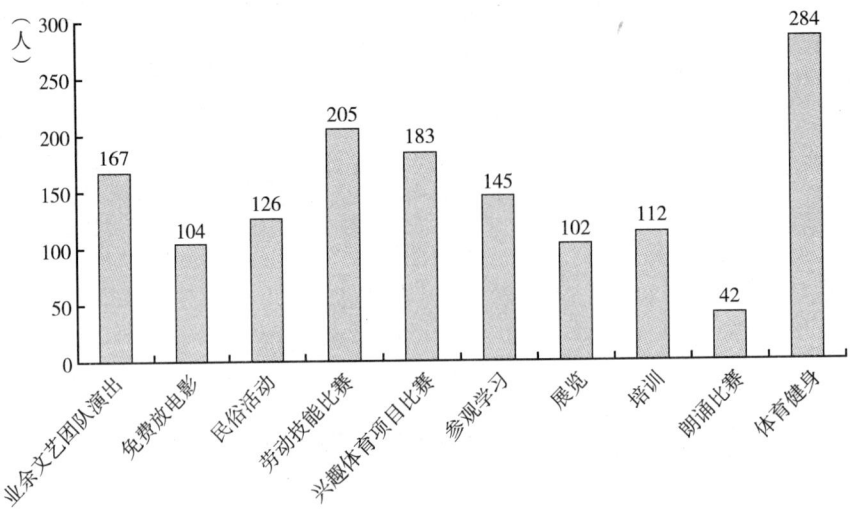

图6 民众最喜欢的群众文化活动情况

（四）民众对公共文化活动的参与意愿调查

公共文化服务体系的良性运转必须依赖于公众的积极参与。调查显示，大多数民众表达了积极参与公共文化活动的意愿。439位（72.80%）被访者表示愿意去公共文化场所参加活动，164位（27.20%）则表示不愿意去公共文化活动场所参加活动。不愿意去的主要原因首先是忙，没有时间和精力；其次是没有兴趣；最后是距离太远或交通不便。而愿意主动去公共文化场所参加活动的首要原因是因为公共文化场所气氛轻松、有利于放松身心，其次为满足自己的兴趣爱好，最后则是为了增长知识、提升修养。

（五）民众的公共文化活动时间调查

从公共文化活动时间情况看，大多数被访者对诸如读书看报、看电视、听广播、下棋等大众化的公共文化消费参与度比较高，仅有80位（13.27%）被访者表示基本不读书看报，67位（11.11%）被访者选择不看电视，155位（25.70%）被访者表示不听广播，153位（25.37%）被访者表示基本不参与跳舞、打球、下棋等文化活动。从文化消费的内容和形式看，呈现多样化、个性化特征。388位（64.34%）被访者表示每天都会花一定的时间读书看报和看电视。402位（66.67%）同时选择了每天看电视和跳舞、下棋、打球等其他公共文化活动。总体来看，看电视是目前大多数民众的文化消费选择，消费时间在半小时至1小时的比例较大，占28.69%，1小时至2小时也有27.69%（见表2）。

表2 调查对象每天的公共文化活动情况

单位：人，%

项目		不参与	小于半小时	半小时至1小时	1小时至2小时	2小时以上
读书看报	选择人数	80	203	236	47	37
	比例	13.27	33.67	39.14	7.79	6.14
看电视	选择人数	67	104	173	167	92
	比例	11.11	17.25	28.69	27.69	15.26
听广播	选择人数	155	330	83	25	10
	比例	25.70	54.73	13.76	4.15	1.66
其他(跳舞、下棋、打球等)	选择人数	153	270	111	42	27
	比例	25.37	44.78	18.41	6.97	4.48

（六）民众对公共文化服务设施建设的期望

1. 民众对社区需要增加的公共文化服务设施的意愿

在国家和各级政府的资金和政策的支持下，近年来甘肃省的公共文化服务设施在数量上逐步增加、在区域配置上趋于完善，但还有部分公众迫切需要的公共文化服务设施需要增加。当被问及"您认为社区需要增加的文化设施是什么？（限选3项）"时，有315位（22.56%）被访者选择了文化体育活动场所及设施，271位（19.41%）选择了图书室，还有232位（16.62%）选择了免费上网场所及设施。需要说明的是，甘肃省的农家书屋和城市社区阅览室已经基本全覆盖，但还有如此多的被访者期望增加图书室，这在一定程度上反映出被访者对身边已经存在的阅览室或农家书屋不了解，或者说根本不知道有这样的公共文化服务设施，这就需要各级相关机构加强宣传，使已有的公共文化服务设施真正走进社区民众的生活。其次，民众对免费上网场所及设施的需求也是网络时代对民众公共文化消费取向的一个冲击，各级文化部门需要重视民众的新需求和呼声。

2. 民众对农家书屋/文化活动室进一步完善的看法

在被问及"您认为您所在社区的农家书屋/文化活动室还需要在以下哪些方面进一步完善？（限选3项）"时，排名前3位的分别是更新图书、改进设施、增加免费上网电脑数量。其中：277位（20.76%）被访者认为急需增加和更新图书，269位（20.16%）表达了需要改进设施的愿望，还有209位（15.67%）认为应该增加免费上网电脑数量、方便阅读。

3. 民众对公益性文化服务的期盼

当被问及"您认为今后应着重加强哪类公益性文化服务？（限选3项）"时，文化广场/文化公园，博物馆、美术馆和科技馆，社区阅览室、农家书屋、文化站和文化活动室排名在民众选择的前3位。其中：297位（20.23%）被访者要求加强文化广场/文化公园的建设，235位（16.01%）要求加强博物馆、美术馆和科技馆的建设，还有177位（12.06%）希望加强社区阅览室、农家书屋、文化站和文化活动室的建设。

三 公共文化服务存在的问题分析

（一）公共文化服务供需对接存在一定差距

满足公民的基本公共文化需求，保障公民的公共文化权益，是政府公共文化建设的出发点，各级政府相关部门既是国家公共文化政策的执行者，也是公共文化服务效益的直接提供者，而民众就是基本文化权益的享有者和受益者。随着经济的发展、社会生活品质的提高、国家综合实力的增强,民众对公共文化服务的期待指数也在不断刷新,对公共文化的需求体现出多样化和复杂化特征。客观地说,在此背景下,要实现公共文化服务供需完全对接并不容易。从调查结果可以看出,民众最需要的公共文化服务排名前3位的分别是有线电视、文化馆/文化活动室和图书馆/农家书屋,而民众所在社区提供的公共文化服务排名前3位的分别是有线电视、体育健身场馆/器材和公共电子阅览室,民众最需要的3项中仅有一项能对接上,供需存在一定的差距。差距存在的原因主要表现为两个方面:第一,公共文化具有公共属性,缺乏竞争性和排他性,市场参与度低,缺乏竞争机制的调节使得供需对接存在难度。第二,公共文化的供给主体是政府,供给模式是自上而下,而公共文化的消费主体是民众,消费的模式是自下而上,各基层公共文化服务单位"承上启下"的服务水平和能力不一使得公共文化服务供需对接出现一定的差距。

(二)公共文化服务满意度不尽如人意

目前,甘肃省的公共文化服务设施建设一般是中央财政拨款,省、市、县按比例配套的建设发展模式,各级政府基本能保障公共文化服务设施投入经费。但设施建起来后,后续的管理经费和维护运营经费中央不再配套,需要各省、市(州)、县、乡(镇)自己解决。甘肃省属于经济欠发达省份,各市(州)的财力有限,根本无力解决公共文化设施管理人员和维护运营人员的劳务报酬,基层政府也大多没有财力为公共文化服务设施配备专职的管理和服务人员,乡(镇)的文化专干通常也身兼多职,无暇顾及公共文化服务。这就使得公共文化服务设施的开放时间、服务项目设置、工作人员的专业水平等不尽如人意,进一步导致民众对公共文化服务的满意度差。民众对公共文化的需求日趋多样化和丰富化,也使得当前的服务手段和服务水平提升幅度难以满足需要，这也是造成公共文化满意度不尽如人意的重要原因之一。

此外，基层公共文化服务单位对公共文化政策重在执行，缺乏主动宣传政策的意识，民众对部分公共文化惠民政策不了解。在访谈中，笔者在所居住社区附近对10位农民工做了随机访问，当被问及"您是否知道国家'三馆一站'的免费开放政策？"时，7位被访者明确表示不知道，有2位知道这个政策，但表示从来没去过，还有1位表示不太清楚。可见，公共文化服务除了建好设施外，宣传这一重要环节需要引起重视。

（三）部分公民的基本文化权益尚未得到根本保障

十七届六中全会提到要保障公民读书、看报、听广播、看电视等基本文化权益，为此，国家从满足人民群众的文化需要、方便人民群众的文化生活、改善人民群众的文化生活质量入手，实施了一系列文化惠民工程。但从调查的实际看，部分公民看电视的基本文化权益尚未得到有效保障。由于全国重点文化工程——广播电视村村通工程和广播电视户户通工程的强势推进，甘肃省农村的村村通和户户通基本实现了全覆盖，民众可以收看免费的电视节目。现在甘肃省基本上是数字传输信号全覆盖，对于城市社区的居民而言，在使用模拟传输信号时，不购买机顶盒还可以收看中央一台、少儿频道等几个免费的频道，但在很多农村地区连原本免费的几个台都看不了了。此次问卷的调查结果显示，看电视是十大社会阶层的主要公共文化消费选择。且不说每月25元的收视费对低收入人群的影响究竟有多大，问题的关键是，如果这些地区的部分消费群体拒绝购买机顶盒，那就连免费的频道也无法收看，这无形中就削弱了他们原本应该享有的基本文化权益。

四 对策建议

（一）由"重建设轻管理"向"重管理重效益"发展

经过近年来的大力投入和建设，甘肃省公共文化服务设施数量已经比较充足，公共文化服务设备配备也有了很大改善，省、市（州）、县、乡、村各级公共文化服务设施均按照国家的相关建设指标完成建设任务。但设施建成后，管理水平不高、公共文化服务设施服务效益低下的问题却比较普遍，这就需要由"重建设轻管理"向"重管理重效益"转变。首先，在资金方面，管理和运营经费筹措困难是轻管理的一个重要原因。为此，省级政府要保障公共文化服务管理和运营经费的足额拨付和专款专用，尤其需要将农家书屋管理工作经费纳入财政经常性支出预算。其次，在人才队伍建设方面，公共文化服务机构专业人才老化、管理人员非专业化、基层文化人才队伍数量不足是管理水平不高、效益发挥不出来的一个主要原因。为此，需要省级政府部门在统筹解决文化专业人员编制问题的基础上，加强基层公共文化管理、服务人员的引进和培训。最后，在公共文化服务对接方面，重视群众的呼声。为此，需要广泛征得包括专家学者、社会组织、文化消费者、文化企业事业单位在内的各类市场主体的建议，从民众提出的对策建议中，挑选有代表性的进行论证、实践、推广，最大限度地做到反映民意、符合民情，提高公共文化服务效益。

（二）坚持政府主导，鼓励社会力量参与

由于公共文化属于公共物品范畴，具有非竞争性和非排他性，

甘肃民众对公共文化服务的评价与要求

其设施供给和服务很难通过市场体现。同时，文化又属于意识形态范畴，政府不可避免地在管理中需要担任主导和导向作用。但同时需要看到，仅仅依靠政府的作用无法构建民众满意的公共文化服务体系，这就需要在公共文化服务中，个人、企业和社会组织的积极参与，政府作为主导者，需要做的是积极鼓励个人、企业和社会组织的参与，并为之创造宽松的条件。同时，从目前的现实看，完全依靠政府的资金建设公共文化设施还有一定难度，各级政府均需要在公共文化服务建设中配套一定资金，而资金的配套与地方的财力密切相关，对甘肃这样一个欠发达省份而言，最大限度地鼓励社会资本参与到公共文化建设中来尤为重要。

社会力量的参与除了表现在资金筹措方面，还表现在文化志愿者的吸引、宣传和推广上。政府部门需要制定相关细则，动员和聘请（发聘书，但不一定有酬劳）一批有志于文化事业发展的文化骨干参与到文化志愿者活动中来，并对他们的志愿者行为给予认可和支持，使他们的文化志愿者经历在职称评聘、工作资历认证等环节得到认可，形成由文化专业人才、业余文化骨干和文化志愿者组成的综合性文化服务人才队伍。

（三）加强公共文化服务设施运营维护资金投入

由于公共文化服务设施建设属于国家行为，可以理解为一种政绩工程，各级政府均很重视，但公共文化设施建立起来后，如何管理运营发挥这些设施的效益是全省普遍存在的问题。首先表现在后续投入严重不足。相当一部分文化站和文化活动中心自建成后就再也没有投入，开展文化活动所需的基本设施设备没有经费维护和增加，日常运行的水、电、暖等费用和人员工资均无着落。农家书屋购置新书、订报刊等均无经费来源，文化信息资源共享工程有的设

备坏了无维修经费。其次表现在服务人员配备不足。基层公共文化服务人员大多属于兼职,即使有文化专干也身兼多职,根本无暇顾及,更不要说用好、用活公共文化服务设施了。

(四)优化公共文化服务设施布局,柔性公共文化服务时间

公共文化服务设施在各市州之间、城乡之间、不同社区之间的差距依然存在,尤其是在城镇化发展过程中,新型城镇建设由于用地制约,在规划中要么挤占公共文化活动场所,要么将公共文化活动场所挤到社区边缘,这就使得公共文化活动场所要么缺失,要么被边缘化,无法形成公共文化活动的氛围。这就需要政府规划和审批部门上要站在国家意识形态的高度,下要站在提升居民幸福感的高度,去看公共文化服务的意义和价值,将公共文化活动场所作为规划的约束性指标。

公共文化服务时间同时也受到大多数城市社区居民的诟病,他们普遍反映,社区公共文化服务人员的上下班时间和他们的上下班时间一致,因为没有人会请假去享受公共文化服务,公共文化服务对他们而言就是一种摆设。这就需要基层公共文化服务部门在服务时间上使用柔性机制,可以适当引入文化志愿者服务机制,吸收社区爱文化的居民参与到公共文化服务和管理中来,使得服务时间柔性化。

课题组成员:梁仲靖

B.11 当前甘肃社会存在的主要矛盾及化解对策

惠继飞 *

摘　要： 机遇叠加、矛盾凸显，两者并存是当前甘肃社会发展的基本特点。在这种大背景下，甘肃若要在实现"中国梦"的征程中不掉队，就必须在抢抓发展机遇的同时，理清制约发展的各种社会矛盾，并采取有效措施来化解这些矛盾，这样才能减少内耗，降低发展成本，加快发展速度。本文以舆情调研的方式，对当前甘肃社会存在的主要矛盾加以梳理和归纳，分析社会矛盾的发展趋势和存在的主要原因。在此基础上，从可操作层面提出化解社会矛盾的对策建议。

关键词： 甘肃　社会矛盾　化解对策

一　社会转型期要更加注重社会矛盾问题

（一）社会矛盾是社会发展进步的原动力

历史唯物主义认为，人类社会的前进史其实就是社会矛盾的演

---

* 惠继飞（1970～），男，甘肃省社会科学院法学研究所助理研究员，主要研究方向：行政法与政府法治建设。

进史，正是社会矛盾的不断产生、积聚和化解，才有了社会的不断变革、发展和进步。因此，社会矛盾是社会发展进步的原动力。当前，我国正处于构建社会主义和谐社会，实现两个"百年梦想"，以达到中华民族伟大复兴的历史进程中，我们应该清醒地认识到，这一进程也是一个不断化解社会矛盾的持续过程。

（二）转型期甘肃社会矛盾及其特点

社会转型是指人类社会由一种形态向另一种形态的转变，以及社会系统内在结构的变革。社会转型的过程往往是社会矛盾积聚和爆发的过程，因此，实现社会转型的手段有两种，一是通过革命的手段来完成社会制度的更替，二是通过社会体制的不断改革来达到自我完善和自我转型。

我国自20世纪70年代末以来，通过全方位的改革，社会体制正由传统向现代、由计划经济向市场经济、由农业社会向工业社会、由传统的社会主义向中国特色社会主义转型。同全国一样，甘肃社会也正在实现这样的转型。在这一转型过程中，随着社会体制深刻变革、社会结构深刻变动、利益格局深刻调整和思想观念深刻变化，社会矛盾也进入了易发、多发期，并呈现出不同以往的显著特点。

第一，民生矛盾突出。民生矛盾更加突出是当前甘肃社会矛盾的一个显著特点，社会矛盾较为集中地发生在土地征用、房屋拆迁、企业改制、环境污染、社会保障、农民工权益保障和野蛮执法等方面。这些矛盾大多与老百姓的利益直接或间接相关，社会矛盾冲突的核心和焦点在于利益问题。而在这些矛盾的背后，又无不反映出民众利益受损的现实。所以，如何更好地保障民生利益成为当前化解社会矛盾的关键。

第二，引发燃点降低。近几年，随着社会转型步伐的加快，各利益群体之间的矛盾虽在不断调和,但部分群众心理失衡,引发社会矛盾的"触点"增多、"燃点"降低。在企业改制、工资福利、养老保险、就业分配、医疗纠纷、交通事故、征地补偿、司法审判等社会行为中,一些很小的事情就可能引发社会矛盾并演变为群体性事件。

第三,主体成分多元。涉及行业增多,参与主体多元是近年来甘肃社会矛盾最为显著的变化。大量信息显示,社会矛盾的参与主体有失地农民、房屋拆迁居民、企业职工、离退休人员、个体业主、教师、学生、复转军人乃至事业单位工作人员,涉及社会多个阶层。值得关注的是,近年来复转军人联名上访和未就业大中专毕业生集体上访在甘肃渐成多发态势。军人和学生是两个特殊的社会群体,复转军人虽然人数不多,但涉及军地两方,身份特殊,号召力强,社会影响大;大中专毕业生人数众多,社会经验不足,容易受人操控,极易引发多重社会矛盾,影响社会大局稳定。

第四,行为偏执过激。与以往相比,矛盾的局部对抗性增强也是近年来甘肃社会矛盾的一个演变趋势。主要表现为人们在表达合理利益要求的时候往往采取对抗性的方法和手段,一些群众在"法不责众"心理的驱使下,对就业、下岗、收入、住房、工资、物价、医疗等方面的福利待遇和社会保障不满时,便采用围堵党政机关、拦截车辆、静坐示威、堵塞交通、围攻机关工作人员、殴打村社干部等直接对抗的方式宣泄不满、表达诉求,情绪过激,行为偏执,对抗性和破坏性明显增强,对社会的危害性越来越大。

(三)当前甘肃社会主要矛盾舆情分析的重要意义

传统理论认为,人均 GDP 1000 美元～3000 美元为社会处于转型期的标志,依此而言,当前甘肃社会毋庸置疑正处于社会转型过程当中。因此,社会转型期所具有的一些矛盾在甘肃社会都有不同程度的体现,如以城乡差距、地区差距、行业部门差距为表征的贫富分化问题,就业问题,干群关系问题,政府行为不规范问题,核心价值观与多元价值观、传统价值观与现代价值观矛盾问题,经济社会发展失衡问题,社会信任缺失问题,等等。这些问题若得不到及时处理,将会阻滞甘肃社会发展,进而影响甘肃与全国同步实现"中国梦"的进程。

从甘肃的实际来看,近年来,各地社会矛盾问题逐年增多,渐成高发态势,已对社会大局稳定产生了一定影响。以群体性事件为例,近年来较大规模的群体性事件时有发生,如陇南的"11·17"事件、会宁的"5·19"事件、2012年"五一"节期间兰州的出租车罢运事件。这些事件充分暴露出甘肃省处理社会矛盾问题的紧迫性进一步增强。甘肃要和全国同步实现小康社会,就要不断为减少和化解社会矛盾培育物质基础,激发精神力量,完善政策措施,强化制度保障,最大限度地增加"正能量",最大限度地减少"负能量"。所以,准确调查、分析、研判,妥善处理当前社会矛盾问题,对于促进甘肃社会经济又好又快发展具有现实而紧迫的意义。

(四)本次舆情调研的基本情况

本次调查以问卷调查为主,辅之以个别座谈和访谈的形式。调查分别在兰州、金昌、甘南、临夏、武威、平凉、定西、天水等8个市(州)进行,共发放问卷630份,最终收回有效问卷603份,有效回收率为95.71%。调查范围涵盖了居住在城区、城郊、县城、乡镇、农村等五类地区的居民,调查对象包括国家与社会管理者、经理人员、私营企业主、专业技术人员、办事人员、个体工商户、商业服务业员工、产业工人、农业劳动者、下岗失业人员等十个阶层。①

二 当前甘肃社会矛盾舆情分析

（一）多数被访者认为甘肃省社会矛盾在可控范围内

人们对当前甘肃社会矛盾有何感知呢？调查显示，4.17%的被访者认为政通人和，没有社会矛盾；66.61%认为有一些矛盾，但总体可控；12.52%认为矛盾非常尖锐，已对社会稳定构成严重威胁；另有16.70%的受访者表示说不清楚（见图1）。

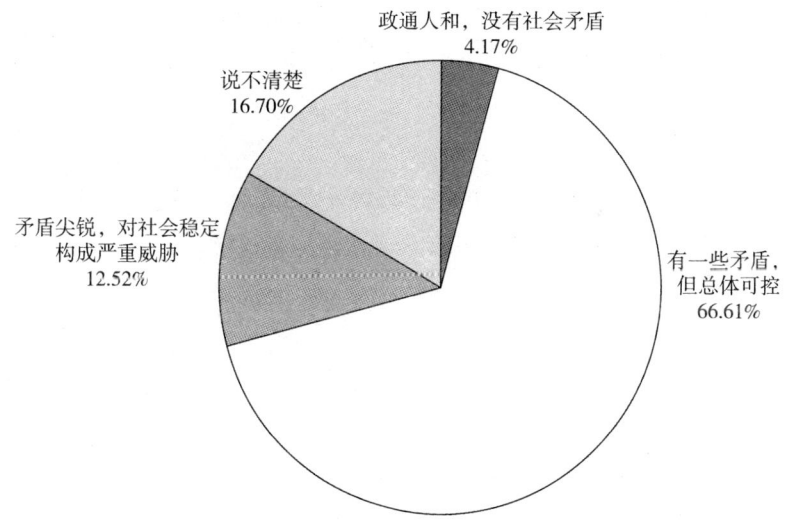

图1 被访者对当前甘肃社会矛盾的看法

近七成的被访者认为当前甘肃省虽然有一些矛盾，但总体可控，这说明近年来随着各级政府"大接访"，实行"社会矛盾化解

---

① 调查样板情况详见本书热点篇的专题报告：《甘肃民众关于网络反腐的舆情调查与研究》。

年"、"联村联户、为民富民"以及党的群众路线教育实践活动等举措的实施,甘肃省社会矛盾得到了一些缓解,人们对此有充分感受。同时也应看到,大多数民众认为目前甘肃省普遍存在社会矛盾,对此我们必须有清醒的认识。

（二）被访者对甘肃社会矛盾发展态势的看法各异

当问到未来一段时间内,甘肃省社会矛盾的发展态势时,被访者的看法表现出差异性:有11.84%的被访者认为会"更加严峻",15.74%认为"会很快解决",17.26%认为"将持续减弱",29.44%认为"将会持续较长时间",25.72%表示"不好说"(见图2)。

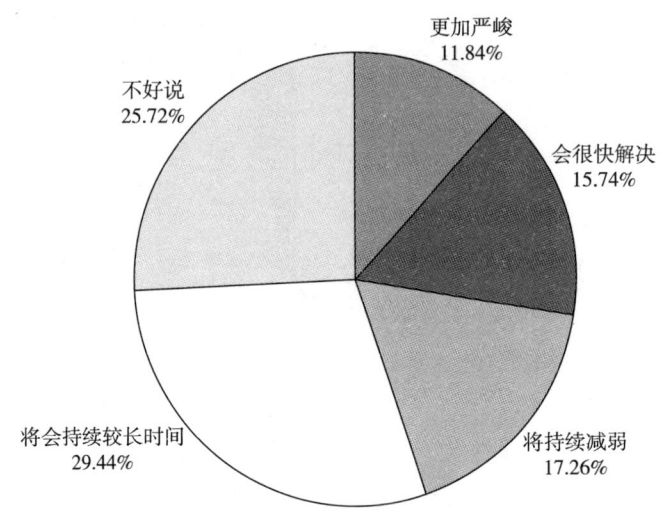

图2 被访者对甘肃社会矛盾发展趋势的看法

未来一段时间,是甘肃省社会转型的关键时期,能否解决好社会矛盾关乎全省社会转型的成功与否。虽然认为社会矛盾会更加严峻的被访者只占少数,但同时,认为社会矛盾会很快解决或将持续减弱的被访者仅占三成左右,而过半数的被访者认为社会矛盾将会持续较长时间或不好说。这表明人们对未来甘肃省社会矛盾的发展仍存疑虑，对政府解决社会矛盾还有更大期盼。

（三）被访者对政府处理社会矛盾的成效认同度较低

当被问及政府在处理哪些社会矛盾方面做得比较好时，在调查所列举的17个选项中，有10.74%的被访者认为是"促进法律公正"，10.29%认为是"完善社会保障"，10.00%认为是"促进教育公平"。其他依次为"推进民主化进程"（7.29%）、"征地拆迁"（6.90%）、"社会主义核心价值观建设"（6.77%）、"降低失业率"（6.32%）、"坚持廉政建设"（5.86%）、"社会治安"（5.66%）、"缩小贫富差距"（5.40%）、"控制房价"（4.95%）、"调解劳资矛盾"（4.17%）、"提高国民实际收入"（3.97%）、"保障公民权利"（3.45%）、"环境保护"（3.00%）、"引导民风民俗"（2.80%）、"改进机关作风"（2.28%）（见图3）。

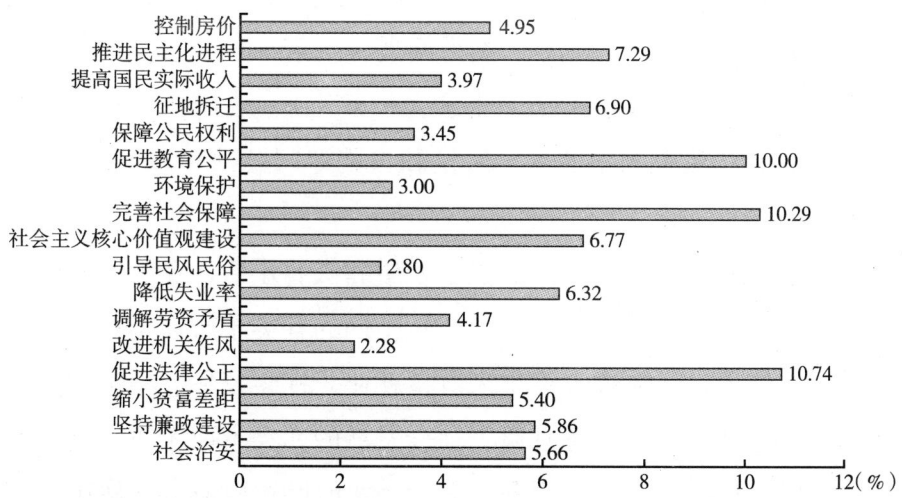

图3　被访者对地方政府在处理社会矛盾方面所做工作的评价

近年来，各级政府在化解社会矛盾方面，都倾注了大量心血。但从调查结果看，政府工作并没有得到民众的广泛认同。除促进法律公正、促进教育公平、完善社会保障方面的满意率在10.00%左右外，其他方面满意率都不足一成。并且从问卷统计来看，有15%的被访者对这一问题都采取了回避的态度，这说明民众对政府处理上述社会矛盾方面的工作肯定度并不高。

（四）困扰甘肃当前社会发展的主要矛盾

调查显示，当前甘肃省社会矛盾问题中，排在第一位的是就业问题（11.16%），第二位是社会公平问题（9.97%），第三位是物价问题（9.66%），第四位是收入差距贫富悬殊问题（8.29%）。其他顺次为食品药品安全问题（7.77%）、贪污腐败问题（7.25%）、环境污染问题（6.31%）、医患纠纷问题（5.85%）、与其他地区发展差距逐渐拉大的问题（5.00%）、征地拆迁安置补偿问题（4.91%）、城乡发展不均衡问题（3.84%）、政府效率问题（3.81%）、干群（警民）关系问题（3.75%）、劳动权益保障问题（3.41%）、社会治安问题（3.32%）、法律公信力问题（3.20%）、企业改制中的身份转换和再就业问题（1.49%）、民族宗教问题（1.10%）（见图4）。

化解社会矛盾，应该区分主要矛盾和次要矛盾，在一段时间内集中精力解决主要矛盾。虽然社会转型期的各类矛盾在全省都有不同程度的体现，但从调查结果来看，就业、社会公平、物价、收入差距贫富悬殊是当前困扰甘肃省社会发展的四大主要矛盾。这四类矛盾与民生攸关，因此，当前及今后一段时间，政府应在解决民生矛盾方面下更大的气力，以带动其他矛盾的解决。

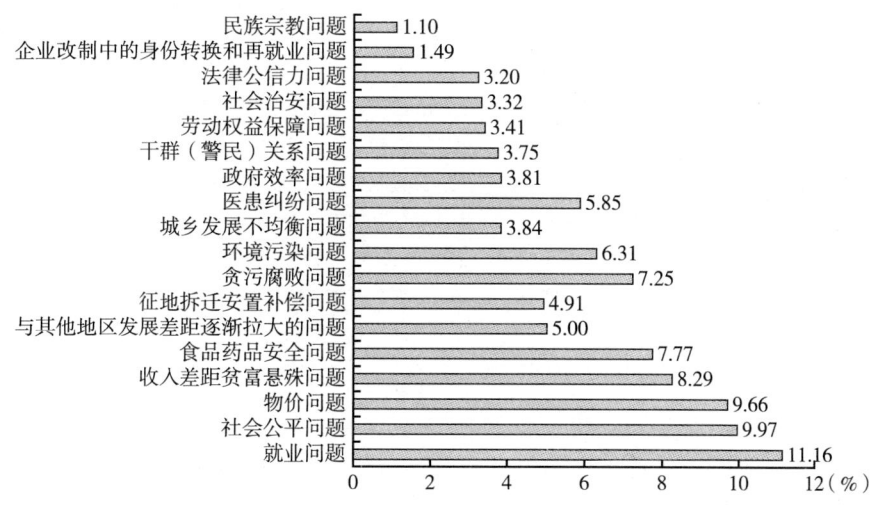

图 4　被访者认为当前甘肃社会存在的主要矛盾

（五）引发甘肃社会矛盾的主要原因

分析原因才能有的放矢。引发甘肃省社会矛盾的主要原因有哪些？14.27%的被访者认为是官员贪污腐败、侵占国家集体财产，14.12%认为是社会保障没有到位，12.51%认为是经济发展与社会利益分配的不均衡，12.01%认为是各级干部存在形式主义、官僚主义、享乐主义和奢靡之风，11.45%认为是下岗失业没有得到妥善安置，10.35%认为是征地拆迁及补偿不合理，9.85%认为是政策在基层下达缓、执行难，8.29%认为是政府有关部门及垄断行业乱收费，3.62%认为是社会转型期利益格局调整和变革的必然过程，3.37%认为是人民大众认识狭隘、激化矛盾（见图5）。

客观地说，引发社会矛盾的原因是多方面的，既有体制不完善的原因，也有各种机制不健全的原因。但在当下，应该从狠抓官员清廉和干部作风做起，大力完善社会保障措施，合理调整利益分配格局，切实解决城镇职工下岗失业和农村征地拆迁及补偿问题。

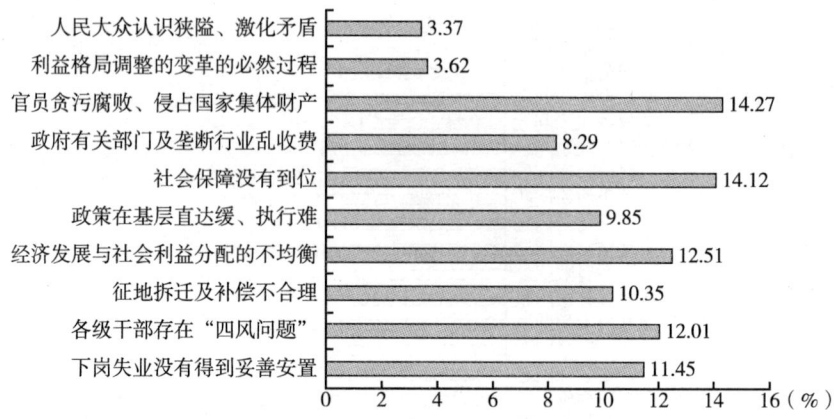

图5 被访者认为引发甘肃社会矛盾问题的主要原因

（六）被访者普遍认为地方政府处理社会矛盾的能力不足、角色错位

当被问到当地政府处理社会矛盾的能力及效果如何时，有4.85%的被访者认为"非常强、很有效"，33.61%认为"强、比较有效"，45.65%认为"一般、穷于应付"，10.20%认为"弱、效果较差"，5.69%认为"非常弱、效果很差"（见图6）。

在被问到当地政府在化解社会矛盾中所扮演的角色时，有3.91%的被访者认为是"一味打压的反面角色"，32.82%认为是"完全形式主义、应付了事"，18.71%认为是"积极维护自身利益、忽视人民权益"，33.67%认为是"积极解决问题、维护大众权益"，10.88%认为是"坚持依法行政、推动法治建设"（见图7）。

化解社会矛盾的能力，是对政府执政能力的考验。从调查结果来看，被访者认为当地政府能够"非常强、很有效"和"强、比较有效"地处理社会矛盾的不足四成，相反，有六成多的民众认

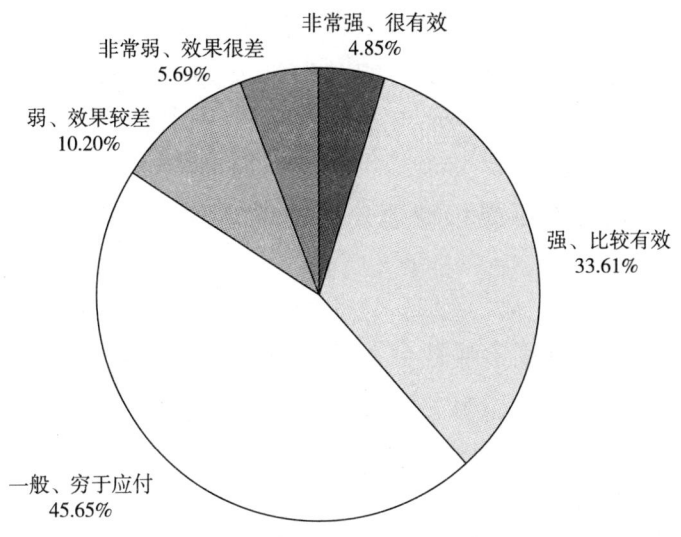

图6 被访者对当地政府处理社会矛盾能力及效果的评价

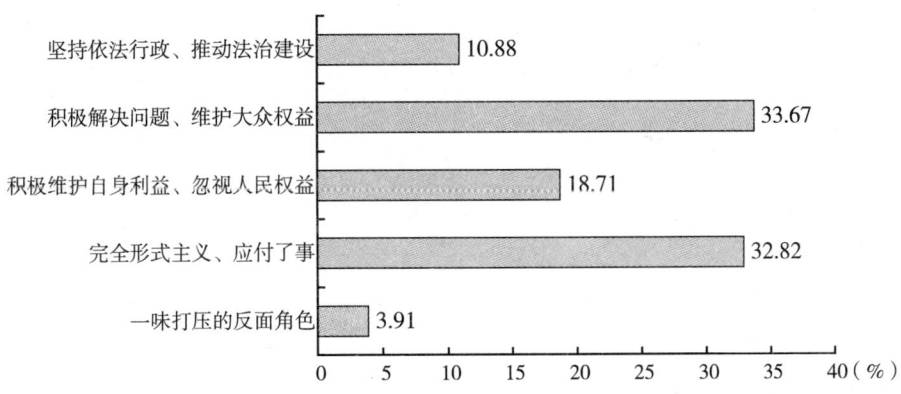

图7 被访者对当地政府在化解社会矛盾中所扮演角色的评价

为当地政府在处理社会矛盾时穷于应付、能力弱或非常弱，在效果上表现为一般、较差和很差。这说明，当前甘肃省各级政府在有效处理社会矛盾方面，与民众的期望还有较大的差距。为什么会有这样的结果呢？从被访者的反应来看，是由于政府角色错位造成的，有过半数的被访者认为当地政府在化解社会矛盾中所扮演的角色，或者是一味打压,或者是形式主义、应付了事,或者是积极维护自身利益、忽视人民权益。这表明各级政府今后在处理社会矛盾时,还需要主动转换角色,更加注重保障公民的权益。

(七)公信力不高和缺乏公正是地方政府处理社会矛盾的最大症结

政府公信力直接影响社会矛盾的有效解决,大多社会矛盾都是因为政府公信力缺失而引起或激化的。调查显示,甘肃省各级政府的公信力也并非尽如人意,对这一问题的调查,仅有二成多的被访者认为政府的公信力"非常高"(2.02%)或者"高"(22.22%),七成以上被访者认为"一般"(63.13%)、"低"(10.27%)或者"非常低"(2.36%)(见图8)。

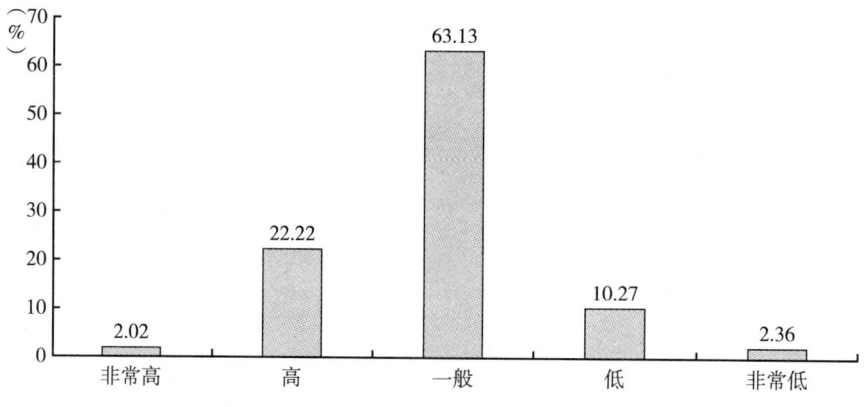

图8 被访者对当地政府公信力评价

对于地方政府处理社会矛盾中存在的主要问题的调查,有40.18%的被访者认为"缺乏公正",23.15%认为"过于软弱",20.18%认为"存在行政不作为",13.51%认为有"滥用权力"的现象,2.98%认为"违背法治"(见图9)。

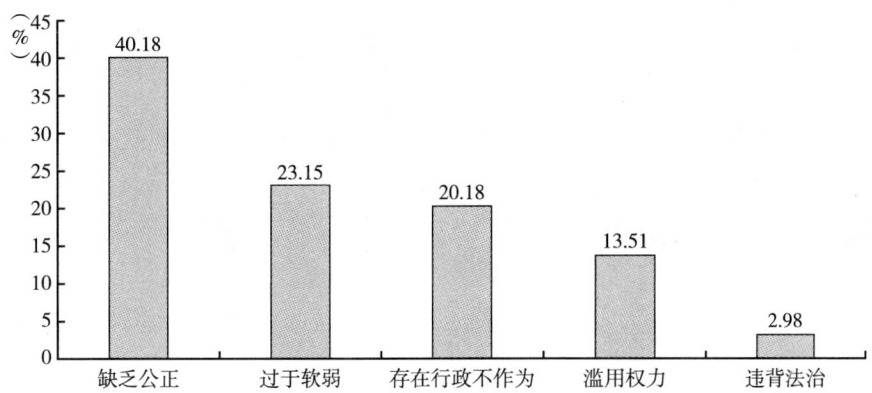

图9 被访者认为地方政府在处理社会矛盾中存在的主要问题

由此看出,公信力不高和缺乏公正是制约地方政府化解社会矛盾的最大症结。如何提高政府在化解社会矛盾方面的能力,被访者认为第一要"提升政府公信"(19.20%),第二要"提高工作效能"(17.54%),第三要"提高公务员素质"(16.68%),第四要"规范政府行为"(16.63%)。这四项其实都是政府自身建设方面的问题。其他还包括"拓宽民意反应渠道"(14.92%)、"动员社会力量"(8.66%)、"加强社会矛盾预警机制"(6.36%)等。

三 有效化解甘肃社会矛盾的对策建议

如何才能减少社会矛盾?被访者对此问题也有自己的看法。12.53%认为要"打击贪污腐败",11.53%认为要加强基层建设,"提高基层干部的政治素质和工作能力",10.70%认为要"提高政府透明度"。其他的措施还包括:认真开展教育实践,切实解决群众所难(10.19%);提高政府公信力(9.82%);缩小贫富差距

（9.56%）；依靠党委政府和有关部门做好群众工作（8.74%）；坚持依法治国、依法执政、依法行政，推动法治国家、法治政府、法治社会建设（8.33%）；加强调研，加强社会矛盾的预防和善后工作（7.07%）；进一步健全群众利益诉求表达机制（6.55%）；大力发展经济，构建合理的利益关系协调机制（4.98%）（见图10）。

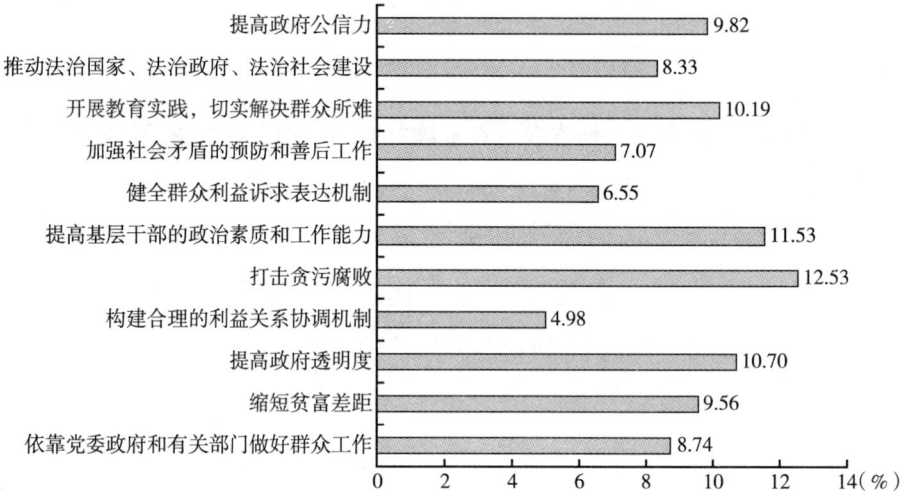

图10 民众对如何减少和化解甘肃社会矛盾的建议

根据以上被访者所提出的建议，结合对于甘肃省社会矛盾现状的分析，我们认为，要有效化解当前甘肃社会矛盾，应注重以下几个方面。

（一）政府应该在处理社会矛盾中更有作为

社会矛盾是社会转型时期的客观存在。当前和今后一段时期，甘肃经济社会发展中深层次问题与表象问题，法律问题与社会问题相互交织，社会矛盾特别是涉及民生的各类矛盾将会持续高发、多发。因此，各级政府应当以更加主动的姿态来化解和处理社会矛盾。

首先，切实解决政府在解决社会矛盾时的公信力缺失和缺乏公正的问题。公信力缺失和不能公正地处理社会矛盾，是民众对各级政府的最大诟病，公信力缺失和缺乏公正源于政府没有在处理社会矛盾中扮演一个正确的角色，或者一味打压，或者应付了事，甚至与民夺利。甘肃近年来出现的一些社会矛盾，尤其是群体性事件，有的是由于地方政府反应过激，草率使用警力，而引致事态激化；有的是地方政府面对一些有苗头的社会矛盾时，采取不作为的态度，以致小事拖大、大事拖炸，累积而爆发；也有是由地方政府与民夺利而诱发的，如土地征用、房屋拆迁中不能足额补偿，"地方政府与民夺利"被网民认为是社会矛盾的"罪魁祸首"。因此，各级政府在面对社会矛盾时，既不能滥用权力，也不能过于软弱、熟视无睹，更不能违背法治。

其次，理性对待社会矛盾，消除"花钱买平安"的思想。应当看到，绝大多数社会矛盾的内在实质，都是不同利益群体向党和政府表达诉求的行为，是一种正常的社会现象，各级党委和政府要有敢于面对的勇气。近年来，在维稳工作"一票否决制"的压力下，一些地方政府把"花钱买平安"当成灵丹妙药，一有社会矛盾特别是群众上访，往往采取无原则花钱的办法安抚上访者，息事宁人。这种做法虽然使一些矛盾一时得到缓解，但它传导给群众的错误信号是政府怕上访，只要不停地闹访，政府就会"花钱消灾"。因此，导致社会上一些人"信访不信法"，有的甚至把上访作为生财之道，寻找种种理由缠诉缠访，并相互效仿，彼此策应，不达目的不罢休。此外，有的地方还出现了一些"老年上访团"，他们以此为业，长期和政府软磨硬缠，以缠访迫使政府"花钱买平安"，这在一定程度上已形成了恶性循环。

其次,坚决惩治腐败行为,以反腐败来化解干群(官民)关系紧张的矛盾。伴随着经济的增长,各地以官员为主的腐败现象变得普遍而严重。腐败不根除,政府就得不到民众的信任,社会公平正义就难以实现,诱发社会矛盾的温床就长期存在。从我们的调查反映出,官员贪污腐败、侵占国家集体财产被认为是引发甘肃社会矛盾的首要原因,因此民众认为减少社会矛盾的首要办法就是打击贪污腐败。对此舆情各级政府应该引起高度的重视。

最后,切实加强基层组织建设。自1983年以来,甘肃省乡镇机构经过四次改革,村社基层组织建设进一步加强,服务功能不断完善,民主建设稳步推进。但随着农村税费改革的深入推进,部分事权的上收,加之基层组织没有执法权,导致基层组织管理手段缺乏,干部的号召力下降,社会控制能力大大弱化。化解社会矛盾,重点在基层,难点在基层,关键也在基层。从我们的调研看,大多数民众认为加强基层建设,提高基层干部的政治素质和工作能力是减少社会矛盾的有效手段。因此,在农业人口所占比例较高的甘肃省,要有效化解社会矛盾,必须在创新基层政权建设,提高基层干部素质方面下工夫。

(二)认真对待公民权利

有学者认为,社会矛盾发生的根本原因在于个人无法找到协商机制和利益维护机制。据有关统计资料分析,当前社会问题特别是群众集体上访反映的问题中,80%以上反映的是改革和发展过程中的问题;80%以上是有道理或有一定实际困难,是应予解决的问题;80%以上是可以通过各级党委、政府的努力加以解决的;80%以上是基层应该解决,也可以解决的问题。因此,构建符合中国实际的权益保护和社会稳定促进机制，有效地平衡维稳与维权两者的关系，既维护民权，又实现社会稳定，是减少和化解社会矛盾的有效途径。

首先，进一步完善群众利益诉求表达机制。利益诉求表达不畅是产生社会矛盾的主要原因，利益表达对于因利益而产生的社会矛盾问题的解决具有重要意义。因此，一要坚决贯彻《信访条例》，畅通信访渠道。把领导接待来访、信访工作绩效纳入公务员考核体系，切实做到有访必接、有访必答。二要认真落实群众路线，加强民意调查，了解民意民情。各级干部都要走基层、转作风，通过各种途径和方式及时倾听民声、了解民情，认真采纳群众正当的民意诉求，以避免和减少决策失误。三要完善重大决策出台前的听证程序。对一些关乎民生、对群众影响较大的决策，要让百姓参与听证，社会公众可以就有关问题，直接陈述意见，反映情况和问题，从而增强政策的利益共融。

其次，进一步完善利益平衡机制。改革开放以来，甘肃省解决了长期困扰全省的吃饭问题，经济社会进入了历史上最好最快的发展时期，人民群众得到了最多的实惠。但由于经济总量小，在加快发展与解决吃饭的问题上仍然存在着很多矛盾，各群体间利益不均衡的问题还十分突出。这虽然是我国社会转型期的普遍矛盾，但在甘肃省表现得尤为明显。现在无论是城市还是农村，生活比较困难的群体都有一种"仇富"、"仇官"、"仇警"心理，而且这种心理通过手机、互联网等多种传播手段在更多的人群中蔓延，范围不断扩大。在这种心理驱使下，只要矛盾冲突的另一方是政府或富人，就会有人煽风点火，就有群众跟进闹事，宣泄心中的不满。所以，甘肃省在当前的利益分配中要更加注重公平，让广大群众都能享受到改革红利。

再次,进一步完善利益保障机制。就甘肃的实际而言,当前不但需要建立一套与社会主义市场经济相适应的,包含失业、养老、医疗、最低生活保障等内容的不同层次的社会保障体系,更要重视对企业改制、事业人员职级待遇、离退休职工工资调整等历史遗留问题的解决。这些问题由于政策的缺失,长期难以解决,已经成了化解社会矛盾工作中的"老大难"。同时,对于征地拆迁中的补偿问题,要坚决贯彻国家的补偿标准,做到足额、及时补偿,从源头上预防新的社会矛盾的产生及爆发。

最后,尽快建立和完善社会心理调节机制。针对转型期人们出现的一些较为消极的社会心理(如浮躁、仇富、仇官、暴戾、冷漠),应当开展社会心理调节工作,建立健全社会心理调节机制。要以社会主义核心价值体系指导和影响社会心理,坚持正确的舆论导向,弘扬社会正气,营造健康、积极的社会心理氛围。要开展经常性教育,及时对热点问题释疑解惑,解答群众疑虑,理顺群众情绪,化解不良心理。要重视心理健康问题,塑造良好的社会心态,在全省范围内积极提倡和推广"全民健心、阳光甘肃"活动,不断提高全民的心理素质,塑造自尊自信、理性平和、积极向上的社会心态。

(三)把法治建设作为化解和处理社会矛盾的抓手

法治是人类的梦想。社会矛盾频发,是法治之殇、司法之耻、管理之痛、民众之难。"中国梦"的实现,要靠法治来护航,化解和处理社会矛盾,最终也要靠法治。所谓法治,就是指依靠正义之法来合理分配社会中的权益和权力,其核心内容,则是要求权力服从法律并受法律制约,个人的基本人权受到法律保护。维护社会公平正义,就必须全面落实依法治国基本方略,弘扬法治精神。在现有的法治框架下,要实现用法治手段来化解和处理社会矛盾的目的和任务,首先要强化司法的权威性。当前社会矛盾中的大多数,都是可以通过司法途径来解决的,因此,必须强调司法的权威性,对于司法机关作出的有效裁判,任何机关和个人都不得随便加以更改,唯此才能彻底改变社会矛盾主体"信访"不"信法"的特权思想。同时,要强调司法的公正性,司法公正是社会公平正义的重要保障,一次不公的裁判就如同污染了水源,将可能改变一个人的命运。其次,要培养公民的法治观念,在全社会开展社会主义法治意识教育,引导人们用法律手段解决问题。

(四)注重社会矛盾预警机制的建立和完善

社会矛盾的发生,同样有一些内在的规律,关键是我们能否善于发现其中一些规律性、普遍性的东西。所谓社会矛盾预警机制是指在社会矛盾潜伏时期,能够及时察觉、预告有关迹象,并予以恰当处置的组织体系和制度设计。建立健全灵敏有效的社会矛盾预警机制,是转型期社会矛盾问题预防工作的重要组成部分。甘肃省当前正处在转型时期,为防止社会矛盾的恶化及社会危机的爆发,就必须建立畅通的反应机制,对社会矛盾信息及时、准确地做出监测和预警。

参考文献

[1]《我国现阶段社会矛盾演变新趋势》,http://www.gscn.com.cn,2010年7月27日。

[2]《我国突发群体性事件原因及对策研究》,兰州平安网,2013年5

月14日。

［3］孙国华，方林：《公平正义是化解社会矛盾的根本原则》，《法学杂志》2012年第3期。

［4］邓伟志：《论社会矛盾》，《上海大学学报》（社会科学版）2009年第7期。

专题篇
Special Subjects

B.12
甘肃民众对地方政府信息公开的评价

王 瑾*

摘 要： 通过对甘肃省十大社会阶层的问卷调查，总结了甘肃民众对地方政府信息公开工作的评价，分析指出政府信息公开工作存在的问题，提出进一步推进政府信息公开的建议。

关键词： 信息公开　评价　制度落实

---

* 王瑾（1968~），女，甘肃省社会科学院法学研究所副研究员，主要研究方向：宪法与行政法学、民商法学。

政府信息公开是市场经济的必然要求，是建设服务型政府的重要举措，同时也是提高科学执政、民主执政、推进社会主义民主的有效方式。政府信息公开制度成为保障公民知情权，建设公开、透明和民主、服务型政府的重要手段和保障。2013年8~9月，甘肃省社会科学院舆情课题组对政府信息公开进行了专题调研，了解甘肃社会各阶层对地方政府信息公开的评价，发现问题并提出对策建议。

一 调查的基本情况

本次调查以问卷调查为主，结合访谈和座谈。调查地选择了地处甘肃东部的定西、平凉、天水，西部的武威、金昌以及甘南、临夏两个民族自治州和省会兰州。共发放问卷630份，回收有效问卷603份，调查对象涵盖了居住在城区、城郊、县城、乡镇和农村的国家与社会管理者、经理人员、私营企业主、专业技术人员、办事人员、个体工商户、商业服务业人员、产业工人、农民劳动者和无业失业人员十大社会阶层人员。[①]

二 问卷统计分析

（一）关于政府信息公开制度

2008年5月1日《中华人民共和国政府信息公开条例》正式实施，信息公开成为行政机关的法定义务。近几年各地都出台了有

---

① 调查样本详见本书热点篇专题报告：《甘肃民众关于网络反腐的舆情调查与研究》之表1。

关政府信息公开的规定，带动了政府信息公开工作全面深入开展。鉴于社会各方面对政府信息公开工作的高度关注，2013年国务院发布了当前政府信息公开的重点工作，政府信息公开制度进一步深化。但从问卷数据看，民众对政府信息公开制度的了解还远远不够。政府信息公开条例实施已5年有余，580名受访者中仍有32.93%根本不知道有这样一个条例；虽然有35.34%的人表示知道该条例，但却不知道该条例是否保障了民众的知情权；只有7.93%的受访者知道条例并认为该条例保障了民众的知情权。2013年7月10日国务院办公厅印发《当前政府信息公开重点工作安排》，对当前重点领域政府信息公开工作做出部署。甘肃省政府也发布了相关通知。调查显示有90.05%的受访者不知道国务院和甘肃省对政府信息公开重点工作的安排和内容。对于信息反馈制度，有53.38%的受访者认为政府建立了信息公开后的反馈制度，但也有46.27%的受访者认为政府或者所在部门没有建立信息公开后的反馈制度。

无论对政府信息公开制度是否了解，民众对政府信息公开制度的作用持肯定态度。有1420人次对信息公开的各种作用进行多项选择，64.30%的被访者认为信息公开制度可以保障和扩大公民的知情权；54.25%的被访者认为有助于公众对政府的监督，可以加速民主法治进程；44.89%的被访者认为可以使公民积极参与公共生活，提高参与意识；41.59%的被访者认为政府信息公开制度是政府转变职能的契机，是建设阳光政府的重要一步；41.07%的被访者认为信息公开制度将信息公开变成了政府的法定义务。

（二）关于政府信息公开方式

电子政务已经成为政府部门提高效率的重要手段，政府门户网站也逐渐成为承载政府信息公开的主流载体和窗口。鉴于此，本次调查专门设计了问题"你可以在政府网站方便地查询到需要的信息吗？"，有33.56%的受访者表示没有查询过政府网站上的信息，有9.71%的受访者表示很难找到需要的信息，有37.14%的人表示基本或者大部分能找到，另有19.59%的人表示只有小部分信息能找到。没有查询过政府网站的各年龄段受访者中，60岁以上的老人中有70%，46~60岁中有38.02%，36~45岁中有32.04%，26~35岁中有28.65%，这反映出年龄越大上网查询政府信息的人越少。

问卷调查了民众通常了解政府信息的方式，在可多选的答案中，选择通过广播电视了解政府信息的人次占33.05%，这是民众了解政府信息的主要方式，其次分别为报纸杂志、与人交流，通过政府部门及其网站了解政府信息的排第四位。与过去相比，通过政府工作人员的宣传以及通过各种宣传栏、板报获得信息的方式明显不再是获得信息的主要方式。与发达省份政府微博的广泛使用相比，在本项调查1292人次的选择中，只有46人次选择政府微博，政府微博尚未成为甘肃省民众了解政府信息的主要方式（见表1）。

表1　十大社会阶层了解政府信息的方式及排序

单位：人，%

排序	信息公开方式	人次	选次比
1	广播电视	427	33.05
2	报纸杂志	269	20.82
3	与人交流	207	16.02
4	政府部门及其网站	197	15.25
5	当地政府工作人员宣传	78	6.04
6	各种宣传栏	68	5.26
7	政府微博	46	3.56
合计		1292	100

（三）关于政府信息公开内容

2013年7月国务院办公厅印发了《当前政府信息公开重点工作安排》，2013年8月4日甘肃省人民政府办公厅发布了《关于印发当前政府信息公开重点工作安排的通知》（甘政办发〔2013〕132号），对当前政府信息公开重点工作领域进行了安排。结合国务院和省政府的工作安排，本次调研问卷将以上重点工作内容作为调查信息公开内容的主要指标进行考察。虽然有九成的受访者不知道国务院和甘肃省对政府信息公开重点工作的安排和内容，但结果显示，国家关于政府信息公开的一些重点工作正是民众关注的公开内容。

在1769人次的选择中，选择关注食品药品安全信息的居第一位，占选择人次的62.91%；选择关注价格和收费信息的人次为第二位，占总人次的48.89%；选择关注保障性住房信息的为第三位，占总人次的48.72%；其他依次为征地拆迁信息、环境质量信息、安全生产信息、政府预决算和"三公"经费信息、政府行政审批信息和以教育为重点的公共企事业单位信息（见表2）。

936人次对难以获得的政府信息进行了多项选择。在以上9个方面的内容中，49.78%的被访者认为最难以获得的信息是政府预决算和"三公"经费信息，其他依次是政府行政审批信息（29.74%）、征地拆迁信息（25.65%）、保障性住房信息（23.28%）、以教育为重点的公共企事业单位信息（20.91%）、价格和收费信息（19.40%）、食品药品安全信息（14.01%）、环境质量信息（10.34%）、安全生产信息（8.62%）（见图1）。

有近八成的被访者认为政府没有完全公开以上9个方面的内容，有超过一成的被访者认为没有公开。

表2 十大社会阶层关注的政府信息公开内容

单位：人次，%

序号	公开内容	选择次数	选次比	人数比
1	食品药品安全	368	20.80	62.91
2	价格和收费信息	286	16.17	48.89
3	保障性住房信息	285	16.11	48.72
4	征地拆迁信息	186	10.51	31.79
5	环境质量信息	184	10.40	31.45
6	安全生产信息	131	7.41	22.39
7	政府预决算和"三公"经费信息	127	7.18	21.71
8	政府行政审批信息	123	6.95	21.03
9	以教育为重点的公共企事业单位信息	79	4.47	13.50
合 计		1769	100	302.39

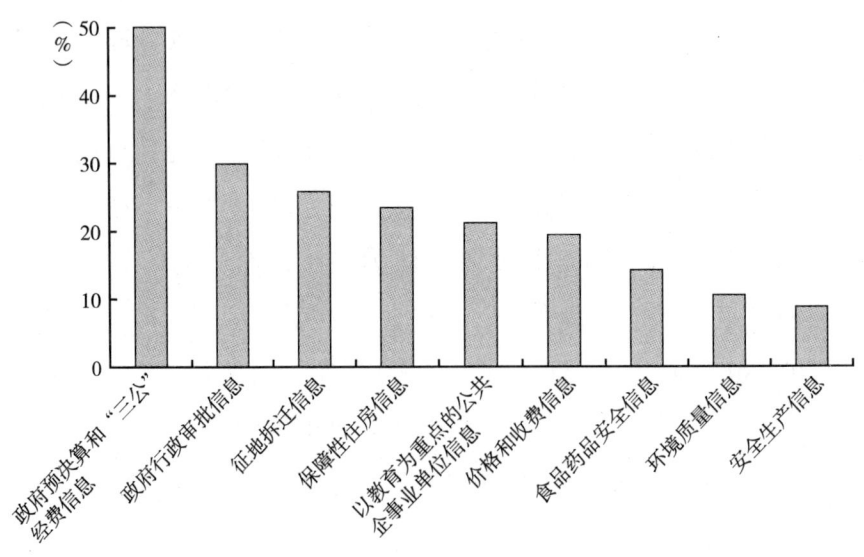

图1 十大社会阶层认为较难获得的政府信息选项比例

（四）关于依法申请政府公开信息

根据信息公开条例规定，公民、法人或者其他组织可以根据自身生产、生活、科研等特殊需要，向国务院部门、地方各级人民政府及县级以上地方人民政府部门申请获取相关政府信息。本次调查针对民众是否了解法律赋予公民的这一权利以及是否愿意行使权利进行了考察。在579份有效问卷中，有58人知道这一法律规定，其中有36人属于国家与社会管理者、办事人员和专业技术人员阶层，有10人是农业劳动者阶层；有232人表示虽然知道可以申请政府公开信息，但不知道该如何申请；289人表示根本不知道可以申请政府公开信息。知道可以申请政府公开信息的人占总数的40.07%，49.91%的受访者不知道可以申请政府公开信息。不知道可以申请政府公开信息的受访者集中在产业工人、商业服务业、农业劳动者、失业人员及经理人员阶层，均占本阶层受访者总数的一半以上。值得注意的是，47.56%的专业技术人员和超过20%的国家与社会管理者、办事人员也不知道可以申请政府公开信息。对于是否可以申请政府公开信息目录中没有的信息，565份有效问卷中，有59.65%的人认为可以申请，有39.6%的人认为不可以申请公开，有0.71%的人不清楚是否可以申请公开。认为不可以申请的人主要集中在私营企业主、个体工商户和失业人员阶层，分别占同一阶层受访总人数的57.14%、52%和51.52%。对于"如有需要，你是否会依法主动申请获取政府信息？"，592份有效问卷中，有35.47%的人回答会主动申请，有15.88%的人表示不会主动申请，另有48.65%的人表示会根据情况决定是否主动申请。各个阶层中有七成以上的受访者表示如有需要会主动申请或者视情况主动申请政府公开信息。

（五）民众对地方政府信息公开状况的评价

在575份有效问卷中，有62.61%的人认为政府发布信息的时间在合理时间内，29.74%的人认为政府发布信息滞后、不及时，有6.96%的人认为信息发布非常及时，有0.70%的人表示不清楚发布是否及时。

有67.92%的受访者认为与过去相比，当地政府在信息公开方面的工作有一些改进，有15.02%的人认为有很大改进，有15.53%的人认为没有改进，只有1.54%的人认为不仅没有改进反而有所倒退。认为没变化和倒退的人不足受访人数的两成，认为有所改进的人在各个职业阶层中均达到近七成。从对目前甘肃省地方政府信息公开情况的整体评价看，表示"非常满意"和"满意"的占29.27%，表示"不满意"和"非常不满意"的占10.15%，认为"一般"的占60.58%（见表3）。

表3　民众对当地政府信息公开整体状况的评价

单位：人，%

满意度	人数	百分比
非常满意	12	2.03
满　意	161	27.24
一　般	358	60.58
不满意	53	8.97
非常不满意	7	1.18
合　计	591	100

从受访者的社会阶层看，认为"一般"的受访者占所在阶层总人数的比例均在六成以上，其中个体工商户比例最高，达到本阶层人数的69.09%。从年龄看，18~25岁中表示"一般"的人占本年

龄段的比例达到73.91%。从文化程度看,除"不识字"外,小学到研究生及以上各个文化程度中认为"一般"的均占本文化程度的五成以上,其中大专和研究生以上文化程度的受访者选择比例接近七成。

(六)民众对政府公开信息的需求

有18.61%的受访者表示会经常关注政府是否公开信息,有70.22%的受访者表示会偶尔关注,只有11.17%的人表示不会关注。关注政府信息的受访者占总人数的88.83%。

针对国务院要求的公开政府信息的9个重点领域,580名受访者中有79.14%的人认为当地政府公开了相关信息但并不全面,其中大专和本科文化程度的人选择该选项比例较其他文化程度的人高;有10.86%的人认为地方政府没有公开这9个方面的信息;只有9.48%的人认为全面公开了,其中农业劳动者占选择该答案人数的44%。对政府信息公开制度的实施,受访者最担心政府信息公开的实施流于简单化和形式化,成为样子工程;其次担心由于宣传不到位导致民众不了解。其他担心的问题依次为:公布的信息缺少价值,公布的信息不真实造成国家、商业秘密或者个人隐私泄露,只有44人表示没有什么可担心的。

民众最希望通过何种渠道公开政府信息?广播、电视、报刊等新闻媒体仍然是大家希望获得政府信息的最佳渠道,选择政府部门及其网站的位居第二,通过政府部门办公场所的公开栏获得政府信息位居第三(见表4)。

对于目前政府信息公开制度中存在的主要问题,受访者中有67.18%认为公开内容不全面,60.85%认为公开后不重视民众的回应和要求,47.86%认为主要问题是公开渠道不全面,23.93%认为公开方式不规范。

表4 民众希望政府公开政府信息的途径

单位：人次，%

选项	选择次数	选次比	人数比
政府及其部门网站	289	23.83	49.07
广播、电视、报刊等新闻媒体	449	37.02	76.23
政府部门办公场所的公开栏	197	16.24	33.45
定期发放信息公开手册	159	13.11	26.99
政务微博	107	8.82	18.17
其他	12	0.99	2.04
合计	1213	100	205.94

受访者对产生以上问题的原因进行了多项选择，认为政府的权力意识重于服务意识的被访者占61.86%，认为信息公开制度不健全的占53.61%，认为政府对信息公开的重要性认识不足的占52.23%，认为信息应公开和应保密的界限不清的占24.40%。

三 分析与结论

（一）政府信息公开制度宣传和实施有待加强

调查显示，《中华人民共和国政府信息公开条例》正式实施已逾5年，仍有三成的被访者不知道这个条例，另有三成虽然知道有这个条例，但只知其名不知其实，在这六成受访者中，国家与社会管理者、专业技术人员、经理人员阶层和办事人员阶层的人数达到137人，占这四个阶层总人数的61.71%。对于国务院2013年发布的政府信息公开重点工作和甘肃省发布的通知，不仅有九成受访者不知道，而且在被调查的40位国家与社会管理者中就有26位不知道，占65%。2012年调查显示受访的党政干部中有逾五成的人认为政府或者其所在部门没有建立信息公开后的反馈制度,本次调查受访的十大阶层中仍有近五成的人认为政府没有建立信息反馈制度。综合访谈和数据分析,可以看到,民众对政府信息公开制度的作用持肯定态度,但政府信息公开制度宣传不够、实施程度不深等原因,使得政府信息公开制度还没有被更多的人了解,政府信息公开制度还有待完善。

(二)传统媒体是民众获得政府信息的主要渠道,也仍旧是民众最喜欢的信息公开方式

政府信息公开方式主要有主动公开和依申请公开两种方式,主动公开可以采取各种方式。根据信息公开条例的规定,行政机关可以通过政府公报、政府网站、新闻发布会以及报刊、广播、电视等便于公众知晓的方式主动公开政府信息,可以根据需要设立公共查阅室、资料索取点、信息公告栏、电子信息屏等场所、设施,公开政府信息。各级人民政府应当在国家档案馆、公共图书馆设置政府信息查阅场所,并配备相应的设施、设备,为公民、法人或者其他组织获取政府信息提供便利。调查显示,报刊、广播、电视是目前甘肃被访民众获得政府信息的主要渠道。政府网站作为政府信息公开的方式之一,首次出现在我国政府信息公开规定中是在吉林省的地方法规中,之后到2002年几乎各省都有类似规定出台。近几年随着对各级政府电子政务的工作要求,政府网站也正在逐渐成为人们获得政府信息的重要平台,从在本次调查中有近七成的被访者查询过政府网站信息就可见一斑。随着公民个人社交网络平台的迅速发展,微博、微信等社交工具成为政府信息公开的又一个重要载体,但与一些发达省市相比,甘肃省各级政府政务微博还远远没有走进百姓的生活,还没有成为政府信息公开的重要载体。传统媒体仍然是民众希望获得政府信息的主要渠道,广播、电视作为政府信息公开的主要方式有其明显的优越性。由于国家实行"村村通"和"家电下乡"等政策,广播和电视已非常普及,早已成为人们闲暇时娱乐和获取信息的主要工具;加之广播电视的特点,使得教育程度不高的人群也可以很方便地了解各种信息,因此,这类传统媒体仍然是人们最喜欢的政府信息公开方式就不足为奇了。

(三)政府信息公开的内容有待完善

2012年调查数据显示,认为政府信息公开内容不全面的占总人次的86.30%,本次调研显示这一数据为67.18%。政府信息公开内容不全面仍然是政府信息公开中的主要问题之一。

国务院在下发的《当前政府信息公开重点工作安排》中指出,当前要重点推进9个方面的政府信息公开。一是推进行政审批信息公开,二是推进财政预算决算和"三公"经费公开,三是推进保障性住房信息公开,四是推进食品药品安全信息公开,五是推进环境保护信息公开,六是推进安全生产信息公开,七是推进价格和收费信息公开,八是推进征地拆迁信息公开,九是推进以教育为重点的公共企事业单位信息公开。本次调查显示,被访者认为这9个方面的信息存在不同程度难以获得的情况,近五成的人认为政府预决算和"三公"经费信息最难获得,其次是政府行政审批信息。人们最想获得的政府信息与自身生活密切相关,依次是食品药品安全、价格和收费信息、保障性住房信息、征地拆迁信息、环境质量信息。调查发现,人们首先关注与民生有关的政府信息,其次才关注政府自身管理的信息,而且有关民生的政府信息获得难度排在政府预算和行政审批信息之后,这一定程度上说明了虽然各级政府对有关民生的政府信息公开工作已经做了一些努力,但还需要进一步完善。

政府网站存在信息公开内容不全面、发布时间不及时等问题。调查显示,被访者不愿意上网查询政府信息的原因之一是难以找到相关政府信息,二是因为许多政府网站设计为门户网站的形式,内容包罗万象,不容易查询需要的信息。2012年《法治蓝皮书》就曾指出政府网站存在信息内容多是新闻报道、领导行踪,与公众生活及本机关履行职能相关的信息很少等问题。

凡此种种,说明我国行政法治建设起步较晚,因而政府信息公开的法制化时间短、层次不高、不够规范。

(四)政府信息公开对象的法律意识、民主意识有待提高

曾有调查显示,不去访问政府网站的受访者谈到的主要理由是"不需要"。本次调查数据显示近五成的专业技术人员和两成的国家与社会管理者都不知道可以申请政府公开信息。政府信息公开应当是现代政府运行中一种常态化和规范化的方式,各级行政机关及其工作人员应当是这一制度的执行者,专业技术人员和经理人员等作为具有较高知识水平的人群应当是监督政府依法运行的重要力量。从调查和访谈情况看,国家公务员和专业技术人员等知识分子阶层的法律意识和法律素养还需提高。认为不可以申请公开信息目录以外的政府信息的人集中在私营企业主和个体工商户以及失业人员阶层,现实生活中这些职业人群与工商、税务、劳动保障等行政机关接触紧密,他们的法律素养可以影响行政机关信息公开制度的实施。应当说,造成政府信息公开制度得不到很好落实的原因除了政府自身的问题外,一个很重要的原因就是公众参与政府工作的法律意识、民主意识不强,参与政治生活的能力较弱。

（五）地方政府信息公开工作中存在的诸多问题影响了被访者的整体评价

调查数据显示，82.94%的被访者认为地方政府的信息公开工作有改进，只有不到两成的人认为没有改进。从对目前甘肃省地方政府信息公开情况的整体评价看，表示满意的占三成，不满意的占一成，认为"一般"的达到六成。应当说，民众感受到了地方政府近几年来在政府信息公开方面的努力，但与民众的要求还有一定的距离，因此表现出并不能完全认可的态度。人们感受到了各类新闻媒体传递出的政府信息，并且多数人认为政府信息公开的时间是在人们认可的合理时间内，这是党和国家不断打造服务型政府、阳光政府的成果。但在肯定的同时，通过对被访者调查数据的分析，也揭示了存在的问题。六成被访者对信息公开工作评价一般，说明各级政府在政府信息公开工作方面距离建设阳光政府还有较大差距。信息公开中公开内容不全面、公开信息不真实、公开后不重视群众回应和质疑、公开方式不规范等问题是影响政府信息公开制度实施和群众评价的重要原因。

四 对策建议

（一）进一步提高各级政府对信息公开工作的认识

受传统观念和权力意识的影响，政府部门作为信息公开主体的意识不强，主动性不够。要破除各级政府及其工作人员的观念壁垒，使政府工作人员充分认识到服务型政府是集法治、透明、高效和低成本于一体的现代政府。政府信息公开有利于形成开放、透明的政府形象，杜绝"暗箱操作"和权力滥用行为；有利于消除官僚作风，促进行政机关及其工作人员提高工作效率；有利于信息低成本、大范围传播，以简单高效的方式达到行政管理的目的。① 要培养各级行政机关工作人员树立阳光行政的理念。

（二）严格落实政府信息公开制度

从当前政府信息公开中存在的各种问题来看，主要原因是已有的政府信息公开制度没有得到很好的落实，因此应建立相应的配套制度，达到切实执行已有法规的目的。

1. 规范、整合、完善与政府信息公开有关的规定和要求

自信息公开条例颁布以来，各级政府下发了不少相关的文件和规定，地方政府应当根据信息公开条例的规定，规范和整合各部门、各单位的相关规定，并且制定统一、明确的实施办法对信息公开条例进行细化。实施办法应当具有可操作性。

2. 建立地方政府信息公开评价体系

一是建立行政机关内部的评价体系，形成上级与下级之间、各部门之间、信息发布执行部门与信息提供部门之间的评价办法，分清环节、明确责任、互相监督、互相促进，通过内部评价机制保障政府信息准确迅速公开。二是建立第三方评价体系。选择熟悉政府运行、熟悉政务公开规定、熟悉法律、具有较高信用和专业水平的第三方组织，在一定时间内对政府信息公开工作进行评价；也可以在已制定科学评价体系的基础上，吸收社会各界具有参与能力的代表人士，参与对政府信息公开的考核评价。

---

① 刘洁：《浅谈我国政府信息公开的现状、存在问题及对策》，《法制与经济》2012年2月。

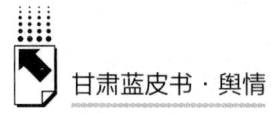

3. 制定落实政府信息公开的制度要以公众为中心

《政府信息公开条例》从法律上确立了政府信息公开要遵循的公开、平等、服务、便民等一系列重要原则，这些原则的目的就是为了实现公民的知情权、监督权。落实信息公开制度，就要以落实公民的知情权、监督权为目标，探索如何让政府信息尽可能广地让公众知晓、如何让公众尽可能多地了解政府行政每个环节的做法。应当从公众的视角进行制度设计，将是否满足公众的信息需求作为衡量实施效果的重要依据。

4. 建立政府信息公开问责机制

再好的制度，如果没有健全的问责机制就会成为一纸空文。我国政府信息公开制度得不到很好落实的原因，有制度本身的因素，也与没有健全具有可操作性的问责机制有直接关系。

（三）立足实效巩固传统媒体、拓展新兴公开渠道

要充分认识甘肃省情，根据地域、经济发展和人口素质考虑政府信息公开方式和渠道，公开方式要立足现实。重视广播、电视、报纸、杂志等传统媒体的作用，不断探索传统媒体在社会经济变化中提高信息传递水平和速度的方法；同时不放松宣传栏、黑板报等载体在农村等地方发挥的作用；进一步完善政府网站建设，同时勇于探索和建立政府信息公开的新办法、新渠道。当然，拓宽政府信息公开方式并不是要一味求全、求新，其宗旨应当是以信息公开实效达到立法和制度初衷为主。

（四）提高公众参与政府信息公开工作的能力

民众对自身权利认知不足，造就了民众的"被动性服从心理"，公民表现出权利意识淡漠，意识不到权利可以制约权力，民主可以制约权力。因而,过去政府在信息公开方面不履行义务,甚至是违规操作,鲜有来自公众知情权的抵抗和来自民意的压力。①最近几年的个案使得这种情况有所改观,如大学生申请"表哥"杨达才工资案,律师申请31个省级人口与计划生育委员会社会抚养费信息公开案,直接效果就是揭露出了杨达才的贪腐问题,已有23个省份因申请公开了2013年社会抚养费征收情况。这些案例反映了一些精英人士的觉醒和参与,但与过去的调查相似,本次调查再次显示出社会公众中有很大一部分人对法律赋予的权利认知不足,其中国家与社会管理人员、经理人、专业知识分子职业阶层的比例仍然不容小觑。培养全社会公众的法律意识、权利意识、参与意识迫在眉睫。首先要提高各级行政机关工作人员的法律素养,培养他们的民主意识,使其成为推动法治政府建设和政府信息公开的力量;其次要鼓励和培养社会公众的权利意识和参与意识,让更多的人具有参与政府信息公开的能力,使得公众成为监督政府阳光行政的外在有效力量。

参考文献

[1] 刘洁:《浅谈我国政府信息公开的现状、存在问题及对策》,《法制与经济》2012年2月。

[2] 赵桂茹:《浅论政府信息公开的主要问题及对策研究》,《信息系统工程》2012年2月20日。

[3] 国务院办公厅:《当前政府信息公开重点工作安排》。

---

① 赵桂茹:《浅论政府信息公开的主要问题及对策研究》,《信息系统工程》2012年2月20日。

B.13 甘肃政府网站信息传播分析与预测

胡圣方*

摘　要： 通过对甘肃政府网站信息传播内容调查分析，认为当前甘肃地市政府网站在信息公开、在线办事、互动交流能力上相较于全国多数地市还比较欠缺和落后。通过对甘肃政府网站信息传播受众调查分析，发现信息服务需求强烈，实际运用政府网站较少；手机上网成主流方式，信息需求内容具个性化；政府网站信息查找不便捷，场景式服务更受欢迎。在对策上认为应高度重视政府网站建设，建立完善奖励监督机制；健全政府网站管理规范，探索主动服务长效机制；扩大政府网站传播影响，提高工作人员管理能力。在预测上认为应增强资源整合力度，提供问题检索服务；着眼保障民生服务，优化政府业务流程；提高互动交流能力，开发智能应答平台。

关键词： 政府网站　信息传播

---

* 胡圣方，男，甘肃省社会科学院信息化研究所助理研究员，主要研究方向：网络信息组织与管理。

党的十八大报告提出要"建设职能科学、结构优化、廉洁高效、人民满意的服务型政府"。随着网络社会的崛起，以及政府角色从发展型向服务型的转变，通过政府网站提供服务逐渐成为创新社会管理的重要手段、方式和平台。政府网站在为公众和企业提供服务和满足其政务信息需求方面发挥越来越重要的作用。回顾政府网站的发展历程，政府网站网页从静态性到动态性，服务从大众化到个性化的转变，深刻彰显了政府以人为本的网站建设与发展理念。以人为本的政府网站是以用户需求为中心的政府网站，如何缩小政府网站服务提供与用户需求之间的差距，是政府网站建设面临的核心问题。当前甘肃处于转型跨越发展的重要时期，经济社会发生深刻变革，用户需求更具多样性、层次性和实效性，如何建设更好的服务型政府网站，主动地去满足甘肃民众和企业的服务需求，是建设"幸福美好新甘肃"不得不面对的重要问题。

一 甘肃政府网站信息传播内容调查分析

政府网站的服务内容是其传播内容的核心部分，脱离服务政府网站就会只剩骨架，而没有灵魂。国际领先政府网站的建设经验表明，提供以用户为中心的服务是政府网站的核心价值所在。2011年《国务院办公厅关于进一步加强政府网站管理工作的通知》指出："办好政府网站的关键在于及时、准确公开政务信息，倾听群众的意见、呼声和要求，及时讲清事实真相、政策措施、处理结果。只有互动、解决问题，才能吸引群众。"这表明政府信息公开和互动交流是办好政府网站的关键。本课题主要参考工业和信息化部委托的第三方评估机构中国软件测评中心发布的政府网站绩效评估结果，从信息公开、在线办事、互动交流、网络舆情引导等四个方面对甘肃地市政府网站的服务内容进行分析评价。

（一）信息公开能力逐渐提升，全国排名整体靠后

国务院总理李克强在2013年9月18日主持召开的国务院常务会议中指出，依法实施政府信息公开是人民政府密切联系人民群众、转变政风的内在要求，是建设现代政府、提高政府公信力和保障公众知情权、参与权、监督权的重要举措。信息公开既是我国建设现代政府的客观要求，也是人民群众维护自身权益的热切期盼。课题以中国软件测评中心测评的地市政府网站信息公开指数的结果作为分析依据，从296个地市测评结果中提取2010年、2011年、2012年的甘肃地市测评结果作为分析样本（见表1）。从表1计算得出甘肃地市政府网站信息公开指数平均值，2010年为0.22，2011年为0.31，2012年为0.41，表明甘肃地市政府信息公开能力逐渐提升。从表1不难看出，甘肃地市政府网站信息公开指数在全国排名整体靠后，与全国平均水平存在较大差距。2010年、2011年在中国软件测评中心发布的中国政府网站绩效评估指标体系中，信息公开透明度评估指标涉及8项评估内容，即人事任免及公务员招考，财政信息（财政预决算、行政收费、政府采购），重点建设项目，政策法规及规范性文件，规划计划，政府常务工作会议、新闻发布会，信息公开目录及依申请公开，信息公开年报。2012年信息公开透明度指标更为全面，分为7项评估内容，即行政决策公开（政策法规、重点工程项目），行政权力公开（行政职权目录、行政权力运行），基层政务公开（基层信息公开、公共企事业单位信息公开），年度重点政府信息公开（财政预算决算、招投标、价格和收费、其他年度重点政府信息公开），其他信息公开（概况信

息、人事信息、规划计划、统计信息、应急管理)，依申请公开（渠道建设、答复情况），公开保障（公开指南、公开目录、年度报告、公开举报投诉）。可能受评估指标和评估内容变化的影响，2012年甘肃地市政府网站信息公开指数相较于2011年排名多呈现下降趋势。整体排名靠后表明甘肃地市政府网站信息公开中存在较多问题，从年度重点政府信息公开看，据《甘肃省人民政府办公厅关于印发当前政府信息公开重点工作安排的通知》（甘政办发〔2013〕132号），当前甘肃政府信息公开工作重点领域包括推进行政审批信息公开、推进财政预算决算和"三公"经费公开、推进保障性住房信息公开、推进食品药品安全信息公开、推进环境保护信息公开、推进安全生产信息公开、推进征地和房屋征收信息公开、推进以教育为重点的公共企事业单位信息公开等9个方面，课题组在2013年9月通过对甘肃地市政府网站信息公开栏目的人工调查（见表2），发现甘肃地市部分政府网站在年度重点政府信息公开中存在较突出的问题。一是渠道功能不健全，如普遍没有开设年度重点政府信息公开栏目；二是信息公开不全面，如普遍没有公开征地和房屋征收信息；三是对涉及公共企事业单位的信息公开整合力度不够，如普遍缺少以教育为重点的公共企事业单位的信息公开及相关链接。

表1　甘肃地市政府网站信息公开指数及全国排名

地市	2012年	全国排名	2011年	全国排名	2010年	全国排名
平凉	0.59	175	0.49	145	0.34	197
白银	0.50	234	0.54	117	0.13	266
武威	0.55	210	0.41	201	0.06	277
金昌	0.42	267	0.37	226	0.28	226
兰州	0.43	24	0.54	22	0.38	23

续表

地 市	2012年	全国排名	2011年	全国排名	2010年	全国排名
定 西	0.49	246	0.23	268	0.05	279
庆 阳	0.35	278	0.32	249	0.05	280
嘉峪关	0.43	266	0.13	279	0.02	293
酒 泉	0.57	201	0.45	174	0.31	216
陇 南	0.32	282	0.13	280	0.31	217
张 掖	0.30	283	0.20	272	0.29	225
天 水	0.23	288	0.27	259	0.34	202
临 夏	0.19	289	0.15	276	0.46	117
甘 南	—	—	0.18	274	0.30	220

说明：兰州市是在27个省会城市中的排名，甘南2012年没有测评数据。
数据来源：中国软件测评中心。

表2 甘肃地市政府网站信息公开的主要栏目设置

地 市	主要栏目设置
平 凉	领导之窗、发展规划、法规公文、重要会议、督察通报、政策法规、人事信息、财政信息、工作报告、统计数据、应急管理、民计民生
白 银	规划计划、政府采购、政府文件、人事任免、重要会议、领导讲话、数据统计、应急管理、政策法规、政务要闻、领导工作、机构职责
武 威	公文公报、重要会议、领导讲话、工作报告、发展规划、重大项目、督办事项、应急管理、人事信息、统计信息、政策法规、财政信息、项目服务
金 昌	政策法规、关注民生、城乡建设、人事信息、招标采购、财政信息、统计数据、监督信息、规划计划、工作会议、应急管理、三农信息、重点工作、行政执法职权及依据
兰 州	人事任免、政策文件、规划报告、主要会议、重点项目、公共事件、政府采购、机构设置
定 西	党政文件、法规政策、统计信息、发展规划、金融经济、政府采购、实事办事、重点项目、公告公示、督察专题、人事任免、应急管理
庆 阳	公开目录、新闻发布、信息公开、重点项目、大事记、应急管理
嘉峪关	机构信息、规章文件、政务动态、通知公告、规划计划、统计数据、城市规划、人事信息、政府采购、应急管理、监督检查、行政审批
酒 泉	政务公告、政务公开、政府工作报告、领导简介、领导讲话、政策解读

续表

地市	主要栏目设置
陇南	政府领导、政府机构、领导讲话、工作报告、政府文件、政府会议、政务督察、法律法规、人事任免、大事记、统计公报、重大项目、民生实事、"十二五"规划
张掖	最新信息公开、党务公开、政务公开、社会事务公开
天水	政府文件、规范性文件、政府会议、政府大事记、政府工作报告、人事任免、机构设置、国民经济和社会发展规划、统计数据、政府采购、行政审批、重大项目、民生实事、政务动态、政务督察、应急管理
临夏	组织机构、政府信息公开、发展规划、就业资讯、党风廉政、公共资源、监督检查、应急指挥、行政收费、法规文件、民族统战、民生公益、三农信息、政府工作报告、市场信息、行政审批
甘南	政府机构、政府文件、工作报告、重要会议、发展规划、政策法规、财政信息、人事信息、督促检查、应急管理、统计信息、重大项目

数据来源：甘肃各地市政府网站。

（二）在线办事能力显著增强，企业服务能力优于个人服务能力

服务型政府是对以经济建设为中心的发展型政府的超越，其更加注重社会发展，但不否定经济发展的重要性。政府网站的在线办事深刻体现了服务型政府建设的价值内涵。2009年工业和信息化部印发《政府网站发展评估核心指标体系（试行）》通知，该通知将网上办事纳入三大一级指标之中，表明政府网站在线办事是政府网站信息传播的核心内容之一。2010年中国软件测评中心发布的中国政府网站绩效评估指标体系中，将办事服务能力一级指标分解为教育服务、社保服务、就业服务、医疗服务、住房服务、交通服务、证件办理、企业开办、资质认定等9项二级指标。2011年增加婚育收养服务、公用事业服务、经营纳税等3项二级指标。2012年在2011年的基础上又增加了招商引资指标。可以看出在线办事的指标覆盖越来越全面，不仅注重政府网站在保障民生、满足公众信息需

求等方面为个人服务的作用，也突出政府网站在招商引资、促进地区经济发展等方面为企业服务的功能。课题组依据中国软件测评中心关于中国地市政府网站绩效评估的结果，通过比较2010年、2011年、2012年甘肃地市政府网站绩效评估中在线办事的指标指数，发现甘肃地市政府网站在线办事能力显著增强。2012年和2011年的数据进行比较，2012年甘肃地市政府网站在线办事教育服务指数均值为0.36，较2011年的0.11提高了227.27%；社保服务指数均值提高258.22%，就业服务指数均值提高76.76%，医疗服务指数均值提高180%，住房服务指数均值提高276.07%，交通服务指数均值提高390.38%，婚育收养服务指数均值提高61.78%，公用事业服务指数均值提高108.26%，证件办理指数均值提高138.49%，企业开办指数均值提高260.21%，经营纳税指数均值提高357.34%，资质认定指数均值提高149.85%。比较2012年甘肃地市政府网站在线办事的企业服务指数与个人服务指数的均值，通过计算得出企业开办指数均值为0.52，经营纳税指数均值为0.50，资质认定指数均值为0.31，招商引资指数均值为0.48，普遍高于社保服务指数均值0.24、就业服务指数均值0.12、医疗服务指数均值0.19、婚育收养服务指数均值0.26、公用事业服务指数均值0.20。这表明甘肃地市政府网站在线办事的企业服务能力优于个人服务能力。从2012年甘肃地市政府网站在线办事指数的全国排名看，可以发现甘肃地市政府网站在线办事能力在部分领域存在较大差距。如教育服务指数，在全国296个地市排名中，金昌排在第11位，而张掖排在第287位；如招商引资指数，白银排在第13位，而酒泉排在第285位（见表3）。从就业服务指数和公用事业服务指数的全国排名看，甘肃地市政府网站就业服务能力和公用事业服务能力普遍偏弱。甘肃作为西部内陆欠发达省份，保障民生对甘肃稳定发展而言具有举足轻重的作用，政府网站是政府传播形象的重要窗口,甘肃政府网站不仅要塑造"促发展"的形象,更要塑造"保民生"的形象。因此,甘肃政府网站应着力提高在线办事的个人服务能力。从2012年甘肃地市政府网站在线办事服务能力的差距看,地市政府网站建设发展很不平衡,这可能是受地方政府对政府网站建设重视程度不同的影响,也可能是受地方政府对政府网站投入不同的影响,总之这样的差距表明甘肃政府网站要整合资源,协同业务,提供集约化服务还有很长的路要走。进一步通过调查分析甘肃地市政府网站在线办事方面普遍存在的问题,一是对涉及公共企事业单位的信息资源的整合程度差,如教育服务中对当地各种教育资源的整合。二是在线办事服务能力差,部分网站在线办事仅仅是简单的信息公开,没有办事指南、表格下载等方面的服务。

表3 2012年甘肃地市政府网站在线办事指数全国排名

地市	教育服务指数	社保服务指数	就业服务指数	医疗服务指数	住房服务指数	交通服务指数	婚育收养服务指数	公用事业服务指数	证件办理指数	企业开办指数	经营纳税指数	资质认定指数	招商引资指数
平凉	58	87	288	54	102	27	34	192	147	216	99	37	66
白银	45	195	267	182	163	89	215	193	77	199	107	152	13
武威	196	253	284	169	273	128	195	250	113	48	71	93	158
金昌	11	5	281	246	17	138	280	207	59	62	59	108	232
兰州	27	15	27	26	17	14	18	26	11	12	11	20	26
定西	206	207	296	247	211	134	183	254	90	63	281	172	191
庆阳	169	213	282	249	216	185	281	257	281	276	123	285	193
嘉峪关	231	215	290	219	126	257	202	265	219	267	93	235	218
酒泉	269	273	294	268	245	285	290	271	132	120	141	236	285
陇南	232	216	292	250	217	263	256	258	245	197	142	117	145
张掖	287	288	283	240	56	271	263	259	292	137	291	237	147
天水	59	219	285	163	75	252	282	267	287	284	243	238	106
临夏	235	220	295	272	283	286	291	260	269	294	294	290	219

说明:兰州市是在27个省会城市中的排名,甘南2012年没有测评数据。
数据来源:中国软件测评中心。

（三）互动交流能力有所提升，整体能力依然偏弱

李克强总理在2013年9月18日主持召开的国务院常务会议中指出，要采取配套措施，加强相关制度和平台建设，使政府经济社会政策透明、权力运行透明，让群众看得到、听得懂、能监督，这也有利于稳定市场预期和改变一些地方、部门在信息公开上不主动、不及时，以及面对公众关切不回应、不发声的现象。政府网站是政府信息公开与公众互动交流的重要平台，政府网站的互动交流栏目是政府政策执行的重要反馈通道，是搜集社会舆情的采集器，其本质就是主动回应公众关切，努力增强提升政府公信力、社会凝聚力的"软实力"。课题组依据中国软件测评中心关于甘肃地市政府网站互动交流指数的测评结果（见表4），并对甘肃地市政府网站2010年、2011年、2012年的互动交流指数进行均值比较，发现2012年相较2011年提高了65.53%，表明甘肃地市政府网站互动交流能力有所提升。但甘肃地市政府网站互动交流指数在全国的排名均在全国平均位次以后，表明甘肃地市政府网站互动交流的整体能力依然偏弱。2012年中国软件测评中心将互动交流一级指标分解为政务咨询、投诉举报、实时交流、征集调查等4个二级指标，从评估要点上看，主要考察政府网站在4个二级指标内容中的渠道功能、答复质量。课题组通过人工调查考察了甘肃地市政府网站互动交流的主要栏目设置，即渠道功能（见表5）。可以看出多数地市主要栏目设置齐全，部分地市仅设领导信箱而没有设置互动交流栏目。从问题受理分类方式看，一是按领导分类，二是按部门分类。政府网站提供"一站式"办理和"集约化"服务是未来发展趋势，而普通民众有时亦很难知晓问题涉及的具体部门，因此从发展趋势和民众需求上看，要让群众看得懂、听得懂，按领导分类将

更亲近用户。从表4和表5也可以看出,按领导分类的地市其互动交流指数亦较高。

表4 甘肃地市政府网站互动交流指数及全国排名

地市	2012年	全国排名	2011年	全国排名	2010年	全国排名
平凉	0.24	246	0.34	127	0.31	172
白银	0.44	192	0.11	253	0.37	139
武威	0.45	188	0.14	222	0.29	189
金昌	0.19	266	0.19	196	0.15	254
兰州	0.32	25	0.2	25	0.05	27
定西	0.37	220	0.37	119	0.3	184
庆阳	0.37	221	0.14	221	0.15	256
嘉峪关	0.18	272	0.01	295	0.01	292
酒泉	0.06	283	0.14	223	0.19	243
陇南	0.06	284	0.06	273	0	297
张掖	0.21	260	0.12	248	0.13	267
天水	0.24	251	0.13	242	0.13	268
临夏	0.19	269	0.12	250	0.3	181
甘南	—	—	0.09	264	0.29	187

说明:兰州市是在27个省会城市中的排名,甘南2012年没有测评数据。
数据来源:中国软件测评中心。

表5 甘肃地市政府网站互动交流的主要栏目设置及问题受理分类方式

地市	主要栏目设置	问题受理主要分类方式
平凉	政风行风、民意征集、在线访谈、在线调查、人大建议、政协提案	按部门分类
白银	领导留言、网上民声、在线访谈、阳光通道、民意征集、统计排行、政风行风评议、12380举报投诉、"两会"建议提案办理	按领导分类
武威	我对书记说、我对市长说、民意征集、建言献策、网上调查、政务微博、12345便民服务中心	按领导分类

续表

地市	主要栏目设置	问题受理主要分类方式
金昌	市长信箱、网上信访、政务咨询、行政投诉、民意征集、网上调查	按部门分类
兰州	领导信箱、建言献策	按领导、部门分类
定西	书记信箱、市长信箱、在线访谈、建言献策、意见征集、举报投诉	按领导分类
庆阳	网上调查、监督投诉、在线访谈、建言献策	按领导、部门分类
嘉峪关	市长信箱、在线访谈、在线咨询、在线投诉、意见建议	—
酒泉	—	—
陇南	—	—
张掖	网上信访、在线访谈、投诉举报、在线调查、提案议案	按部门分类
天水	市长信箱	按部门分类
临夏	书记信箱、州长信箱、网上留言	—
甘南	州长信箱、一把手民生信箱	—

说明："—"表示无互动交流主要栏目或问题受理分类方式不明确。
数据来源：甘肃各地市政府网站。

（四）网络舆情引导能力较强，地市政府网站之间差距明显

习近平总书记在8·19重要讲话中指出，"必须坚持巩固壮大主流思想舆论，弘扬主旋律，传播正能量"。舆论导向正确，是党和人民之福祉；舆论导向错误，是党和人民之祸害。政府网站是政府与民众互动交流的新媒体平台，承担着网络舆情引导的重要责任。其网络舆情引导能力的强弱，关系地方形象的好坏与民心的向背。课题组依据2012年中国软件测评中心关于中国地市政府网站的网络舆情引导指数的测评结果进行排名（见表6），发现甘肃地市政府网站网络舆情引导指数在全国排名较为靠前，其中平凉位列全省第一、全国第十二，甘肃地市整体均值为0.33，表明甘肃地

市政府网站网络舆情引导能力较强。从网络舆情引导指数和全国排名可以看出,甘肃地市政府网站网络舆情引导能力之间的差距明显,平凉网络舆情引导指数为0.60,而嘉峪关仅为0.09。网络舆情引导能力是中国软件测评中心2012年新增的一级指标,其评估内容考察的是地市政府的政务微博和人民网留言。课题组于2013年9月通过政务通网检索甘肃地市的政务微博数量,并与地市政府网络舆情引导能力的全国排名进行相关性分析,发现不存在显著相关性。通过统计人民网留言板上甘肃地市政府人民网总留言量和公开回复量计算回复率,并将回复率与网络舆情引导能力的全国排名

表6 2012年甘肃地市政府网站网络舆情引导能力

地 市	网络舆情引导指数	全国排名	政务微博量	人民网总留言量	公开回复量
平 凉	0.60	12	31	540	487
白 银	0.50	39	74	1656	1308
武 威	0.14	167	29	566	76
金 昌	0.49	44	25	111	100
兰 州	0.62	5	71	4075	3273
定 西	0.25	110	40	573	129
庆 阳	0.24	117	47	658	286
嘉峪关	0.09	199	29	84	8
酒 泉	0.15	155	33	137	20
陇 南	0.42	50	53	779	674
张 掖	0.50	41	33	1310	768
天 水	0.14	171	40	686	8
临 夏	0.39	74	64	301	130
甘 南	—	—	38	44	2

说明:兰州市是在27个省会城市中的排名,甘南2012年没有网络舆情引导指数测评数据。

数据来源:中国软件测评中心,人民网,政务通网。

进行 pearson 相关性分析，发现显著相关性，相关性为 0.93，表明甘肃部分地市政府网站网络舆情引导能力排名靠后主要是人民网留言回复率不高导致的。虽然甘肃省政府非常重视网络舆情引导工作，2012 年 6 月甘肃省人民政府办公厅印发《网民留言办理工作办法的通知》（甘政办发〔2012〕143 号），明确了人民网网民留言工作的责任分工和办理程序，但部分地市政府及相关部门依然存在人民网网民留言回复率不高的问题。这一方面可能是地市政府对网络舆情引导工作不重视，另一方面可能是该通知缺少细化的责任追究和监督检查机制。

二 甘肃政府网站信息传播受众调查分析

习近平总书记在 2013 年 6 月 18 日召开的党的群众路线教育实践活动工作会议上的重要讲话中指出，人心向背关系党的生死存亡，党只有始终与人民心连心、同呼吸、共命运，始终依靠人民推动历史前进，才能做到坚如磐石。政府网站是走群众路线的重要实践平台之一，政府网站的信息公开就是保障人民群众的知情权、参与权、监督权，推动透明型政府建设，"把权力关进制度的笼子里"，依靠人民群众构建不能腐的防范机制。政府网站的在线办事、互动交流就是以"群众利益无小事"为出发点和落脚点，推动电子政务的建设，方便群众办事，保护群众利益。因此，服务人民群众，依托人民群众是政府网站建设发展的最终价值归宿。政府网站传播效果的好坏直接关系到其"服务"的优劣与"依托"的强弱。课题组通过问卷调查的方式对甘肃政府网站信息传播的受众进行了调查，调查对象是兰州市部分高校在校大学生。据中国互联网络信息中心的统计数据，截至 2012 年 12 月底，我国网民规模达

5.64 亿人，学生占 30.2%，是最主要的上网群体，因此调查对象具有一定代表性，调查结果具有一定的说服力。课题组共发放问卷 150 份，剔除 2 份无效问卷，最终获得有效问卷 148 份。其中男性占 20.3%，女性占 79.7%。调查对象籍贯覆盖甘肃 13 个地市（除去甘南）。

（一）信息服务需求强烈，实际运用政府网站较少

政府网站信息传播的真正价值在于服务人民群众，依托人民群众，推动服务型、透明型政府建设，构建政府与民众相互促进、相互监督的和谐关系。政府网站信息服务的需求状况，不仅会影响政府网站信息传播的效果，而且会影响政府与民众之间的和谐互动关系。问卷调查的结果显示，调查对象对政府网站提供信息服务的心理需求强烈。在"您对政府网站公开政务信息，在线办理事情、开展政民互动的看法是"问题中，认为"非常有用处"的占 63.51%，"有些用处"的占 29.73%，"无所谓"的占 6.08%，"完全没用"的占 0.68%。但调查对象实际运用政府网站为自己提供服务的较少。在"您是否登录过政府网站"问题中，回答"登录过"的占 37.16%，"从没登录过"的占 62.84%。在"您登录政府网站的主要目的是"问题中，登录过政府网站的调查对象回答"随便看看"的占 36.36%，"查找便民信息"的占 32.73%，"查找政务公开信息"的占 21.82%，"在线办理事情"的占 7.27%，"举报投诉和反映问题"的占 1.82%。一方面公众期待政府网站提供更多更好的信息服务，另一方面公众实际运用政府网站为自己提供信息服务的却较少，在公众民主意识日益觉醒的今天，这种矛盾深刻表明甘肃政府网站信息服务提供与公众信息服务需求之间还存在较大差距。

（二）手机上网成主流方式，信息需求内容具个性化

保障人民群众的知情权、参与权与监督权是政府网站信息传播的重要使命。政府网站不仅要保障政务信息的可获得性，也要保障政务信息的易获得性。随着当前社会信息的日益普及，智能手机的出现使人们的上网方式发生了显著变化。据中国互联网络信息中心数据统计，截至2012年12月底，我国手机网民规模为4.20亿人，网民手机上网的比例保持较快增长，而通过台式电脑和笔记本电脑上网的比例较2011年底略有降低。这表明网民通过手机上网逐渐成为主流，问卷调查的结果也支持此结论，在"您上网的主要方式是"问题中，"手机上网"的占87.8%，"电脑上网"的占12.2%。可见，为顺应时代发展潮流，政府网站要进行多渠道传播，让公众能够无障碍浏览政府网站信息。在"您希望政府网站提供什么信息"多选问题中，选择"政策法规信息"的占43.92%，"政府财政报告信息"的占39.19%，"政府机构职责信息"的占50.00%，"政府工作动态信息"的占30.41%，"教育机构、教育收费和各种考试信息"的占68.92%，"医疗机构、医疗费用等医疗信息"的占41.89%，"就业招聘、工资福利等信息"的占74.32%，"休闲娱乐信息"的占59.46%，"在线缴费、在线预约、在线查询等便民生活服务信息"的占65.54%，"其他信息"的占16.22%。由于我们调查的对象是高校学生，因此他们更加关注教育信息和就业信息。公众信息需求的个性化也表明公众信息需求多样化，受财力、物力、人力的影响，当前政府网站不可能为每一个人都提供其所需的信息服务，同时受上网设备、知识水平、理解能力的影响，每一个人亦不能通过政府网站完全满足其政务信息需求。但政府网站要让群众看得懂、听得懂、能监督，应该是多数

群众看得懂、听得懂、能监督,这样才能真正达到服务群众,依托群众的目的。因此,政府网站应加强政策解读,着力构建分级传播模式,打造多渠道传播平台,使政府网站的信息传播覆盖多数群众。

(三)政府网站信息查找不便捷,场景式服务更受欢迎

政府网站是传播政府形象,推动服务型、透明型政府建设的重要实践平台。政府网站提供信息服务不仅要注重质量,也要注重效率,这样才能更好地保障服务的实效性。问卷调查的结果显示,在"您认为甘肃政府网站存在哪些问题"中,登录过政府网站的调查对象认为"网站更新不及时"的占 27.27%,"网站界面不友好"的占 5.45%,"查找信息不便捷"的占 61.82%,"在线办事有名无实"的占 38.18%,"所反映问题没有答复或答复不及时"的占 10.91%,"其他"的占 9.09%。表明当前甘肃政府网站信息传播的主要问题是信息查找不便捷。在"政府网站信息分类方式您最喜欢的是"问题中,选择"按管理部门分类"的占 22.97%,"按涉事领域分类"的占 25.00%,"按主要领导分类"的占 3.38%,"按用户需求分类"的占 48.65%,"其他"的占 0。表明按用户问题和需求分类更贴近用户实际需求,场景式服务①更受欢迎。在线办事是政府网站信息传播的核心部分,在线办事能力强、服务好就会让人民群众更加"信得过"。在"您对甘肃政府网站建设发展有什么建议"问题中,46 条建议中涉及在线办事的最多,共 20 条,如"提高在线办事效率","增强便民查询服务能力",等等。

---

① 是指为使用者创建一个虚拟的办事环境,按照业务逻辑引导用户找到解决问题的相关信息。

三 甘肃政府网站信息传播的对策研究

当前甘肃正处在转型跨越发展的重要时期,加强政府网站建设是"促增长,保民生"的客观要求,也是甘肃人民群众的现实需求。促进甘肃政府网站信息传播,塑造"幸福美好新甘肃"形象,既要立足于甘肃政府网站建设的现实境况,也要着眼于甘肃政府网站发展的必然趋势。

(一)高度重视政府网站建设,建立完善奖励监督机制

重视和加强政府网站建设是甘肃经济社会发展的必然要求。随着甘肃经济社会的发展,人们受教育水平逐渐提高,人民群众的民主意识逐渐增强,对政务信息的需求日益强烈。政府网站是政府信息公开的主要平台,承担着满足公众信息需求的重要职责。重视和加强政府网站建设,既是民众信息需求的形势要求,也是推动政府建设的客观需要。同时,当前甘肃正进入转型跨越发展的重要时期,各种利益矛盾会更为突出,加强政府网站建设,提高互动交流能力,增强政府网站的权威发布功能,有利于缓解社会冲突矛盾,提高政府公信力,增强政府凝聚力。重视和加强政府网站建设是甘肃政府要执行的一项重要政治任务。2011年4月国务院办公厅下发《关于进一步加强政府网站管理工作的通知》(国办函〔2011〕40号),同年下发《关于深化政务公开加强政务服务的意见》(中办发〔2011〕22号),均传达了重视和加强政府网站建设的深刻内涵。从关于甘肃政府网站信息传播内容的调查分析中可知,甘肃地市政府在信息公开、在线办事和互动交流能力上均存在较大差距,侧面反映了甘肃地市政府对政府网站的重视程度和管理水平存在着一定程度的差

距。从甘肃政府网站管理机制上看，通过对甘肃政府门户网站检索，课题组未检索到关于甘肃政府网站管理细化的奖励、考评、监督等方面的制度，这必然会导致各地政府在政府网站管理方面各自为政、动力不足、压力不够、发展不均衡的状况，不利于甘肃政府网站整体的资源共享、业务协同和良性发展。因此，有必要建立和完善甘肃政府网站建设和管理的奖励监督考评机制，使政府网站建设和管理工作既有压力也有动力，推动甘肃政府网站的快速和谐发展。

（二）健全政府网站管理规范，探索主动服务长效机制

2012年11月，甘肃省人民政府办公厅出台《关于全面推进电子政务平台建设加强政务公开和政务服务工作的指导意见》，要求构建纵向覆盖省、市、县、乡镇（街道）和行政村（社区），横向连接各行政职能部门的统一电子政务网络。这是一项惠民便民的壮举，必将极大提升甘肃政务服务的水平和政府网站服务人民群众的能力，同时也意味着甘肃政府网站建设进入一个覆盖面更为广泛，服务能力不断加强的新的发展阶段。在甘肃全面推进电子政务平台建设的背景下，统筹规划政府网站建设，健全政府网站管理规范，对于避免"重投入轻管理""重建设轻服务"等现象的出现具有重要意义。具体而言，一是明确政府网站的管理机构和人员编制，加大专职工作人员的比重。二是确立政府网站管理的各项规章制度，加强属地管理与分级负责的能力建设。三是建立和完善政府网站管理的财政支出和财政调节机制，不断加强政府网站建设和提升政府网站管理服务能力。我国政府网站的建设和管理是以自上而下的方式推进的，这难免造成各地政府网站建设和管理存在一定程度的重"任务"而轻"服务"的现象。将甘肃政府网站打造成"服务是原则，不服务是例外"的领先政府网站，需要探索主动服务的长效

机制。具体从内容构建看，一要区分保密区，分重点地推进信息公开，二要理顺管理权限、整合行政资源分步骤分重点地提供在线办事服务，三要注重回复效率和有质量地进行互动交流；从传播对象看，一要根据用户的不同阶层和内容需求进行有针对性的无障碍浏览和易接受的传播，二要根据用户的不同获取渠道进行多平台多通道传播。

（三）扩大政府网站传播影响，提高工作人员管理能力

建设政府网站最终要落实到满足人民群众的信息需求上，扩大政府网站传播影响是政府主动服务人民群众的有力表现。从关于甘肃政府网站信息传播受众调查分析中可知，虽然用户对信息服务需求强烈，但实际运用政府网站的较少，表明甘肃政府网站应进一步扩大传播影响，切实提高政府网站服务用户信息需求的能力。具体而言，一是要提高领导对网络影响力的认识，大力提倡领导上网；二是要加强政府网站内容传播的影响力，着力提高政府网站信息查找的便捷程度；三是要通过多种媒体和渠道宣传政府网站，扩大受众覆盖面。随着甘肃政府网站的影响力逐渐扩大，受众会越来越广泛，通过政府网站处理的政务会越来越多、越来越杂，因此必须通过学习、培训等多种方式切实提高政府网站工作人员的管理能力和自身素质，满足人民群众日益增长的政务信息需求，塑造权威型、责任型、服务型、透明型的政府形象。

四 甘肃政府网站信息传播的预测思考

随着甘肃电子政务平台建设的全面推进，政府网站在服务甘肃人民群众各方面信息的需求上将发挥越来越重要的作用，甘肃人民

群众会越来越多地通过政府网站享受政务服务，而甘肃人民的信息需求也会越来越具有多样性、层次性和时效性。民众不断增长的信息需求和政府有限的信息服务提供的矛盾是将来政府网站信息传播不得不面临的难题。

（一）增强资源整合力度，提供问题检索服务

政府网站的信息服务只有贴近群众信息需求才能增强政府网站的吸引力，才能更充分发挥政府网站在保障人民群众知情权、参与权、监督权方面的作用。当前人们对公共服务的信息需求日益强烈，这客观上要求政府网站增强公共信息服务的供给，加强对事业单位等涉及公共信息服务部门的信息资源整合。当前人们通过手机、电脑等多种工具上网已是事实，政府通过政府门户网站、政务微博等进行信息传播已是时势所趋，依据不同的传播渠道和传播平台构建分类信息传播模式已是政府网站发展的必然趋势，这客观上要求政府网站加强内容整合，实现分类传播。同时，政府网站的统一规划分级负责的建设和管理方式也客观要求不同级别的政府网站之间增强信息资源整合力度，以节约政府网站建设和管理的成本，更好地为人民群众提供及时有效的信息服务。从关于甘肃政府网站信息传播受众的调查分析中可知，政府网站的场景式服务更受群众的欢迎，随着政府网站的发展，必然会有越来越多的群众享受政府网站提供的信息服务，政府网站提供的信息也必然会越来越全面和丰富，这客观上要求政府网站加强检索功能建设，而提供问题检索服务将更贴近群众的实际需求。

（二）着眼保障民生服务，优化政府业务流程

保障民生在甘肃建设小康社会的进程中始终居于重要地位，甘

肃政府网站理应担当提供民生信息服务的重要责任，提高民生信息服务能力。这既是建设服务型政府的必然要求，也是满足民众所盼所想的重要举措。从关于甘肃政府网站信息传播内容的调查分析中可知，甘肃地市政府网站提供民生信息服务能力较弱，因此应加强政府网站在教育、医疗、卫生、社保、就业、住房、交通、民政等民生服务内容上的建设，不断提高政府网站在保障民生方面的信息服务能力和水平。当前甘肃地市政府网站企业在线办事服务能力较强，但与发达省份地市相比，依然存在较大差距，因此应进一步优化政府业务流程，着力构建"一站式"办理平台，提供"一条龙"信息服务，方便企业办理各种相关事务，促进甘肃经济发展。

（三）提高互动交流能力，开发智能应答平台

政府网站的互动交流栏目是政策解读和宣传的重要场所，是开展群众路线教育实践活动的重要平台，是了解民情、汇集民意的重要通道。使政务信息让人民群众看得懂、听得懂、信得过、能监督，是政府网站建设的着力点，也是政府网站开展互动交流的价值所在。从关于甘肃政府网站信息传播内容的调查分析中可知，甘肃地市政府网站的互动交流能力整体偏弱，因此应着力提高政府网站的互动交流能力，为甘肃转型跨越发展和社会稳定保驾护航。同时，随着甘肃经济社会的发展，社会矛盾和利益纠纷难免会呈现增多之势，受人力、财力、物力等多方面的影响，政府网站的互动交流不可能为每一个人都提供令其满意的答复，这客观上要求政府根据人民群众反映的问题，依据相应政策构建答复模式，分级分类开发问答响应模式数据库，构建智能应答平台。

B.14 甘肃社会公众对优质基础教育资源配置问题的认知

刘安诚*

摘 要: 持续了40余年的精英教育,使甘肃省社会公众对教育和优质基础教育资源的理解出现了较大的偏差和矛盾,以致对国家和地方政府在公平教育方面所做的努力理解不足。这尽管可以理解,但不能因此而裹足不前,应加快基础教育的改革,尤其是加大教材、评价体系方面的改革力度。引导公众全面认识优质教育资源,特别是优质家庭教育资源。只有从教育起点上做到优质教育资源均衡,才可以保证教育过程的优质教育资源平衡。

关键词: 优质基础教育资源 家庭教育 学校教育 社会教育

一 调研背景

优质教育资源几乎是所有人都盼望得到的。那么,什么样的教

---

* 刘安诚(1964～),女,四川兴文人,甘肃省社会科学院哲学所助理研究员,主要研究方向:哲学教育学。

育资源才能称得上"优质"呢？对全体受教育者而言，"有教无类"的教育是最优质的教育资源。也就是说，对所有的受教育者都一视同仁、机会均等、毫无歧视的教育。对具体的受教育者而言，能"因材施教"的教育是最优质的教育资源。也就是说，越适合受教育者个体差异的教育才是最好的教育。在理论上，教育资源有三个有机组成部分：家庭、学校和社会教育资源。其中，家庭教育是每个人受教育的起点，家庭教育是人们"生命智慧开启的第一课堂"；社会教育是无处不在的，它深刻地影响着受教育者的生存环境，进而影响他们世界观的形成；学校教育是教育的主体过程，这期间家庭教育和社会教育的影响都通过学校教育反映在学生在校学习的考核成果中。在我国，学校教育必须是国家许可的，义务教育是由国家提供的、以国家强制力为保障的，是公民公平受教育权利的体现。也正因如此，优质基础教育资源的配置问题才会集中于义务教育阶段的学校，备受全社会的关注。

学校优质基础教育资源的本质在于追求和实现教育公平。可分为三个层次：

（1）基本公平层次：强调每个受教育者都应该受基础教育，都有权利受基础教育。

（2）初级公平层次：让受教育者都有基础教育学校上，并且上得起基础教育学校；

（3）高级公平层次：所有的基础教育学校都拥有优质教育资源，或者说优质教育资源均衡发展。

《2008~2012年甘肃教育年鉴》有关资料显示，自2004年甘肃省启动"普九"第三阶段以来，在国家的支持下实施了一系列国家教育工程项目，其中国家贫困地区义务教育工程、农村义务教育阶段寄宿制学校建设项目、中西部农村初中校舍改造工程、中小学校舍维修改造长效机制工程和中小学校舍安全工程共投资人民币146.27亿元,新建和改扩建中小学校舍1441.47万平方米。农村中小学现代远程教育工程项目投资4.38亿元,建成"模式一"(光碟播放点)学校5565所,"模式二"(卫星教学收视点)学校11591所,"模式三"(多媒体计算机网络教室和投影教室)1720所。实施了农村义务教育阶段学校教师特设岗位计划累计招聘特岗教师1.4万人,并从全省普通高校毕业生中为农村中小学选拔教师1.71万名;对省属师范院校本科毕业生到农村中小学任教实行以奖代补政策;同时开展了以"面向全员、突出骨干、倾斜农村"为原则的教师培训工作;等等。经过7年对农村地区学校的大力投入,甘肃省农村学生受教育年限以及农村学校在师资、设备、经费等资源配置上与城市学校的差距有了很大的改善。虽然历史欠账较多,但随着政府投入的增加,农村教育师资、教学设施等比较落后的状况有了很大的改观。

就官方而言,自20世纪80年代中后期国家启动普及义务教育,特别是2008年实行免费义务教育以来,对城乡义务教育学校实行的是统一的资源配置标准。从趋势上看,由国家提供的学校基础教育资源并没有根本性差别。2011年,甘肃省"普九"完成"攻坚战",通过了国家达标验收,现在正处于巩固、充实和提高"普九"质量,着力促进义务教育内涵发展的新阶段。换言之,要在实现了义务教育发展的"初级公平层次"之后,步入高级层次——优质基础教育均衡发展。2011年,甘肃省教育厅印发了《关于在全省开展义务教育学业质量监测分析与反馈工作的指导建议》,并对义务教育阶段的基础课程、初中学业水平考试和"中考"招生制度进行改革,以求提高甘肃省基础教育的"优质"水平。与以往搞实验、抓重点、树典型不同,此次对义务教育阶段的基础课程、初中学业水平考试和"中考"招生制度的改革是对全省城乡中小学一视同仁的,借此体现义务教育的公平性、普及性和基础性。应当说,甘肃省教育部门的基础教育理念和作为正在回归其本质。

二 问卷及访谈说明

在甘肃省,尽管优质基础教育资源合理配置问题在城市被关注已久,但是只有在"普九"任务基本完成后,才有可考虑的前提。为此,本课题组在2013年8~9月,先后深入甘肃兰州、甘南、临夏、平凉、定西、天水、金昌、武威8市(州)14县(区)开展专题调研。调研主要采用问卷调查与访谈相结合的方式。课题组先后发放问卷630份,回收有效问卷603份,有效回收率为95.71%。① 此外,对兰州市、白银市和永靖县部分学校的27名教师、5名管理人员以及121名各方家长进行了访谈,并对长期跟踪的8名大学生和研究生进行了访谈。

三 舆情分析

(一)被访者对基础教育优质资源的认知

目前,在甘肃省无论城乡还是校际间,仍然存在较大的优质基础教育资源不均衡问题。为此我们设计了3个问题(见表1)。第一问:"您认为最重要的优质基础教育资源是"怎样的?对该题的回答表明甘肃省公众对优质基础教育资源的选择偏重于"好的学

---

① 问卷详情参见本书热点篇:《甘肃民众关于网络反腐的舆情调查与研究》。

校基础教育"（选择率为49.26%）和"最适合正在接受基础教育学生的教育模式"（选择率为32.96%）。在我们另一项课题调研时，就该题对121名学生家长进行了访谈讨论。其中42.15%的家长选择了"好的学校基础教育"。在讨论后大家一致认为，好的学校基础教育就是"学校硬件设施好、老师教学认真、学生源好，可以互相促进"，最后的落脚点在于能够提升孩子的学习成绩，让孩子能顺利地考上理想的高中。43.80%的家长选择了"最适合正在接受基础教育学生的教育模式"。这部分家长对孩子在学校学习期间学校提供的能够让孩子全面发展的资源更为关切，但最后的结论——优与不优，还是中考说了算。说到底，甘肃社会公众眼中的优质基础教育资源，就是义务教育阶段升学率高的学校。

表1 甘肃省公众对优质基础教育资源均衡性的认识

单位：%

问题	选项	选择率
1. 您认为最重要的优质基础教育资源是	A 好的学校基础教育	49.26
	B 好的家庭教育	15.37
	C 好的课外教育机构	2.41
	D 最适合正在接受基础教育学生的教育模式	32.96
	合计	100
2. 您认为您所在地区中小学优质基础教育资源配置均衡吗	A 总体均衡	16.61
	B 局部均衡	43.32
	C 基本失衡	25.00
	D 学生生源差异大	15.07
	合计	100
3. 如果您认为"基本失衡"，您认为最大的失衡源自	A 城乡之间	31.06
	B 校际之间	22.73
	C 政府投入在城乡、校际间不平衡	28.03
	D 说不清楚	18.18
	合计	100

第二问："您认为您所在地区中小学优质基础教育资源配置均衡吗？"68.32%的受访者选择了"局部平衡"和"基本失衡"；第三问："如果您认为'基本失衡'，您认为最大的失衡源自"哪里？受访者的回答集中于"城乡之间""校际之间"和"政府投入在城乡、校际间不平衡"，合计达81.82%。应当说受访者是根据自身体验做出的选择。

这里，需要回顾一下甘肃省城乡优质基础教育资源学校的成因。

1. 中国城乡优质基础教育资源确实存在着较大的差距，甘肃省也不例外

除了历史上众所周知的因城市偏向、工业偏向政策造成的城乡文化教育投入的巨大差距外，学校文化教育内容的城市化更加剧了城乡教育资源的不公平问题。我们知道，学校教育是以教授社会主流文化（有人称之为"上层的精英文化"）知识为主。在我国，城市文化无疑是主流文化，以主流文化的立场编制课程和选择教材是天经地义的，并在学校教育的过程中最大限度地彰显着与城市文化一致的主流知识和价值观念。这种统一的、法定的课程和教材没有把城乡教育公平问题纳入视野，更没有考虑到生活在城乡不同文化背景中个体发展状况和教育基础的差异。来自城市的孩子，其自身文化资本形式与学校课程文化一致，与其生活经验相吻合，使他们在学业上更容易出成绩；与之相反，来自农村的孩子因其自身家庭和所处的乡村文化环境形成的文化资本形式与学校课程文化差异较大，与其生活经验相陌生，从而难以养成浓厚的学习兴趣和良好的学习习惯，最终可能导致他们学业不佳甚至失败。我国新课程改革后实施"一纲多本"，虽然顾及了我国地区间发展的不平衡性，但没有关注城乡差异的现实。我国的教育内容、课程标准、考试题目、素质测试项目等都立足于城市文化，很少考虑到农村文化的实际。反映在学校教育层面上就是城市学校基础教育资源普遍优于农村学校，甚至城市学校教师待遇也远远优于农村学校。

2. 同城优质基础教育资源的形成

其一，新中国成立之初就开始进行大规模的经济建设，但一个多世纪的动荡、战乱，使国家建设人才极其匮乏。在急需培养大批人才的情况下，政府采取了集中稀缺教育资源重点办好若干所学校的教育制度，即重点学校制度。然而十年"文革"对我国教育事业的破坏十分严重，使教育质量普遍低下，高精尖人才极度缺乏。1977年5月，邓小平同志提出，"办教育要两条腿走路，既注意普及，又注意提高，要办重点小学、重点中学、重点大学"，满足了那个特殊时期我国急需的、经济建设的高素质人才供给。重点学校制度作为一种政府行为，人为地扩大了基础教育学校间在资源配置和教育质量上的差距，使重点学校的设施、师资、教育理念、教育传统都处于强势地位，社会影响深远。在取消重点学校13年后的今天，曾经的重点学校仍然是社会公认的集中了优质基础教育资源，其考试淘汰制、抓现有知识"两基"学习、追求高升学率的教育理念，至今仍然占据着社会对学校教育评价标准的主流。

其二，20世纪80年代中期，我国进行了大规模的企业制度改革，企业有了很大的自主权。一些盈利高、实力强的国有企事业单位有条件利用各自的优势对子弟学校进行高投入，并以高薪招揽了一批优秀师资，比照重点学校的模式、理念，引入企业管理机制，迅速提升了升学率，赢得了社会的普遍认同，成为公众心目中的优质基础教育资源。

其三，2004年甘肃省取消"小升初"选拔考试，将一部分原重点完全中学改制为独立高中，截断了重点小学与重点中学对接的升学通道。实行小学与片区中学完全对接,直接升学。使一批与原重点小学对接的普通初中接受了较好的生源,初中升入原重点高中的升学率大幅度提高,一跃成为公众眼里优质基础教育资源的新贵。

所以,无论是从历史遗留还是现实判断来看,社会公众所期望的优质基础教育资源就是升学率高的义务教育阶段学校。

(二)被访者对优质基础教育资源配置不均衡的认识误区

1. 盼望优质基础教育资源公平配置与"应试教育"需求的矛盾

为此我们设计了5个问题(见表2)。第一问:"您认为下一级学校为上一级学校输送合格学生的最主要标准是什么?",42.54%的被访者选择了"品行端正,具有良好的行为习惯",累计42.72%的被访者选择了"掌握科学的学习方法,学会学习"和"掌握扎实的基础知识与基本技能"。第二、第三问是公众为孩子择校的标准:多数被访者选择"学风好和教学质量好"(84.91%),能"适合自己的孩子"(52.70%)、"升学率高"(30.86%)的学校。第四、第五问是考量公众对优质基础教育资源集中和各学校选择争夺优质生源,淘汰"学困生"做法的接受度:有47.15%的被访者认为优质基础教育资源集中"对学生发展格外不公平";33.28%的被访者"绝不认同"争夺优质生源,淘汰"学困生"的做法,32.25%的被访者深知这是"应试教育的恶果",是不得已而为之。

从优质基础教育资源的产生历史我们不难看出,所谓优质基础教育资源实际上是教育不公平的产物,有悖于基础教育的本质。基础教育,顾名思义,就在义务教育阶段,为少年儿童一生奠定基础的教育,具有普及性,是国家法定的、面向每一个适龄儿童所提供的公平教育机

甘肃社会公众对优质基础教育资源配置问题的认知

表2 被访者对择校和优质教育资源集中的态度

单位：%

问　题	选　项	选择率
1. 您认为下一级学校为上一级学校输送合格学生的最主要标准是什么	A 品行端正，具有良好的行为习惯	42.54
	B 掌握科学的学习方法，学会学习	21.36
	C 掌握扎实的基础知识与基本技能	21.36
	D 学习成绩优秀	14.74
	合　计	100
2. 如果您是家长，您为孩子选择学校优先考虑	A 学校的学风好和教学质量好	84.91
	B 学校环境和配套的实验设备、图书阅览室和活动设施	11.09
	C 学校离家近	3.09
	D 在学校是否有熟人	0.91
	合　计	100
3. 如果您选择"学校的学风好和教学质量好"，请问您判断的标准是	A 学校的升学率高	30.86
	B 学校的教育、教学适合自己的孩子	52.70
	C 大家都认为的好学校、名校	15.09
	D 其他	1.35
	合　计	100
4. 您认为优质基础教育资源分配较集中，对学生的影响体现在	A 对学生发展格外不公平	47.15
	B 能更好地集中资源培养优等生，很好	33.68
	C 学习主要在于学生自身，周边环境对其影响不大	18.31
	D 其他	0.86
	合　计	100
5. 您是否认同校际之间为获得本校优势地位而采取争夺优秀学生生源、直接或者变相驱逐"学困生"的做法	A 完全认同	15.53
	B 绝不认同	33.28
	C 不得已而为之，是应试教育的恶果	32.25
	D 说不清楚	18.94
	合　计	100

会。其内在要求是必须把每个学生潜能的开发、健康人格的发展、终身学习的愿望和能力的初步形成等作为教育的目的。因此，基础教育不能具有选拔和淘汰的功能。优质的基础教育应该是符合基础教育本质并能最大限度开发少年儿童潜能，保护其学习兴趣，养成其良好的生活、学习习惯和较强学习各类知识的能力，也就是

"素质教育"。而现在公认的优质基础教育资源学校，仍然沿袭着重点学校制度下所形成的教育理念和教学方法——以"双基"的训练和掌握为重点、以积累现成知识在考试中取得高分为目的的"知识主导型"或"考试导向型"教育，即"应试教育"。它不会去关注学生的人格养成、身心健康、兴趣和能力的发展，充其量把这些作为学生取得高分的辅助手段。所以善于考试的学生就成为"应试教育"下的佼佼者。为了保持应试的成功率，学校对生源的选择和淘汰便是不二法门。然而只要有选择与淘汰，就很难具有普遍意义上的教育公平和优质基础教育资源的均衡配置。这就产生了一个矛盾现象，一方面公众希望优质教育资源公平配置，另一方面公众却在追求不可能带来公平的选择与淘汰制。

可叹的是，"应试教育"的不公平性，已形成社会公众的心理定式，似乎孩子不从开始接受教育时就受这种残酷淘汰的"应试教育"洗礼，就不能成才。于是便出现了当前教育的一个奇怪现象：公众一边热切地盼望着增加基础优质教育资源的供给，而另一边却挖空心思地追求着并不适合少年儿童学习成长的"应试教育"。这种认识驱使着"望子成龙""望女成凤"的家长们竭尽全力把孩子送进所谓优质基础教育学校，使这些学校人满为患。七八十人的大班在甘肃省各地的优质基础教育学校已不鲜见。这些现象使得政府在均衡教育资源，发展公平教育方面所做的努力显得很无奈。

2. 被访者对优质基础教育资源缺乏的全面认识

为此我们设计了4个问题（见表3）。第一问："您认为优质基础教育资源均衡化主要是谁的责任？"，选择是"各级政府的责任"的被访者占77.28%，选择是"家庭的教育责任"的只有10.56%。第二问："您认为优质的学生生源主要产生于"哪里？选择"好的各级教育机构和学校教育"的最高，为44.81%，比较而言，选择

"好的家庭教育"的要比其低10个百分点。关于第三问："您认为家庭教育与学校教育影响相比,哪一个对学生的影响力更大、更深刻、更持久？"共有62.59%的受访者选择了"二者同等重要"和"二者在学生成长的不同阶段影响不同,小学以前家庭教育影响大,中学以后学校教育影响大"。在另一项调研中,我们对121名

表3 被访者对优质基础教育资源的认识

单位：%

问题	选项	选择率
1. 您认为优质基础教育资源均衡化主要是谁的责任	A 各级政府的责任	77.28
	B 校长的责任	4.29
	C 教师的责任	7.87
	D 家庭的教育责任	10.56
	合计	100
2. 您认为优质的学生生源主要产生于	A 好的生活环境和好的生活条件	17.41
	B 好的家庭教育	34.07
	C 好的各级教育机构和学校教育	44.81
	D 各类好的天赋	3.52
	E 不清楚	0.19
	合计	100
3. 您认为家庭教育与学校教育影响相比,哪一个对学生的影响力更大、更深刻、更持久	A 家庭教育	13.65
	B 学校教育	23.76
	C 二者同等重要	45.75
	D 二者在学生成长的不同阶段影响不同,小学以前家庭教育影响大,中学以后学校教育影响大	16.84
	合计	100
4. 您认为当前基础教育是否尊重了学生个性差异,使每个学生的特长和学习潜能都得到了最大限度的发挥	A 基本做到	34.19
	B 没有做到	54.36
	C 不可能做到	11.11
	D 没必要做到	0.34
	合计	100

中认为家庭教育与学校教育同等重要的家长（共89名）提问：您认为家庭教育的重要性有哪些？这些家长选择了"创造充分的条件，做好充足的物质准备，为孩子选择一个好幼儿园、好小学、好中学及其他好的社会教育机构""从物质和精神上支持孩子好好上学"，因为他们认同好学生是好的"各级教育机构和学校教育教出来的"。第四问："您认为当前基础教育是否尊重了学生个性差异，使每个学生的特长和学习潜能都得到了最大限度的发挥？"，共有65.47%的被访者认为现在的学校基础教育"没有做到""不可能做到"。在121位家长中有71.90%的人也持同样的看法。大多数社会公众对以上四题的回答又显示出他们认识上的矛盾：一方面，他们认为提供优质基础教育资源是政府和学校的事，"好学生"也是学校和社会教育机构教出来的，家庭只是提供"物质和精神"的支持；另一方面又认为学校教育"没有做到""不可能做到"尊重学生个性差异，"使每个学生的特长和学习潜能都得到了最大限度的发挥"。换言之，学校教不出"好学生"。

121人中只有14.88%的家长认为"家庭教育对孩子的影响最重要"。其中有一对中学教师夫妇，他们的见解是，家长对孩子"因材施教"起着关键性作用。因为现在学校的每个教师每天面对的学生都在120名以上，即使再精明负责的教师，也不可能对这么大数量的学生都因材施教，最多大体上做到抓好尖子、带动中游、促进落后。而现在的家庭基本上只有一个孩子，所以，父母最有条件了解自己的孩子，并为他们整合最适合的教育资源。他们讲述了自己的经历：他们很早就发现学校教育不适合自己孩子的全面发展，便利用自己的教师身份为孩子整合了所能调动的并且适合自己孩子的教育资源，使孩子在整个基础教育阶段脱离学校却未脱离同学和学习，培育了温良大度的性格、整洁有条理的生活习惯、简朴却丰富的生活技能，而且身强体健，兴趣爱好都得到较好的保护和发挥。他们说：兴趣是学习最好的老师，所以保护和发挥好孩子的兴趣，就是给孩子找到了最好的老师。他们的孩子顺利地通过了历次升学考试。从中国的一所名牌大学毕业后，去美国留学，现已开始攻读博士学位。2012年以优异的成绩和学科见解获得美国斯坦福大学全额奖学金，并且孩子一再向父母表示，一旦学有所成，就会回国报效家国。这是一个比较成功的个案。从基础教育的本质上看，这对父母给自己的孩子选择的教育资源配置是最优的。在访谈中，笔者发现，选择"家庭教育对孩子的影响最重要"的家长普遍有良好的学术背景，对现行学校教育有所反思。他们把培养孩子良好的品德、心态、生活和学习习惯、行为作风看得很重要，要求很细致、具体，督促也很到位，但很少对孩子的学习成绩提出具体要求。他们也为孩子选择所谓的优质基础教育资源学校，但帮助孩子"减负"；有的索性替孩子做重复布置的作业、抄写性作业，给孩子腾出发展兴趣爱好、锻炼身体、学习生活技能的时间；为了给孩子减负，有些家长干脆给孩子规定：学习成绩中等即可，但必须"心理阳光、生活自理、独立思考"。在与这些孩子就读学校的老师和校领导访谈时，他们反映，这些学生的家教都很好，都是品学兼优的好孩子；学习成绩基本上都在第一方阵里，有个别虽然比较偏科，但很勤奋努力。没有"豆芽菜"和"小胖墩"，是同学眼中的"好伙伴"，学校理想的"优质生源"。

综上所述，甘肃省公众对优质基础教育资源的认识是比较模糊、矛盾的。从客观上讲，所谓"冰冻三尺非一日之寒"。自1949年起至20世纪90年代，40余年（除去十年"文革"）三代人都是接受"应试教育"的过来人。应试教育的理念和方法，对大多数人而言已经固化在头脑中，以为学校教育本来就是这样。

但是应试教育的确使学生、家长乃至教师备尝辛酸。笔者长期跟踪调研的8名大学生、研究生，在义务教育阶段都是优质基础教育学校的择校生，现在只有2名认为择校对他们的成长非常必要，否则他们考不上大学和自己满意的专业；2名认为当初完全没有必要。其中一名认为当时择校是个错误，因为他到这个好学校后感到极度不适应，成绩直线下滑，又因为成绩不好，与多科老师关系紧张，以致成了全校出名的"问题学生"。中考后，他坚决拒绝父母花重金为他安排上优质高中，而是按照自己的意愿和兴趣特长上了艺术高中，现在在大学的音乐专业学习；另外4名觉得"不好说"，毕竟通过在优质学校的学习，自己考上了大学。但他们都认为自己从小学起就被训练成了考试机器，兴趣爱好被压制得太久。有3位称，虽然现在已经上了研究生，却不知道自己的兴趣究竟是什么。另一位孙姓女生，是优质小学、初中、高中学校的学习尖子，曾以优异的成绩考取北京航空航天大学。但她自幼的梦想是做一名服装设计师。为了圆梦，她入学后就背着父母办了休学，去北京的一家画室学习绘画，但因学艺时浅，未能在第二年如愿通过中国服装大学艺考。她很沮丧地告诉笔者：上初中时，她曾向父母和老师提出学习绘画，将来考中国服装大学。但是，作为一名"优秀的考手"（她自我戏谑之词）要去学艺科生，顿时引起了一片哗然，老师和家长都坚决反对，她只好妥协。上大学后，发现所有的专业她都不喜欢，她感到再这么下去，无异于天天"受刑"，所以才做出了这个大胆的决定。她说："要是早给我几年时间，我一定能通过中国服装大学的艺考。"又一年后，她考取了另一所知名大学的服装设计专业。从这8个学生的求学轨迹不难发现，就人的全面、和谐发展的角度而言，大多数处于基础教育阶段的学生并不适合应试教育。

在主观上，应试教育能迎合人们的攀比心态。正如一位家长所说：不比，怎么知道孰优孰劣？孩子们只有在比的过程中才能相互促进。但问题的关键在于比什么。应试教育以一纸考卷定优劣，简单易行，可操作性强，但未免有失偏颇。对于正在打人生基础的少年儿童，以这种片面比试结果为评价标准，确实不宜。

四　预测与建议

（一）甘肃省基础教育改革任重道远

目前，政府和教育部门在公平教育和优质基础教育资源配置上的着力点主要在教育过程——学校优质教育资源均衡上。无疑，政府在均衡学校优质教育资源过程中是最有力的推手。然而，与应试教育40年的历史相比，10年公平教育的努力显得功力尚浅。高考指挥棒曾一直指挥到小学，把全民几乎都绑上了"应试战车"。虽然有相当一部分公众和政府开始明确基础教育的基础性、普遍性和公平性的作用，正在竭力推行，但是不可能指望"应试战车"上所有的人一起跳下来。所以，甘肃省公众对优质基础教育资源的矛盾认知将会继续。由此可以预见：甘肃省优质基础教育资源的公平配置若要得到社会公众的认同，还有很长的路要走，必须长期坚持。

（二）甘肃省社会公众的家庭教育资源亟待优化

从理论上讲，家庭、学校、社会是教育的三大支柱，以家庭教育为基础，以学校教育为主导，以社会教育为依托，各自以其独特的优势对学生施加着各种影响，使学生在成长过程中逐步学习社会知识、技能规范，从而形成个人的价值观念和行为方式。三者有机配合和协调发展能更好地促进教育与人的和谐发展。根据胡森的教育机会均等"三阶段"理论,教育公平可以分为起点、过程和结果公平,在三个阶段中,家庭、学校、社会相互依存、相互影响,分别起着独特而重要的作用。家庭教育是"人生际遇中的第一所学校",父母是未成年人教育的第一责任人,是人生命旅程中的第一任和任教时间最长的老师。孩子是父母的身影,家庭的缩影。家庭对一个人的教育乃至一生发展的作用是全方位的潜移默化:包括基本生活技能、社会行为规范、道德情操、人格特征的形成,社会角色的定位,以及个人对社会适应的能力和动力等。且家长受教育的程度和职业类别、家长的人格修养和行为方式、家庭气氛、家长的期望值等因素与孩子的学业成绩、学习成果和品德差异密切相关。正如上述教师夫妇对家长们的告诫:父母们一定要相信自己才是对孩子影响最大的老师。父母的一言一行、举手投足都是在给孩子做榜样,榜样的力量是无穷的。所以父母们千万不要把家庭教育的责任推给学校和社会,却包揽了孩子本应培养的生活技能和好习惯,那样就等于给孩子树立了一个推卸应负责任的榜样。一个学会了推卸应负责任的孩子是不可能成才的。换言之,只有父母们真正负起对孩子的家庭教育责任,优质的基础教育资源才可能从教育的起点——家庭层面上得到均衡。

课题组建议:在甘肃省开展"优化家庭教育资源的工程",向社会公众宣讲和传授成功的家庭教育方法。更重要的是让全面的、公平的基础教育理念走进千家万户,让万千少年儿童在受教育的起点上能得到更多的优质教育资源。

(三)建立健全符合甘肃省特色的基础教育评价体系

2004年甘肃省就启动了小学及初中新课程改革方案,在教育理念、教学内容、方法和手段等方面都有改革。根据教育部的统一部署，把教学过程中的学习目标和教学目标确定为六大项：知识、技能、过程、方法、情感态度、价值观。主张教师教学要面向全体学生，采用自主学习、探究学习、合作学习等教学方法，培养学生快乐学习和创新学习的积极性，有力地全面推广素质教育。2005年《甘肃省教育厅关于全面推进基础教育课程改革的意见（试行）》就要求："关注学生的学习态度、学习兴趣、学习能力，促进学生的全面发展；关注学生个体的自我体验，尊重学生的自主选择，满足不同学生的学习要求，促进学生的个性发展；倡导学生主动参与、乐于探究、勤于动手，引导学生学会学习；改变机械灌输的传统教学方式，建立民主平等、和谐互动、教学相长的师生关系和教学关系。"经过近10年的努力，虽然取得了一些成绩，但是依然没能有效地改变应试教育的广泛影响。我国教育目前仍然处于转型时期：旧的应试教育评价方式仍在沿用，新的素质教育评价体系正在完善和摸索应用中。更重要的是新课程的执行者——广大教师存在的问题是不容忽视的。必须承认，我们的教师都是从应试教育中成长起来的，应试教育的思维和教学方式在教师头脑中的固化程度并不低。2002年谢维和先生在《论优质教育资源的涵义》一文中曾指出："基础教育教师队伍研究的实际情况（包括国外研究的理论）来看，基础教育的教师有一种'平庸化'现象。这种现象指的是现在中小学教师的教学有教材，有教学大纲，还有很多具体详尽的教师指导书，包括参考题，教师主要依靠这些，他们甚至用不着备课，而且连作业也可以按照题库去布置，按照标准答案判作业。国际上有些专家把这种现象叫作'基础教育的平庸化'。"这种"平庸化"还表现为教师的知识结构单一，除了本学科教材内容，对其他课程几乎不了解。如，数学老师不知道数学在物理、化学和生物课里的应用,而理化生老师又不知道数学课在教些什么;政治老师不关注历史、地理课,史地老师嫌政治课枯燥;等等。诸如此类的现象比比皆是,教师教学研究能力往往仅限于对课本和教辅材料中题目答案的发掘和甄别。不能想象没有研究和创新能力的老师,会教会学生乐于探究、勤于动手、敢于创新,让孩子学会研究型学习。因此,新课程改革,首先就要下大力气改变教师,加强师资培训,建设一支适应素质教育发展的新型教师队伍是当务之急。

为此课题组建议:在教师培训中,不仅要更新他们的教育观念,树立符合素质教育的人才观、教学观,还要扩展并合理化教师的知识结构,同时学校应当建立定期组织教师进行跨学科的教学交流、备课和讨论的机制。让教师不再是由专家编写的教科书的忠实执行者,而是与专家、学生及家长、社会人士等共同构建新课程的合作者;不再是教书的匠人,而是一批拥有正确教育观念、懂得反思技术、善于合作的探究者。只有教师们做到通晓文理科、思想品德和社会、生活实践课,他们才能以素质教育的理念提升教育研究的水平、总结教育教学经验、探索新的教育教学方法以适应新课程实施的需要,才能引导学生进行全面提升素质的学习。

B.15 甘肃青少年思想状况调查与思考

侯万锋*

摘　要： 本报告选取青少年为调查对象，基于实证分析，了解到当代青少年思想发展的主流积极向上，总体健康良好。绝大多数被访者认为爱国守法、明礼诚信、团结友爱、勤俭自强是公民应遵守的最基本道德规范，诚实、善良、正直是青少年应具备的最基本道德品格。同时也发现青少年思想方面存在着政治意识有所淡化、理想信念不够坚定、社会责任感有些弱化、社会公德意识不强等一些值得警惕的问题，必须引起全社会的高度重视。加强青少思想发展的教育引导，既要各级党委政府加大支持力度，又需要共青团组织着力创新工作机制，在建立"社会—学校—家庭"三位一体的教育引导机制的基础上，探索通过新媒体教育引导青少年思想工作的新渠道。

关键词： 青少年　思想发展　教育引导

---

* 侯万锋，硕士，甘肃省社会科学院政治研究所副研究员。主要研究方向：民族政治学、当代中国政治发展、农村政治学等。

青少年是一个国家和民族的希望,是党和人民事业发展朝气蓬勃的推动力量。青少年思想的教育引导工作既关系到我国特色社会主义事业的兴衰,又关系到中华民族伟大复兴和"中国梦"的实现。本课题以甘肃部分市州的县区和中小学、大中专院校、企事业单位作为调查区域,选取青少年作为调查对象,把青少年思想发展及其教育引导作为专题予以实地调查和重点研究,准确把握青少年思想发展面临的新形势新特点,深入分析不同行业、不同群体、不同年龄段青少年的思想状况,探讨加强和改进青少年思想状况的对策和建议,具有重要的理论和现实意义。

一 调查对象的基本情况

本次调研选取甘肃省兰州市、天水市、白银市、庆阳市、金昌市、临夏州等6市州的部分县区和中小学,兰州交通大学、兰州城市学院、天水师范学院、西北师范大学知行学院、甘肃农业职业技术学院、甘肃省卫生学校等大中专院校,中国铝业股份有限公司兰州分公司、中国石油西北销售分公司、中科院兰州分院等企事业单位作为重点调查区域,采取问卷调查、观察和个别访谈等形式展开调查。课题组共发放问卷1200份,收回有效问卷1185份,有效回收率为98.75%。从性别比例看,男性578人,占48.78%;女性607人,占51.22%。从民族类别看,汉族1067人,占90.04%;少数民族118人,占9.96%。从文化程度看,17人不识字,占1.43%;小学文化程度的14人,占1.18%;初中文化程度的129人,占10.89%;高中或中专文化程度的433人,占36.54%;大专文化程度的199人,占16.79%;本科及以上的393人,占33.16%。从婚姻状况看,未婚的928人,占78.31%;已婚的257人,占21.69%。

从宗教信仰看,有宗教信仰的214人,占18.06%;无宗教信仰的971人,占81.94%。从政治面貌看,中共党员271人,占22.86%;共青团员730人,占61.60%;普通群众151人,占12.74%;民主党派或无党派人士的33人,占2.80%。从年龄分布看,10~14岁的61人,占5.15%;15~20岁的481人,占40.59%;21~30岁的430人,占36.29%;31~35岁的213人,占17.97%。从青少年类别看,在校中小学生212人,占17.88%;在校大学生522人,占44.05%;农村青年38人,占3.21%;进城务工青年49人,占4.14%;城市青年364人,占30.72%(见表1)。总体看来,本次调查的被访者男女性别比例基本持平,年龄主要集中在14~35岁,高中及以上文化程度的比例较大,以汉族、未婚和无宗教信仰的青少年群体为主,在校中小学生和在校大学生的比例超过60%。

表1 调查对象的基本情况

单位:人,%

		人数	百分比
性别	男	578	48.78
	女	607	51.22
民族	汉 族	1067	90.04
	少数民族	118	9.96
文化程度	不 识 字	17	1.43
	小 学	14	1.18
	初 中	129	10.89
	高中或中专	433	36.54
	大 专	199	16.79
	本科及以上	393	33.16
婚姻状况	未 婚	928	78.31
	已 婚	257	21.69
宗教信仰	有	214	18.06
	没 有	971	81.94
政治面貌	中共党员	271	22.86
	共青团员	730	61.60

续表

		人数	百分比
政治面貌	普通群众	151	12.74
	民主党派或无党派人士	33	2.80
年龄段	10~14 岁	61	5.15
	15~20 岁	481	40.59
	21~30 岁	430	36.29
	31~35 岁	213	17.97
类别	在校中小学生	212	17.88
	在校大学生	522	44.05
	农村青年	38	3.21
	进城务工青年	49	4.14
	城市青年	364	30.72

资料来源：专题问卷统计结果。

二 青少年思想发展的主流积极向上，总体健康良好

（一）绝大多数被访者认为爱国守法、明礼诚信、团结友爱、勤俭自强是公民应遵守的最基本道德规范，诚实、善良、正直是青少年应具备的最基本道德品格

就"您认为作为公民应遵守的基本道德规范有哪些"的多选项目看，选择"爱国守法"的有1009人次，选择"明礼诚信"、"团结友爱"的分别为1015人次，选择"勤俭自强"的有945人次，选择"敬业奉献"的有910人次，选择"艰苦奋斗"的有750人次，选择"见义勇为"的有672人次（见图1）。图1表明，从选项排名看，被访者认为在公民应遵守的基本道德规范中，明礼诚信和团结友爱并列排在第一位，爱国守法排在第二位，勤俭自强排在第三位，而且选择人次均超过一千。从选择人次上看，爱国守法、

明礼诚信、团结友爱、勤俭自强是被访者认为公民应遵守的最基本道德规范。就"您认为青少年应具备的基本道德品格有哪些"的多选项目看，选择"诚实"的有1024人次，选择"善良"的有1016人次，选择"正直"的有1008人次，分别排在前三位，"有爱心"、"有远大理想"和"爱党、爱国、爱人民"虽然排名靠后，但选择人次最低也达到八百多人次（见图2）。图2表明，绝大多数被访者认为诚实、善良、正直是青少年应具备的最基本道德品格。

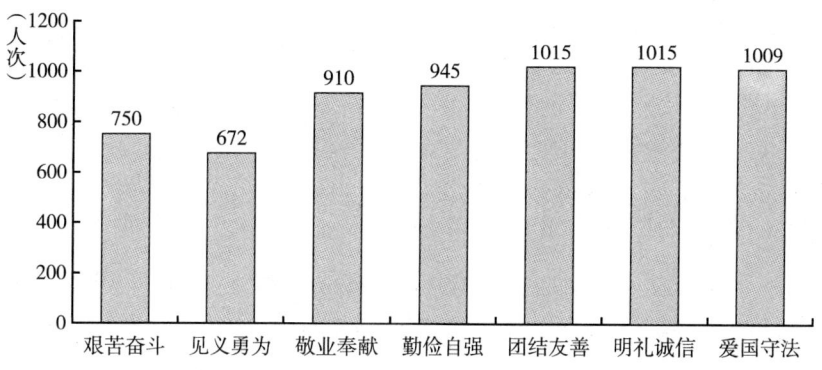

图1　被访者认为公民应遵守的基本道德规范（多选）

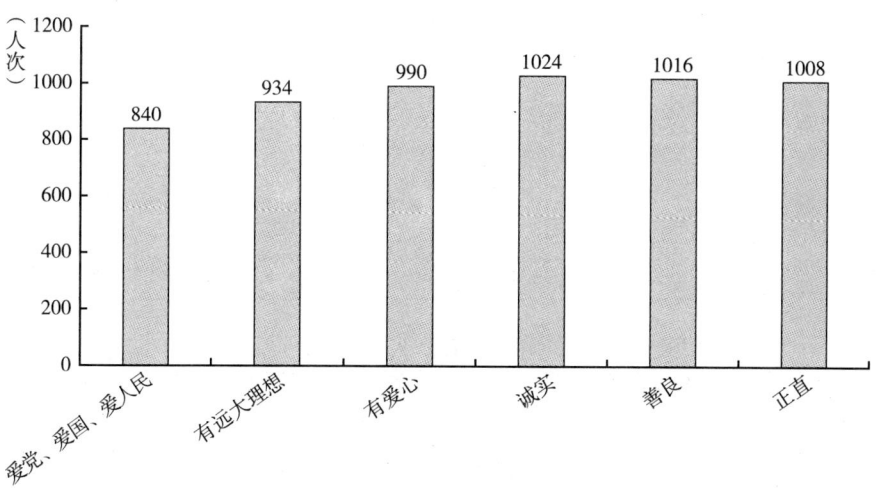

图2　被访者认为青少年应具备的基本道德品格（多选）

（二）90%左右的被访者对实现共产主义社会、实现中华民族的伟大复兴充满信心，绝大多数被访者对"中国梦"充满憧憬，理想信念较为坚定

就"您觉得共产主义社会能实现吗？"的问卷调查看，560位被访者认为"一定会实现"，占47.26%；500位认为"可能会实现"，占42.19%；认为"不可能实现"、"纯粹是空想"和"不清楚"的被访者分别占4.64%、2.28%和3.63%（见图3）。图3表明近90%的被访者认为共产主义"一定会"和"可能会"实现，对共产主义社会的实现充满希望。就"您对'中华民族的伟大复兴一定能实现'的看法"的调查看，表示"非常同意"的占58.31%，"基本同意"的占32.24%，仅有9.45%的被访者表示"说不清"和"基本不同意"，没有人表示"很不同意"（见图4）。图4表明超过90%的被访者认为中华民族的伟大复兴一定能实现，理想信念较为坚定。

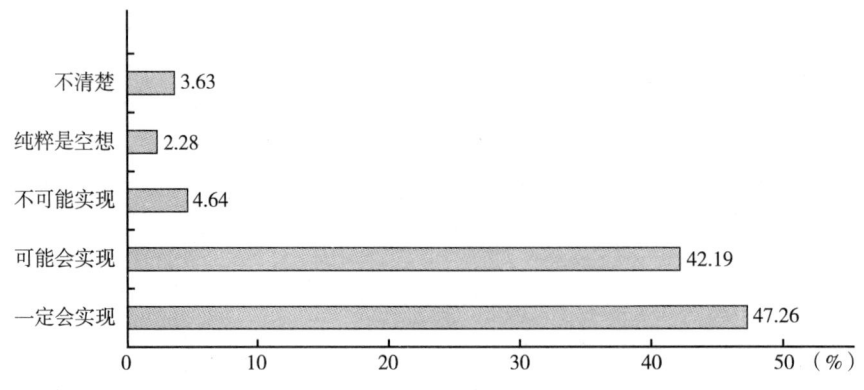

图3　被访者对共产主义社会是否能实现的看法

习近平同志自当选总书记以来，在国内国际多个场合，结合不同的工作内容就"中国梦"具体内涵、奋斗目标、总体布局、实

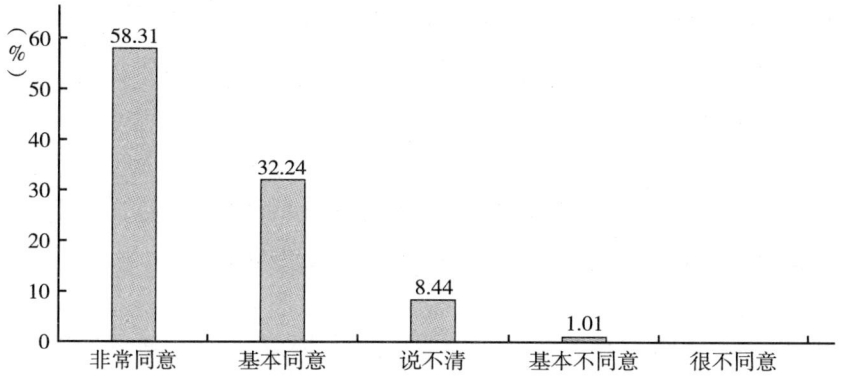

图4 被访者对中华民族伟大复兴是否能实现的看法

现路径等进行系统阐释。本次调研中通过个别访谈,不同年龄段的青少年群体对"中国梦"有着不一样的认识和理解。就小学生来说,大多被访者把自己将来想当医生、教师、歌唱家等作为自己的"中国梦",也有一些被访者希望每天的作业量能更少一些,用于玩耍的时间能多一些,或希望家长多陪自己学习,帮助自己做喜欢的事情。就中学生来说,大多数被访者把自己的现实生活、学习与自己的未来期待结合起来,认为最重要的是学好知识,这样就能像周恩来总理当年"为中华之崛起而读书"一样,为实现自己的"中国梦"而读书。就大中专院校学生来说,大多数被访者表示要完成学业,对自己负责,加强道德修养,用自己的能力来回报家庭、回报国家、回报社会,也有一些被访者结合自身实际谈"中国梦",希望现在努力学习,毕业后找到自己满意的工作,或继续深造,在学业上取得更好的成绩。就在工作岗位上的青年来说,被访者有的结合国家发展、民族振兴、公平正义等来谈"中国梦";也有的结合改变家庭面貌、提高生活质量、孝敬父母、家庭和谐、升职加薪等来谈"中国梦"。通过访谈不难看出,尽管不同群体的青少年对"中国梦"的理解不同,但是一方面,"中国梦"是实现民族复兴、国家富强的伟大梦想；另一方面，"中国梦"也是每个人生活幸福、人生出彩的现实期盼，而且不同的青少年群体大多对实现"中国梦"充满憧憬。

（三）近九成的被访者会将个人发展和国家发展联系起来，七成多的被访者认为个人利益应当服从国家和集体利益

就"您会将自己的人生和国家的发展联系在一起吗？"的调查看，1063位被访者将自己的人生和国家的发展联系在一起，"觉得自己和国家是一体的"，占89.70%；82位"觉得自己和国家关系不大"，占6.92%；40位表示"无所谓"，仅占3.38%（见图5）。图5表明绝大多数被访者将自己的人生和国家的发展联系在一起，认为个人发展和国家命运是统一的，不能割裂开来。就"您赞同'个人利益应服从国家、集体利益'这句话吗？"898位被访者表示"赞同"，占75.78%；85位表示"不赞同"，占7.17%；202位表示"不好说"，占17.05%（见图6）。图6表明七成多的被访者认为个人利益要服从国家、集体利益，当个人利益与国家、集体利益冲突时，要以国家、集体利益为重。

（四）超过80%的被访者对社会主义价值体系的认同相对较高，对人生价值取向认识理解较为准确

就"您认同社会主义核心价值体系吗？"的调查看，577位被访者表示"非常认同"，占48.69%；411位表示"一般认同"，占34.68%；对社会主义核心价值体系"有点模糊"和"不知道"的分别占12.83%、3.80%（见图7）。图7表明83.37%的被访者对社会主义价值体系是认同的，认同度相对较高。就"您认为人的

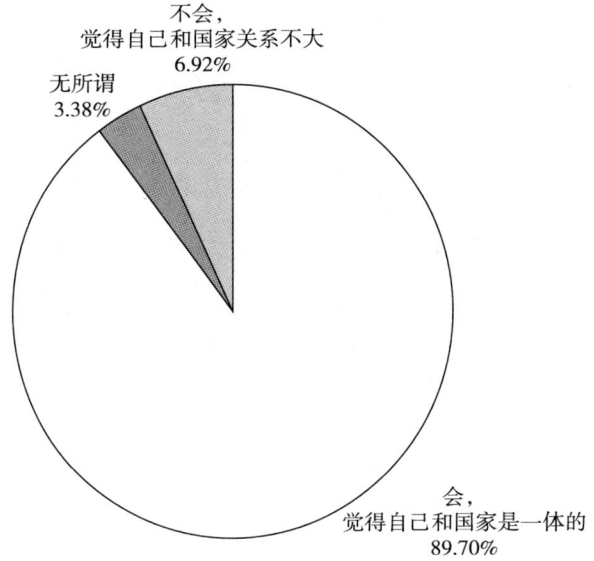

图5 被访者对个人人生与国家发展联系的看法

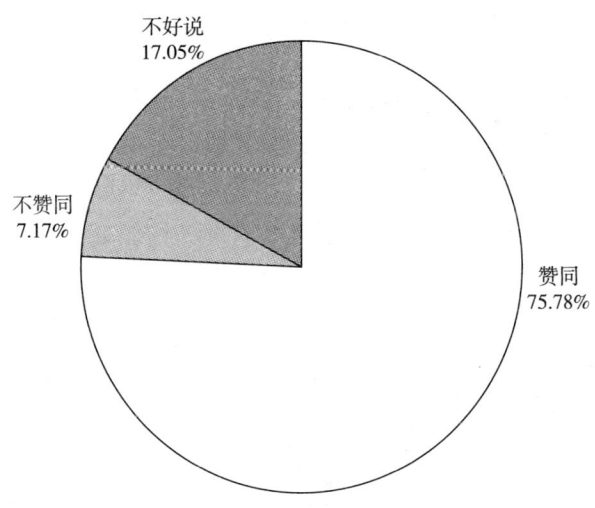

图6 被访者对个人利益要服从国家、集体利益的看法

尊严和金钱的关系?"的调查看,表示"两者都重要,但绝不以人的尊严去换金钱"的有755人,占63.71%;认为"人的尊严重

要"的有369人，占31.14%；认为"金钱重要"的有31人，占2.62%；认为"两者都重要，为了金钱可以失去尊严"的有3人，占0.25%；认为"两者同等重要"的有27人，占2.28%（见图8）。图8表明90%的被访者对人的尊严和金钱的关系认识较为清晰，认为人的尊严比金钱更重要，对人生追求的价值取向理解较为准确。

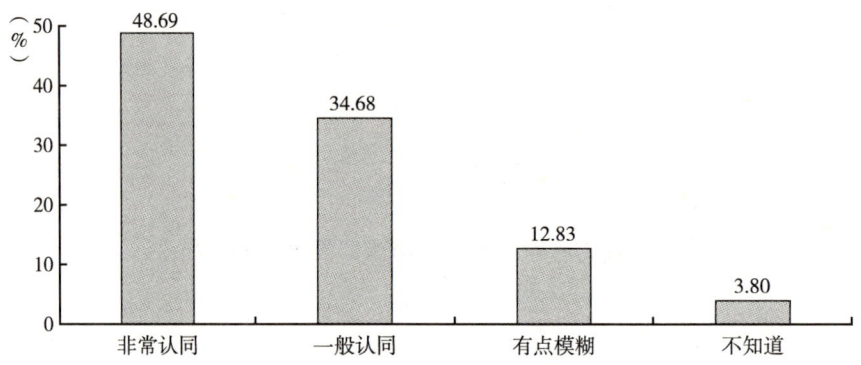

图7　被访者对社会主义核心价值体系的看法

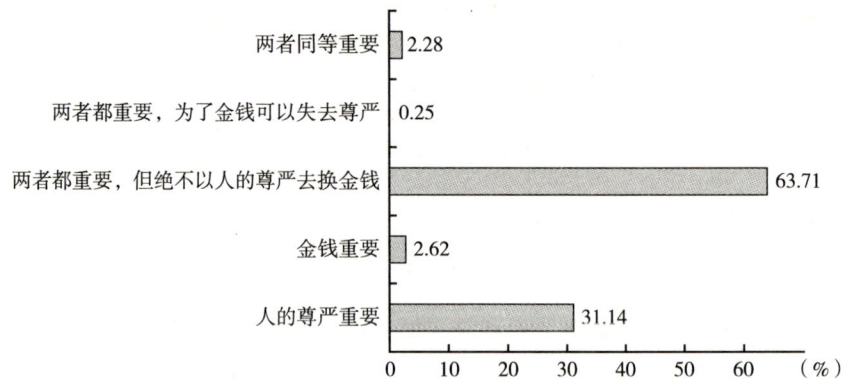

图8　被访者对人的尊严和金钱关系的看法

（五）绝大多数被访者表示能遵守社会公德、职业道德，具有较强的社会责任感

就"在公共车上遇到老人、抱小孩的乘客上车，您会怎样"的调查看，1008位被访者表示会"主动让座，搀扶上下车"，占84.98%；81位表示"没人让座时，我才让"，占6.92%；65位表示"视情况而定"，占5.40%；31位表示"装作没看见"，占2.70%（见图9）。图9表明，84.98%的被访者在公共车上能给老人、抱小孩的乘客主动让座，这反映了青少年群体能遵守社会共同遵守的道德规则，具有较高的社会公德意识。就"您认为个人职业生涯成长是否需要职业道德来约束？"的调查看，1025位被访者认为"健康的职业生涯，需要职业道德作为督促和警示"，占86.50%；141位认为"不需要，自律很重要"，占11.90%；19位认为"职业生涯与职业道德无关"，仅占1.60%（见图10）。图10表明，绝大多数被访者认为职业道德很重要，职业生涯需要职业道德来约束。

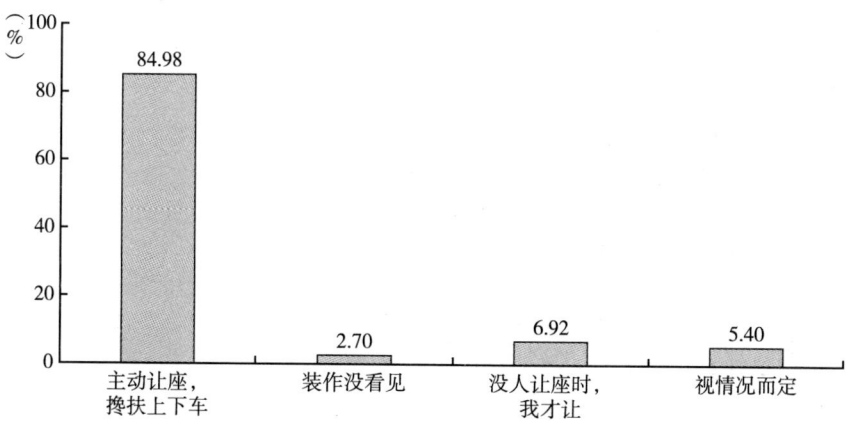

图9　被访者对在公共汽车上让座的看法

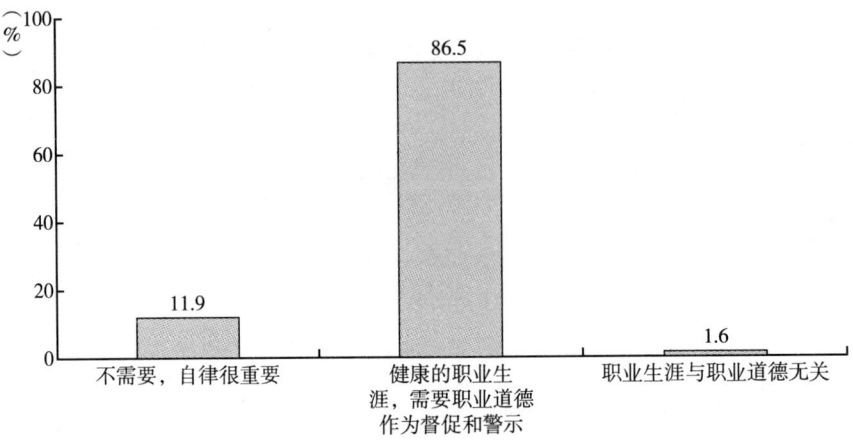

图 10　被访者对职业生涯是否需要职业道德来约束的看法

就"在您身边,邻里或朋友遇到困难时,大家是否会相互帮助"的调查看,783 位被访者表示"会",占 66.08%;335 位表示"有时会",占 28.27%;仅有 67 位表示"不会"和"不清楚",占 5.65%(见图 11)。就"驱使您为集体和他人做好事的动力是什么"的调查看,608 位被访者认为是"价值观",占 51.31%;347 位认为是"情感",占 29.28%;159 位认为是"兴趣",占 13.42%;仅有 71 位认为是"利益",占

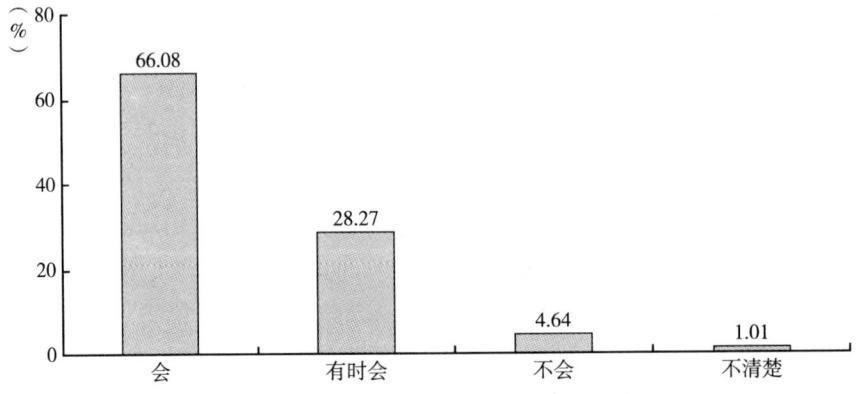

图 11　被访者对遇到困难是否会帮助的看法

5.99%（见图12）。图11、图12表明，95%左右的被访者认为驱使自己为集体和他人做好事的动力不是"利益"，认为邻里或朋友遇到困难时，大家会相互帮助，具有强烈的社会责任感。

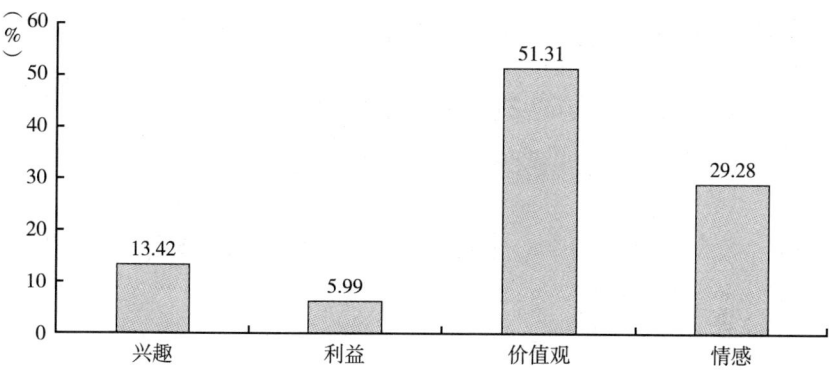

图12　被访者对做好事动力的看法

三　青少年思想方面存在的问题值得警惕，影响因素不容忽视

（一）两成左右的被访者对宏观政治性话题的兴趣下降，一些被访者政治意识有所淡化

就"您对召开党的十八大"等重大事件的关注程度看，305位被访者表示"一般关注"和"不关注"，占25.60%；就"您平常关注政治新闻吗"调查看，近18%的被访者表示"偶尔关注"和"不关注"。通过个别访谈了解到，当前的青少年，尤其是农村青年主要是靠电视、网络和报纸杂志了解外面的世界，但只有少数青年对国家大事、领导人活动、时事热点等政治性话题感兴趣，相当数量的进城务工青年表示自己的事都忙不过来，所以平常不怎么关

心政治性话题，还有一些青少年则表示平时不太和别人谈论政治事件。这表明一些青少年受整体社会发展环境、市场经济体制机制以及国内外政治环境等因素的制约与影响，在日常生活中的政治意识明显淡化，突出表现为对宏观政治性话题的兴趣下降。

（二）少部分被访者的理想信念不够坚定，对中国共产党的执政地位和重大事件的认识存在偏差

就"您觉得共产主义社会能实现吗？"的调查看，42.19%的被访者态度不够明确，模棱两可，认为共产主义社会可能会实现，甚至有10.55%明确表示共产主义社会"不可能实现"、"纯粹是空想"和"不清楚"，这在一定程度上反映出当代青少年对实现共产主义远大理想的信念不够坚定。就"您赞同'只有中国共产党才能发展中国'这句话吗？"的调查看，72.32%的被访者明确表示"赞同"，说明绝大多数被访者对中国共产党的执政地位认同，有27.68%表示"不赞同"、"不好说"（见图13）。就"您认为青少年在一些重大事件上采取过激行为是否可取？"的调查看，虽然有68.61%的被访者是理性的，认为"不可取，是不理智的极端行为"，但还有19.41%认为"可取，是爱国热情的体现"，11.98%表示"说不清"，这说明少部分被访者在认识上存在偏差和模糊倾向（见图14）。

（三）少数被访者的人生价值取向有所迷茫，对工作、学习和生活条件不太满意，社会责任感弱化

就"您认为判断人生价值的标准"的调查看，72.74%的被访者认为是"对社会贡献的大小"，这代表了大多数青少年人生的基本价值取向；还有27.26%的被访者认为是"社会地位的高低"、

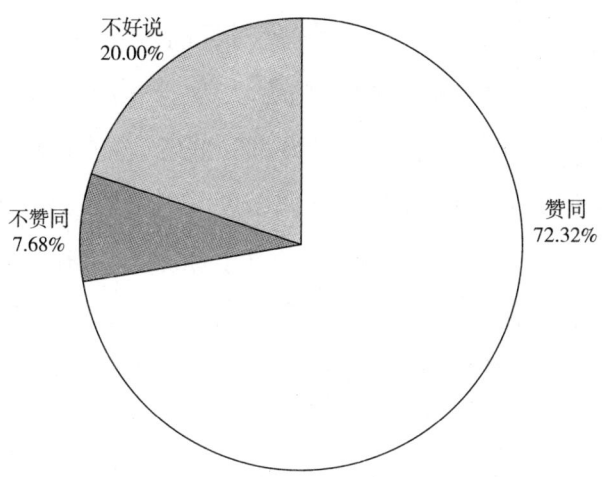

图13 被访者对"只有中国共产党才能发展中国"的理解

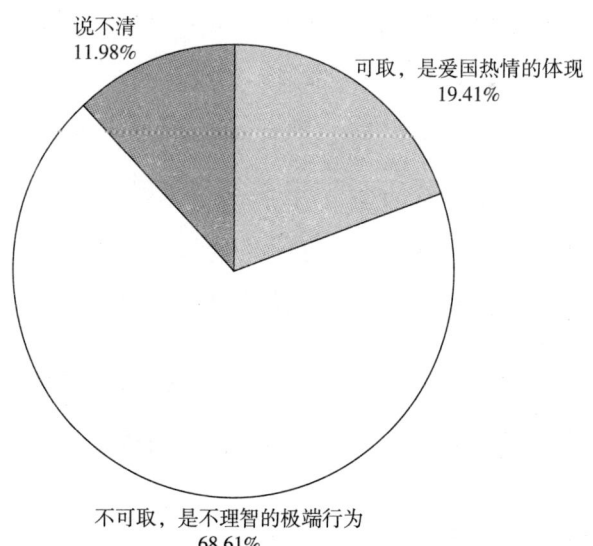

图14 被访者对重大事件采取过激行为是否可取的认识

"金钱的多少"、"权力的大小"和"说不清",在人生价值取向上有所迷失和茫然(见图15)。就"您对目前的生活条件是否感到满意"的调查看,有57.81%的被访者认为"一般"和"不满意"。就"您的工作压力主要来自哪些方面"的多选项目看,选择"竞争激烈"的排在第一位。无独有偶,就"您的学习压力主要来自哪些方面"的多选项目看,选择"竞争激烈"也排在第一位。就"您对目前的生活条件感到"的调查看,58.50%的被访者表示"不满意"和"一般"。这些数据从一定程度上反映出青少年认为自己的工作、学习环境不够宽松,对自己的生活条件不太满意。就"遇到社会上发生不公平的事,您会有什么反应"的调查看,522位被访者表示会"上前阻止",占46.58%;407位表示"鄙视这种事情,但不会上前阻止",占34.35%;188位认为"世界本来就不公平,可怜之人必有可恨之处",占15.86%;38位认为"从不关心与自己无关的事情",占3.21%(见图16)。图16表明对于社会上发生的不公平,选择"上前阻止"的被访者竟然不超过总数的一半,说明青少年群体的社会责任感和正义感有一定的弱化。通过个别访谈了解到,当代青少年越来越关切现实和自身利益,更加注重个人专业学习、自我发展、自我实现,更加关注个人健康、幸福、爱情、家庭等,对自己应当承担的社会责任有所忽视。

(四)部分被访者个人本位主义、功利主义和实用主义倾向明显,社会公德意识不强,道德标准不够明确

在个别访谈中,虽然多数被访者表示,热爱社会、热爱祖国、热爱集体,但个人主义倾向较为强烈,对自身利益过于重视。当谈及"集体活动和个人事情冲突时,会怎样做"时,一些被访者表示集体活动与自己有关就参加,与自己没有关系就以没有时间予以

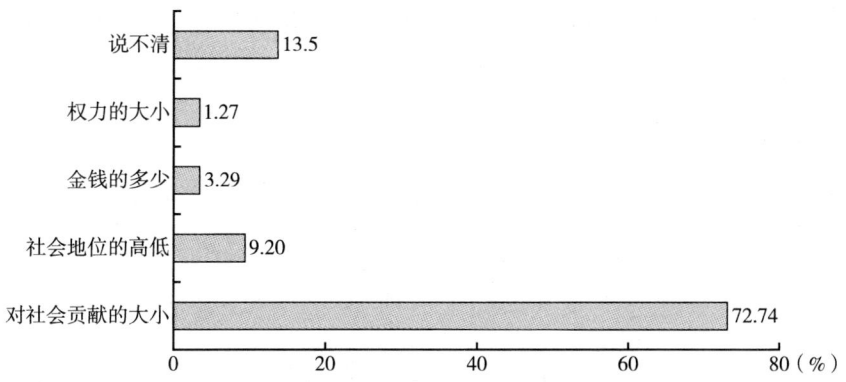

图15 被访者对判断人生价值标准的认识

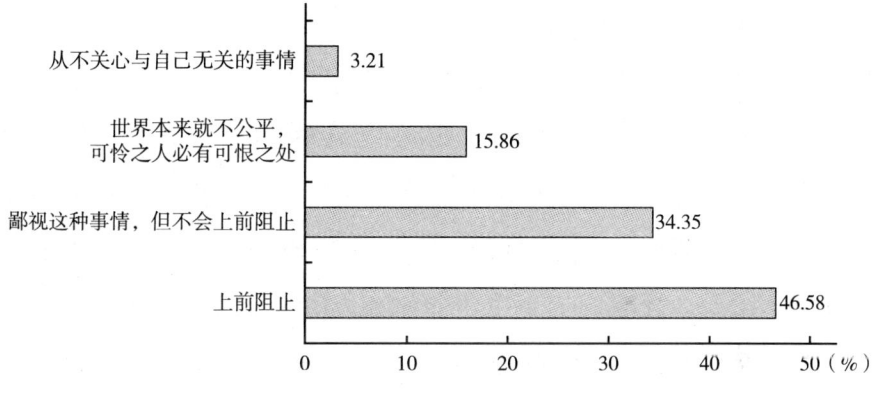

图16 被访者对社会上发生不公平事的反应

推辞或干脆不去;一些被访者认为"有钱更好办事","只要有钱就没有不能解决的问题";有些被访者认为"读书是为了找个好工作";有些被访者认为生活质量、财富积累才是人生追求的理想目标;等等。这说明青少年的个人本位、功利主义和实用主义倾向较为突出,其理想追求已经呈现出明显的自我化、现实化的倾向。

就"在公共车上遇到老人、抱小孩的乘客上车,您会怎么做"的调查看,仍有15.02%的被访者表示"装作没看见"、"没人让座时,我才让"和"视情况而定"。这说明一部分青少年的社会公德意识不强。在个别访谈中,一些被访者对道德观念的认知与判断存在困惑与矛盾,有的被访者羡慕大款、大亨、大腕的生活,有的被访者认为"当前社会道德标准混乱,什么是对、什么是错已很难讲清楚",还有的被访者认为"在改革开放条件下,法制不健全,老实人总是吃亏,不能做老实人",等等。这说明一部分青少年在道德观念、道德标准及其取向上有所偏差,存在矛盾。

(五)被访者认为影响青少年思想发展的因素来自多方,但以家庭影响为最,必须高度重视

就"您认为青少年思想形成和发展最重要的影响因素"的调查看,401位被访者认为是"家庭氛围",占33.84%;383位认为是"社会环境",占32.32%;305位认为是"学校教育",占25.74%;50位认为是"国家的法律制度",占4.22%;46位认为是"网络等新媒体",占3.88%(见图17)。图17表明,被访者认为家庭氛围是影响青少年思想形成和发展最重要的因素。无独有偶,就"您认为影响青少年世界观、价值观和人生观形成的因素有哪些"的多选项目看,978人次选择了"家庭因素",925人次选择了"社会风气",902人次选择了"学校教育",627人次选择了"自身因素",89人次选择了"其他"(见图18)。从图18可以看出,就影响青少年世界观、价值观和人生观形成的诸多因素的选择人次排名看,家庭因素、社会风气、学校教育分别排在前三位。综合这两组数据,不难看出,影响青少年思想发展的因素来自多方,既有来自社会、学校、家庭、网络新媒体的客观原因,也有来自青少年自身主观因素,但以家庭影响为最,对此必须引起全社会的高度重视。

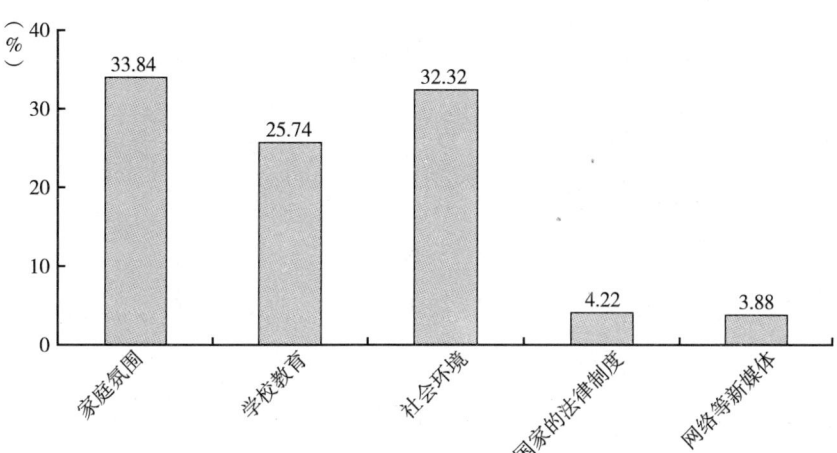

图17 被访者对影响青少年思想发展最重要因素的看法

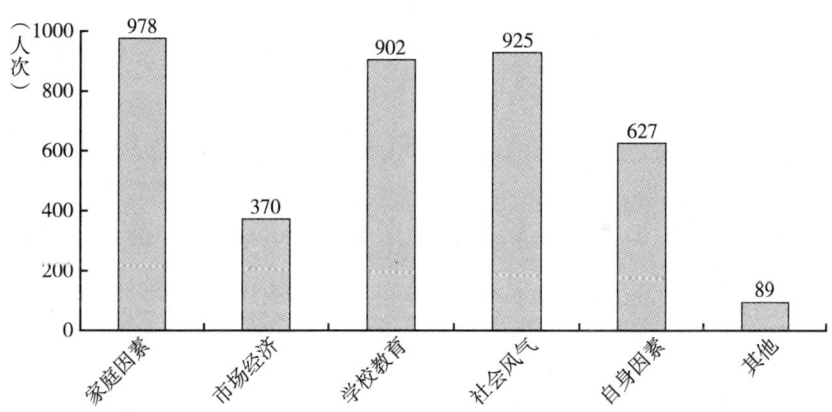

图18 被访者认为影响青少年"三观"因素的项目(多选)

四 加强青少年思想教育引导的思考和建议

加强青少年思想的教育引导,是一项庞大的社会系统工程。既要家庭、学校、社会的共同努力和高度重视,又要青少年的自我提升和自觉行动。

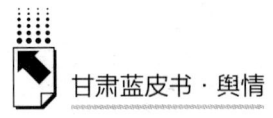

（一）各级党委政府要加大青少年思想工作的支持力度

加强青少年思想的教育引导是关系中华民族伟大复兴的战略工程，是关系中国特色社会主义事业兴旺发达的希望工程。各级党委和政府要将青少年思想引领工作纳入重要议事日程，坚持以理想信念、思想道德、改革开放、形势政策、法制观念等方面的内容为主，坚持"贴近实际、贴近生活、贴近青少年"的三原则，大力开展中国特色社会主义理论体系的学习和宣传。有必要在省级层面成立青少年思想引领工作领导小组，在不增加编制的前提下，在团省委设立工作机构，负责全省青少年思想发展的部署和安排，协调有关机构、单位和部门，不断健全工作机制。财政部门有必要设立青少年思想引领的专项资金，为青少年思想引领提供经费保障。

（二）共青团组织要着力创新团组织内部的工作机制

青少年思想引导工作是共青团全部工作的灵魂，是共青团组织的基本工作职责。第一，共青团组织要把青少年思想引导工作纳入到党的青年思想教育总体工作，在党的统一领导下，利用各种社会资源，协调各方力量，各部门共同努力，专业队伍与群众队伍紧密配合，建立社会联动机制，形成青少年思想引导的工作体制。第二，共青团组织要根据经济社会发展要求，加强与有关部门协调，充分发挥爱国主义、法制教育、社会实践、科普教育等基地对青少年思想引导的积极作用。最后，共青团组织要建立与教育、文化、妇联、科协的协调机制，充分发挥对青少年思想教育引导的整体效能。第四，共青团组织要重视调查研究，结合青少年实际，深入研究青少年思想发展中的问题，不断增强青少年思想工作的针对性和预见性。总之，各级共青团组织要主动与政府、社会组织沟通，充分借助专业化、市场化力量,共同来策划和开展共青团新媒体工作,把对共青团组织的感情,转化为推动共青团事业不断发展进步、克服挑战困难的责任和行动。

(三)建立"社会—学校—家庭"三位一体的教育引导机制

青少年思想引导是社会、家庭、学校的共同责任。首先,优化社会环境。建立学校与社会的互动机制,培养和提高青少年关心他人、热爱集体以及关爱社会的观念。在青少年工作、学习和生活方面,要加强对传统文化的宣扬与传播,通过设立传统文化课程与文化交流活动等,引导青少年思想的健康发展。其次,强化学校教育。学校要加强正面引导,深刻认识思想教育的内涵,联系青少年德育教育重点,把思想教育融入青少年德育课堂中。教育工作者要在青少年思想教育过程中,完善教育内容,创新教育方法,拓展教育途径。充分发挥学校思想道德课的主渠道作用,发挥环境育人作用,调动一切积极因素,构建特色教育网络,形成思想教育合力。最后,重视家庭教育。引导青少年身心健康成长,家庭教育尤为重要和关键。家长和家庭成员要规范和自律平时自己的行为,对孩子进行正面引导,使其对生活、学习、未来都有积极态度,真正使思想教育走进家庭生活。家长要让青少年能够自由地选择业余爱好,不随意加重孩子课业负担,使青少年能在愉悦的家庭环境中健康成长。

(四)探索通过新媒体教育引导青少年思想工作的新渠道

全社会尤其是共青团组织要积极利用共青团门户网站,通过电子信息化和网络通信手段将团的各级组织、各条战线最大限度地联系起来,不断加强网络道德和网上规范教育,提高他们对网络内容与服务的正确判断和有效利用能力。各级团组织要加强与重点门户网站、专业视频网站、主要互动社区等的深度合作，打造一批为青少年所关注、信任和喜爱的网络新媒体平台，让青少年在微博、微视频等领域拥有自己的阵地。网络从业者要协助推进整治网络淫秽色情和低俗信息专项行动，清理不健康的网络小说、电子书刊、网络游戏等。组织专家研究利用新媒体引导和服务青少年的有效渠道和长效机制，为网络时代青少年思想工作提供新思路。

      课题组成员：李连军 霍晋涛 王霖

中国皮书网

www.pishu.cn

发布皮书研创资讯，传播皮书精彩内容
引领皮书出版潮流，打造皮书服务平台

栏目设置：

- □ 资讯：皮书动态、皮书观点、皮书数据、皮书报道、皮书新书发布会、电子期刊
- □ 标准：皮书评价、皮书研究、皮书规范、皮书专家、编撰团队
- □ 服务：最新皮书、皮书书目、重点推荐、在线购书
- □ 链接：皮书数据库、皮书博客、皮书微博、出版社首页、在线书城
- □ 搜索：资讯、图书、研究动态
- □ 互动：皮书论坛

中国皮书网依托皮书系列"权威、前沿、原创"的优质内容资源，通过文字、图片、音频、视频等多种元素，在皮书研创者、使用者之间搭建了一个成果展示、资源共享的互动平台。

自2005年12月正式上线以来，中国皮书网的IP访问量、PV浏览量与日俱增，受到海内外研究者、公务人员、商务人士以及专业读者的广泛关注。

2008年、2011年中国皮书网均在全国新闻出版业网站荣誉评选中获得"最具商业价值网站"称号。

2012年，中国皮书网在全国新闻出版业网站系列荣誉评选中获得"出版业网站百强"称号。

权威报告　热点资讯　海量资源

当代中国与世界发展的高端智库平台

皮书数据库　www.pishu.com.cn

皮书数据库是专业的人文社会科学综合学术资源总库，以大型连续性图书——皮书系列为基础，整合国内外相关资讯构建而成。该数据库包含七大子库，涵盖两百多个主题，囊括了近十几年间中国与世界经济社会发展报告，覆盖经济、社会、政治、文化、教育、国际问题等多个领域。

皮书数据库以篇章为基本单位，方便用户对皮书内容的阅读需求。用户可进行全文检索，也可对文献题目、内容提要、作者名称、作者单位、关键字等基本信息进行检索，还可对检索到的篇章再作二次筛选，进行在线阅读或下载阅读。智能多维度导航，可使用户根据自己熟知的分类标准进行分类导航筛选，使查找和检索更高效、便捷。

权威的研究报告、独特的调研数据、前沿的热点资讯，皮书数据库已发展成为国内最具影响力的关于中国与世界现实问题研究的成果库和资讯库。

皮书俱乐部会员服务指南

1. 谁能成为皮书俱乐部成员？
- 皮书作者自动成为俱乐部会员
- 购买了皮书产品（纸质皮书、电子书）的个人用户

2. 会员可以享受的增值服务
- 加入皮书俱乐部，免费获赠该纸质图书的电子书
- 免费获赠皮书数据库100元充值卡
- 免费定期获赠皮书电子期刊
- 优先参与各类皮书学术活动
- 优先享受皮书产品的最新优惠

3. 如何享受增值服务？

（1）加入皮书俱乐部，获赠该书的电子书

第1步　登录我社官网（www.ssap.com.cn），注册账号；

第2步　登录并进入"会员中心"—"皮书俱乐部"，提交加入皮书俱乐部申请；

第3步　审核通过后，自动进入俱乐部服务环节，填写相关购书信息即可自动兑换相应电子书。

（2）免费获赠皮书数据库100元充值卡

100元充值卡只能在皮书数据库中充值和使用

第1步　刮开附赠充值的涂层（左下）；

第2步　登录皮书数据库网站（www.pishu.com.cn），注册账号；

第3步　登录并进入"会员中心"—"在线充值"—"充值卡充值"，充值成功后即可使用。

4. 声明

解释权归社会科学文献出版社所有

皮书俱乐部会员可享受社会科学文献出版社其他相关免费增值服务，有任何疑问，均可与我们联系
联系电话：010-59367227　企业QQ：800045692　邮箱：pishuclub@ssap.cn
欢迎登录社会科学文献出版社官网（www.ssap.com.cn）和中国皮书网（www.pishu.cn）了解更多信息

社会科学文献出版社　　　　　　　　　　　**皮书系列**

"皮书"起源于十七、十八世纪的英国，主要指官方或社会组织正式发表的重要文件或报告，多以"白皮书"命名。在中国，"皮书"这一概念被社会广泛接受，并被成功运作、发展成为一种全新的出版形态，则源于中国社会科学院社会科学文献出版社。

皮书是对中国与世界发展状况和热点问题进行年度监测，以专业的角度、专家的视野和实证研究方法，针对某一领域或区域现状与发展态势展开分析和预测，具备权威性、前沿性、原创性、实证性、时效性等特点的连续性公开出版物，由一系列权威研究报告组成。皮书系列是社会科学文献出版社编辑出版的蓝皮书、绿皮书、黄皮书等的统称。

皮书系列的作者以中国社会科学院、著名高校、地方社会科学院的研究人员为主，多为国内一流研究机构的权威专家学者，他们的看法和观点代表了学界对中国与世界的现实和未来最高水平的解读与分析。

自20世纪90年代末推出以《经济蓝皮书》为开端的皮书系列以来，社会科学文献出版社至今已累计出版皮书千余部，内容涵盖经济、社会、政法、文化传媒、行业、地方发展、国际形势等领域。皮书系列已成为社会科学文献出版社的著名图书品牌和中国社会科学院的知名学术品牌。

皮书系列在数字出版和国际出版方面成就斐然。皮书数据库被评为"2008~2009年度数字出版知名品牌"；《经济蓝皮书》《社会蓝皮书》等十几种皮书每年还由国外知名学术出版机构出版英文版、俄文版、韩文版和日文版，面向全球发行。

2011年，皮书系列正式列入"十二五"国家重点出版规划项目；2012年，部分重点皮书列入中国社会科学院承担的国家哲学社会科学创新工程项目；2014年，35种院外皮书使用"中国社会科学院创新工程学术出版项目"标识。

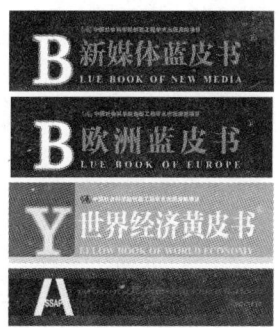

法律声明

"皮书系列"（含蓝皮书、绿皮书、黄皮书）由社会科学文献出版社最早使用并对外推广，现已成为中国图书市场上流行的品牌，是社会科学文献出版社的品牌图书。社会科学文献出版社拥有该系列图书的专有出版权和网络传播权，其LOGO（ ）与"经济蓝皮书"、"社会蓝皮书"等皮书名称已在中华人民共和国工商行政管理总局商标局登记注册，社会科学文献出版社合法拥有其商标专用权。

未经社会科学文献出版社的授权和许可，任何复制、模仿或以其他方式侵害"皮书系列"和LOGO（ ）、"经济蓝皮书"、"社会蓝皮书"等皮书名称商标专用权的行为均属于侵权行为，社会科学文献出版社将采取法律手段追究其法律责任，维护合法权益。

欢迎社会各界人士对侵犯社会科学文献出版社上述权利的违法行为进行举报。电话：010-59367121，电子邮箱：fawubu@ssap.cn。

社会科学文献出版社

权威·前沿·原创

社会科学文献出版社

皮书系列

2014年

盘点年度资讯 预测时代前程

社会科学文献出版社 学术传播中心 编制

社长致辞

我们是图书出版者,更是人文社会科学内容资源供应商;

我们背靠中国社会科学院,面向中国与世界人文社会科学界,坚持为人文社会科学的繁荣与发展服务;

我们精心打造权威信息资源整合平台,坚持为中国经济与社会的繁荣与发展提供决策咨询服务;

我们以读者定位自身,立志让爱书人读到好书,让求知者获得知识;

我们精心编辑、设计每一本好书以形成品牌张力,以优秀的品牌形象服务读者,开拓市场;

我们始终坚持"创社科经典,出传世文献"的经营理念,坚持"权威、前沿、原创"的产品特色;

我们"以人为本",提倡阳光下创业,员工与企业共享发展之成果;

我们立足于现实,认真对待我们的优势、劣势,我们更着眼于未来,以不断的学习与创新适应不断变化的世界,以不断的努力提升自己的实力;

我们愿与社会各界友好合作,共享人文社会科学发展之成果,共同推动中国学术出版乃至内容产业的繁荣与发展。

社会科学文献出版社社长
中国社会学会秘书长

2014 年 1 月

社会科学文献出版社

皮书系列

"皮书"起源于十七、十八世纪的英国，主要指官方或社会组织正式发表的重要文件或报告，多以"白皮书"命名。在中国，"皮书"这一概念被社会广泛接受，并被成功运作、发展成为一种全新的出版形态，则源于中国社会科学院社会科学文献出版社。

皮书是对中国与世界发展状况和热点问题进行年度监测，以专家和学术的视角，针对某一领域或区域现状与发展态势展开分析和预测，具备权威性、前沿性、原创性、实证性、时效性等特点的连续性公开出版物，由一系列权威研究报告组成。皮书系列是社会科学文献出版社编辑出版的蓝皮书、绿皮书、黄皮书等的统称。

皮书系列的作者以中国社会科学院、著名高校、地方社会科学院的研究人员为主，多为国内一流研究机构的权威专家学者，他们的看法和观点代表了学界对中国与世界的现实和未来最高水平的解读与分析。

自20世纪90年代末推出以经济蓝皮书为开端的皮书系列以来，至今已出版皮书近1000余部，内容涵盖经济、社会、政法、文化传媒、行业、地方发展、国际形势等领域。皮书系列已成为社会科学文献出版社的著名图书品牌和中国社会科学院的知名学术品牌。

皮书系列在数字出版和国际出版方面成就斐然。皮书数据库被评为"2008~2009年度数字出版知名品牌"；经济蓝皮书、社会蓝皮书等十几种皮书每年还由国外知名学术出版机构出版英文版、俄文版、韩文版和日文版，面向全球发行。

2011年，皮书系列正式列入"十二五"国家重点出版规划项目，一年一度的皮书年会升格由中国社会科学院主办；2012年，部分重点皮书列入中国社会科学院承担的国家哲学社会科学创新工程项目。

权威 前沿 原创

经济类

经 济 类

经济类皮书涵盖宏观经济、城市经济、大区域经济，提供权威、前沿的分析与预测

经济蓝皮书
2014年中国经济形势分析与预测（赠阅读卡）

李 扬／主编　　2013年12月出版　　估价：69.00元

◆ 本书课题为"总理基金项目"，由著名经济学家李扬领衔，联合数十家科研机构、国家部委和高等院校的专家共同撰写，对2013年中国宏观及微观经济形势，特别是全球金融危机及其对中国经济的影响进行了深入分析，并且提出了2014年经济走势的预测。

世界经济黄皮书
2014年世界经济形势分析与预测（赠阅读卡）

王洛林　张宇燕／主编　　2014年1月出版　　估价：69.00元

◆ 2013年的世界经济仍旧行进在坎坷复苏的道路上。发达经济体经济复苏继续巩固，美国和日本经济进入低速增长通道，欧元区结束衰退并呈复苏迹象。本书展望2014年世界经济，预计全球经济增长仍将维持在中低速的水平上。

工业化蓝皮书
中国工业化进程报告（2014）（赠阅读卡）

黄群慧　吕 铁　李晓华 等／著　　2014年11月出版　　估价：89.00元

◆ 中国的工业化是事关中华民族复兴的伟大事业，分析跟踪研究中国的工业化进程，无疑具有重大意义。科学评价与客观认识我国的工业化水平，对于我国明确自身发展中的优势和不足，对于经济结构的升级与转型，对于制定经济发展政策，从而提升我国的现代化水平具有重要作用。

皮书系列重点推荐　经济类

金融蓝皮书

中国金融发展报告（2014）（赠阅读卡）

李　扬　王国刚 / 主编　2013年12月出版　定价：69.00元

◆ 由中国社会科学院金融研究所组织编写的《中国金融发展报告（2014）》，概括和分析了2013年中国金融发展和运行中的各方面情况，研讨和评论了2013年发生的主要金融事件。本书由业内专家和青年精英联合编著，有利于读者了解掌握2013年中国的金融状况，把握2014年中国金融的走势。

城市竞争力蓝皮书

中国城市竞争力报告No.12（赠阅读卡）

倪鹏飞 / 主编　2014年5月出版　估价：89.00元

◆ 本书由中国社会科学院城市与竞争力研究中心主任倪鹏飞主持编写，汇集了众多研究城市经济问题的专家学者关于城市竞争力研究的最新成果。本报告构建了一套科学的城市竞争力评价指标体系，采用第一手数据材料，对国内重点城市年度竞争力格局变化进行客观分析和综合比较、排名，对研究城市经济及城市竞争力极具参考价值。

中国省域竞争力蓝皮书

中国省域经济综合竞争力发展报告（2012~2013）（赠阅读卡）

李建平　李闽榕　高燕京 / 主编　2014年3月出版　估价：188.00元

◆ 本书充分运用数理分析、空间分析、规范分析与实证分析相结合、定性分析与定量分析相结合的方法，建立起比较科学完善、符合中国国情的省域经济综合竞争力指标评价体系及数学模型，对2011~2012年中国内地31个省、市、区的经济综合竞争力进行全面、深入、科学的总体评价与比较分析。

农村经济绿皮书

中国农村经济形势分析与预测(2013~2014)（赠阅读卡）

中国社会科学院农村发展研究所　国家统计局农村社会经济调查司 / 著

2014年4月出版　估价：59.00元

◆ 本书对2013年中国农业和农村经济运行情况进行了系统的分析和评价，对2014年中国农业和农村经济发展趋势进行了预测，并提出相应的政策建议，专题部分将围绕某个重大的理论和现实问题进行多维、深入、细致的分析和探讨。

经济类 皮书系列 重点推荐

西部蓝皮书

中国西部经济发展报告（2014）（赠阅读卡）

姚慧琴　徐璋勇/主编　　2014年7月出版　　估价:69.00元

◆ 本书由西北大学中国西部经济发展研究中心主编，汇集了源自西部本土以及国内研究西部问题的权威专家的第一手资料，对国家实施西部大开发战略进行年度动态跟踪，并对2014年西部经济、社会发展态势进行预测和展望。

气候变化绿皮书

应对气候变化报告（2014）（赠阅读卡）

王伟光　郑国光/主编　　2014年11月出版　　估价:79.00元

◆ 本书由社科院城环所和国家气候中心共同组织编写，各篇报告的作者长期从事气候变化科学问题、社会经济影响，以及国际气候制度等领域的研究工作，密切跟踪国际谈判的进程，参与国家应对气候变化相关政策的咨询，有丰富的理论与实践经验。

就业蓝皮书

2014年中国大学生就业报告（赠阅读卡）

麦可思研究院/编著　王伯庆　郭　娇/主审
2014年6月出版　估价:98.00元

◆ 本书是迄今为止关于中国应届大学毕业生就业、大学毕业生中期职业发展及高等教育人口流动情况的视野最为宽广、资料最为翔实、分类最为精细的实证调查和定量研究；为我国教育主管部门的教育决策提供了极有价值的参考。

企业社会责任蓝皮书

中国企业社会责任研究报告（2014）（赠阅读卡）

黄群慧　彭华岗　钟宏武　张　蒽/编著
2014年11月出版　估价:69.00元

◆ 本书系中国社会科学院经济学部企业社会责任研究中心组织编写的《企业社会责任蓝皮书》2014年分册。该书在对企业社会责任进行宏观总体研究的基础上，根据2013年企业社会责任及相关背景进行了创新研究，在全国企业中观层面对企业健全社会责任管理体系提供了弥足珍贵的丰富信息。

皮书系列 重点推荐　社会政法类

社会政法类

社会政法类皮书聚焦社会发展领域的热点、难点问题，提供权威、原创的资讯与视点

社会蓝皮书
2014年中国社会形势分析与预测（赠阅读卡）

李培林　陈光金　张 翼/主编　2013年12月出版　估价：69.00元

◆ 本报告是中国社会科学院"社会形势分析与预测"课题组2014年度分析报告，由中国社会科学院社会学研究所组织研究机构专家、高校学者和政府研究人员撰写。对2013年中国社会发展的各个方面内容进行了权威解读，同时对2014年社会形势发展趋势进行了预测。

法治蓝皮书
中国法治发展报告 No.12（2014）（赠阅读卡）

李　林　田　禾/主编　2014年2月出版　估价：98.00元

◆ 本年度法治蓝皮书一如既往秉承关注中国法治发展进程中的焦点问题的特点，回顾总结了2013年度中国法治发展取得的成就和存在的不足，并对2014年中国法治发展形势进行了预测和展望。

民间组织蓝皮书
中国民间组织报告（2014）（赠阅读卡）

黄晓勇/主编　2014年8月出版　估价：69.00元

◆ 本报告是中国社会科学院"民间组织与公共治理研究"课题组推出的第五本民间组织蓝皮书。基于国家权威统计数据、实地调研和广泛搜集的资料，本报告对2012年以来我国民间组织的发展现状、热点专题、改革趋势等问题进行了深入研究，并提出了相应的政策建议。

社会政法类　皮书系列 重点推荐

社会保障绿皮书

中国社会保障发展报告（2014）No.6（赠阅读卡）

王延中 / 主编　2014 年 9 月出版　估价 :69.00 元

◆ 社会保障是调节收入分配的重要工具，随着社会保障制度的不断建立健全、社会保障覆盖面的不断扩大和社会保障资金的不断增加，社会保障在调节收入分配中的重要性不断提高。本书全面评述了 2013 年以来社会保障制度各个主要领域的发展情况。

环境绿皮书

中国环境发展报告（2014）（赠阅读卡）

刘鉴强 / 主编　2014 年 4 月出版　估价 :69.00 元

◆ 本书由民间环保组织"自然之友"组织编写，由特别关注、生态保护、宜居城市、可持续消费以及政策与治理等版块构成，以公共利益的视角记录、审视和思考中国环境状况，呈现 2013 年中国环境与可持续发展领域的全局态势，用深刻的思考、科学的数据分析 2013 年的环境热点事件。

教育蓝皮书

中国教育发展报告（2014）（赠阅读卡）

杨东平 / 主编　2014 年 3 月出版　估价 :69.00 元

◆ 本书站在教育前沿，突出教育中的问题，特别是对当前教育改革中出现的教育公平、高校教育结构调整、义务教育均衡发展等问题进行了深入分析，从教育的内在发展谈教育，又从外部条件来谈教育，具有重要的现实意义，对我国的教育体制的改革与发展具有一定的学术价值和参考意义。

反腐倡廉蓝皮书

中国反腐倡廉建设报告 No.3（赠阅读卡）

中国社会科学院中国廉政研究中心 / 主编
2013 年 12 月出版　估价 :79.00 元

◆ 本书抓住了若干社会热点和焦点问题，全面反映了新时期新阶段中国反腐倡廉面对的严峻局面，以及中国共产党反腐倡廉建设的新实践新成果。根据实地调研、问卷调查和舆情分析，梳理了当下社会普遍关注的与反腐败密切相关的热点问题。

行业报告类

行业报告类皮书立足重点行业、新兴行业领域，
提供及时、前瞻的数据与信息

房地产蓝皮书
中国房地产发展报告 No.11（赠阅读卡）

魏后凯 李景国/主编　　2014年4月出版　　估价:79.00元

◆ 本书由中国社会科学院城市发展与环境研究所组织编写，秉承客观公正、科学中立的原则，深度解析2013年中国房地产发展的形势和存在的主要矛盾，并预测2014年及未来10年或更长时间的房地产发展大势。观点精辟，数据翔实，对关注房地产市场的各阶层人士极具参考价值。

旅游绿皮书
2013~2014年中国旅游发展分析与预测（赠阅读卡）

宋瑞/主编　　2013年12月出版　　定价:69.00元

◆ 如何从全球的视野理性审视中国旅游，如何在世界旅游版图上客观定位中国，如何积极有效地推进中国旅游的世界化，如何制定中国实现世界旅游强国梦想的线路图？本年度开始，《旅游绿皮书》将围绕"世界与中国"这一主题进行系列研究，以期为推进中国旅游的长远发展提供科学参考和智力支持。

信息化蓝皮书
中国信息化形势分析与预测（2014）（赠阅读卡）

周宏仁/主编　　2014年7月出版　　估价:98.00元

◆ 本书在以中国信息化发展的分析和预测为重点的同时，反映了过去一年间中国信息化关注的重点和热点，视野宽阔，观点新颖，内容丰富，数据翔实，对中国信息化的发展有很强的指导性，可读性很强。

行业报告类　皮书系列 重点推荐

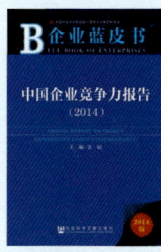

企业蓝皮书

中国企业竞争力报告（2014）（赠阅读卡）

金　碚 / 主编　　2014 年 11 月出版　　估价 :89.00 元

◆ 中国经济正处于新一轮的经济波动中，如何保持稳健的经营心态和经营方式并进一步求发展，对于企业保持并提升核心竞争力至关重要。本书利用上市公司的财务数据，研究上市公司竞争力变化的最新趋势，探索进一步提升中国企业国际竞争力的有效途径，这无论对实践工作者还是理论研究者都具有重大意义。

食品药品蓝皮书

食品药品安全与监管政策研究报告（2014）（赠阅读卡）

唐民皓 / 主编　　2014 年 7 月出版　　估价 :69.00 元

◆ 食品药品安全是当下社会关注的焦点问题之一，如何破解食品药品安全监管重点难点问题是需要以社会合力才能解决的系统工程。本书围绕安全热点问题、监管重点问题和政策焦点问题，注重于对食品药品公共政策和行政监管体制的探索和研究。

流通蓝皮书

中国商业发展报告（2013~2014）（赠阅读卡）

荆林波 / 主编　　2014 年 5 月出版　　估价 :89.00 元

◆《中国商业发展报告》是中国社会科学院财经战略研究院与香港利丰研究中心合作的成果，并且在 2010 年开始以中英文版同步在全球发行。蓝皮书从关注中国宏观经济出发，突出中国流通业的宏观背景反映了本年度中国流通业发展的状况。

住房绿皮书

中国住房发展报告（2013~2014）（赠阅读卡）

倪鹏飞 / 主编　　2013 年 12 月出版　　估价 :79.00 元

◆ 本报告从宏观背景、市场主体、市场体系、公共政策和年度主题五个方面，对中国住宅市场体系做了全面系统的分析、预测与评价，并给出了相关政策建议，并在评述 2012~2013 年住房及相关市场走势的基础上，预测了 2013~2014 年住房及相关市场的发展变化。

皮书系列 重点推荐　国别与地区类

国别与地区类

国别与地区类皮书关注全球重点国家与地区，提供全面、独特的解读与研究

亚太蓝皮书

亚太地区发展报告（2014）（赠阅读卡）

李向阳/主编　2013年12月出版　定价:69.00元

◆ 本书是由中国社会科学院亚太与全球战略研究院精心打造的又一品牌皮书，关注时下亚太地区局势发展动向里隐藏的中长趋势，剖析亚太地区政治与安全格局下的区域形势最新动向以及地区关系发展的热点问题，并对2014年亚太地区重大动态作出前瞻性的分析与预测。

日本蓝皮书

日本研究报告（2014）（赠阅读卡）

李薇/主编　2014年2月出版　估价:69.00元

◆ 本书由中华日本学会、中国社会科学院日本研究所合作推出，是以中国社会科学院日本研究所的研究人员为主完成的研究成果。对2013年日本的政治、外交、经济、社会文化作了回顾、分析与展望，并收录了该年度日本大事记。

欧洲蓝皮书

欧洲发展报告(2013~2014)（赠阅读卡）

周弘/主编　2014年3月出版　估价:89.00元

◆ 本年度的欧洲发展报告，对欧洲经济、政治、社会、外交等面的形式进行了跟踪介绍与分析。力求反映作为一个整体的欧盟及30多个欧洲国家在2013年出现的各种变化。

国别与地区类

皮书系列
重点推荐

拉美黄皮书
拉丁美洲和加勒比发展报告（2013~2014）（赠阅读卡）
吴白乙 / 主编　2014年4月出版　估价:89.00元

◆ 本书是中国社会科学院拉丁美洲研究所的第13份关于拉丁美洲和加勒比地区发展形势状况的年度报告。本书对2013年拉丁美洲和加勒比地区诸国的政治、经济、社会、外交等方面的发展情况做了系统介绍，对该地区相关国家的热点及焦点问题进行了总结和分析，并在此基础上对该地区各国2014年的发展前景做出预测。

澳门蓝皮书
澳门经济社会发展报告（2013~2014）（赠阅读卡）
吴志良　郝雨凡 / 主编　2014年3月出版　估价:79.00元

◆ 本书集中反映2013年本澳各个领域的发展动态，总结评价近年澳门政治、经济、社会的总体变化，同时对2014年社会经济情况作初步预测。

日本经济蓝皮书
日本经济与中日经贸关系研究报告（2014）（赠阅读卡）
王洛林　张季风 / 主编　2014年5月出版　估价:79.00元

◆ 本书对当前日本经济以及中日经济合作的发展动态进行了多角度、全景式的深度分析。本报告回顾并展望了2013~2014年度日本宏观经济的运行状况。此外，本报告还收录了大量来自于日本政府权威机构的数据图表，具有极高的参考价值。

美国蓝皮书
美国问题研究报告（2014）（赠阅读卡）
黄平　倪峰 / 主编　2014年6月出版　估价:89.00元

◆ 本书是由中国社会科学院美国所主持完成的研究成果，它回顾了美国2013年的经济、政治形势与外交战略，对2013年以来美国内政外交发生的重大事件以及重要政策进行了较为全面的回顾和梳理。

地方发展类

地方发展类

地方发展类皮书关注大陆各省份、经济区域，提供科学、多元的预判与咨政信息

社会建设蓝皮书
2014年北京社会建设分析报告（赠阅读卡）
宋贵伦/主编　2014年4月出版　估价：69.00元

◆ 本书依据社会学理论框架和分析方法，对北京市的人口、就业、分配、社会阶层以及城乡关系等社会学基本问题进行了广泛调研与分析，对广受社会关注的住房、教育、医疗、养老、交通等社会热点问题做了深刻了解与剖析，对日益显现的征地搬迁、外籍人口管理、群体性心理障碍等进行了有益探讨。

温州蓝皮书
2014年温州经济社会形势分析与预测（赠阅读卡）
潘忠强　王春光　金浩/主编　2014年4月出版　估价：69.00元

◆ 本书是由中共温州市委党校与中国社会科学院社会学研究所合作推出的第七本"温州经济社会形势分析与预测"年度报告，深入全面分析了2013年温州经济、社会、政治、文化发展的主要特点、经验、成效与不足，提出了相应的政策建议。

上海蓝皮书
上海资源环境发展报告（2014）（赠阅读卡）
周冯琦　汤庆合　王利民/著　2014年1月出版　估价：59.00元

◆ 本书在上海所面临资源环境风险的来源、程度、成因、对策等方面作了些有益的探索，希望能对有关部门完善上海的资源环境风险防控工作提供一些有价值的参考，也让普通民众更全面地了解上海资源环境风险及其防控的图景。

地方发展类 皮书系列重点推荐

广州蓝皮书
2014年中国广州社会形势分析与预测（赠阅读卡）

易佐永 杨 秦 顾涧清/主编　　2014年5月出版　　估价:65.00元

◆ 本书由广州大学与广州市委宣传部、广州市人力资源和社会保障局联合主编，汇集了广州科研团体、高等院校和政府部门诸多社会问题研究专家、学者和实际部门工作者的最新研究成果，是关于广州社会运行情况和相关专题分析与预测的重要参考资料。

河南经济蓝皮书
2014年河南经济形势分析与预测（赠阅读卡）

胡五岳/主编　　2014年4月出版　　估价:59.00元

◆ 本书由河南省统计局主持编纂。该分析与展望以2013年最新年度统计数据为基础，科学研判河南经济发展的脉络轨迹、分析年度运行态势；以客观翔实、权威资料为特征，突出科学性、前瞻性和可操作性，服务于科学决策和科学发展。

陕西蓝皮书
陕西社会发展报告（2014）（赠阅读卡）

任宗哲 石 英 江 波/主编　　2014年1月出版　　估价:65.00元

◆ 本书系统而全面地描述了陕西省2013年社会发展各个领域所取得的成就、存在的问题、面临的挑战及其应对思路，为更好地思考2014年陕西发展前景、政策指向和工作策略等方面提供了一个较为简洁清晰的参考蓝本。

上海蓝皮书
上海经济发展报告（2014）（赠阅读卡）

沈开艳/主编　　2014年1月出版　　估价:69.00元

◆ 本书系上海社会科学院系列之一，报告对2014年上海经济增长与发展趋势的进行了预测，把握了上海经济发展的脉搏和学术研究的前沿。

皮书系列 重点推荐　地方发展类·文化传媒类

广州蓝皮书
广州经济发展报告（2014）（赠阅读卡）

李江涛　刘江华/主编　　2014年6月出版　　估价:65.00元

◆ 本书是由广州市社会科学院主持编写的"广州蓝皮书"系列之一，本报告对广州2013年宏观经济运行情况作了深入分析，对2014年宏观经济走势进行了合理预测，并在此基础上提出了相应的政策建议。

文 化 传 媒 类

 文化传媒类皮书透视文化领域、文化产业，探索文化大繁荣、大发展的路径

新媒体蓝皮书
中国新媒体发展报告 No.4(2013)（赠阅读卡）

唐绪军/主编　　2014年6月出版　　估价:69.00元

◆ 本书由中国社会科学院新闻与传播研究所和上海大学合作编写，在构建新媒体发展研究基本框架的基础上，全面梳理2013年中国新媒体发展现状，发表最前沿的网络媒体深度调查数据和研究成果，并对新媒体发展的未来趋势做出预测。

舆情蓝皮书
中国社会舆情与危机管理报告（2014）（赠阅读卡）

谢耘耕/主编　　2014年8月出版　　估价:85.00元

◆ 本书由上海交通大学舆情研究实验室和危机管理研究中心主编，已被列入教育部人文社会科学研究报告培育项目。本书以新媒体环境下的中国社会为立足点，对2013年中国社会舆情、分类舆情等进行了深入系统的研究，并预测了2014年社会舆情走势。

经济类

产业蓝皮书
中国产业竞争力报告（2014）No.4
著(编)者：张其仔　2014年5月出版 / 估价：79.00元

长三角蓝皮书
2014年率先基本实现现代化的长三角
著(编)者：刘志彪　2014年6月出版 / 估价：120.00元

城市竞争力蓝皮书
中国城市竞争力报告No.12
著(编)者：倪鹏飞　2014年5月出版 / 估价：89.00元

城市蓝皮书
中国城市发展报告No.7
著(编)者：潘家华 魏后凯　2014年7月出版 / 估价：69.00元

城市群蓝皮书
中国城市群发展指数报告(2014)
著(编)者：刘士林 刘新静　2014年10月出版 / 估价：59.00元

城乡统筹蓝皮书
中国城乡统筹发展报告（2014）
著(编)者：程志强、潘晨光　2014年3月出版 / 估价：59.00元

城乡一体化蓝皮书
中国城乡一体化发展报告（2014）
著(编)者：汝信 付崇兰　2014年8月出版 / 估价：59.00元

城镇化蓝皮书
中国城镇化健康发展报告（2014）
著(编)者：张占斌　2014年10月出版 / 估价：69.00元

低碳发展蓝皮书
中国低碳发展报告（2014）
著(编)者：齐晔　2014年/月出版 / 估价：69.00元

低碳经济蓝皮书
中国低碳经济发展报告（2014）
著(编)者：薛进军 赵忠秀　2014年5月出版 / 估价：79.00元

东北蓝皮书
中国东北地区发展报告（2014）
著(编)者：鲍振东 曹晓峰　2014年8月出版 / 估价：79.00元

发展和改革蓝皮书
中国经济发展和体制改革报告No.7
著(编)者：邹东涛　2014年7月出版 / 估价：79.00元

工业化蓝皮书
中国工业化进程报告（2014）
著(编)者：黄群慧 吕铁 李晓华 等
2014年11月出版 / 估价：89.00元

国际城市蓝皮书
国际城市发展报告（2014）
著(编)者：屠启宇　2014年1月出版 / 估价：69.00元

国家创新蓝皮书
国家创新发展报告（2013~2014）
著(编)者：陈劲　2014年3月出版 / 估价：69.00元

国家竞争力蓝皮书
中国国家竞争力报告No.2
著(编)者：倪鹏飞　2014年10月出版 / 估价：98.00元

宏观经济蓝皮书
中国经济增长报告（2014）
著(编)者：张平 刘霞辉　2014年10月出版 / 估价：69.00元

减贫蓝皮书
中国减贫与社会发展报告
著(编)者：黄承伟　2014年7月出版 / 估价：69.00元

金融蓝皮书
中国金融发展报告（2014）
著(编)者：李扬 王国刚　2013年12月出版 / 定价：69.00元

经济蓝皮书
2014年中国经济形势分析与预测
著(编)者：李扬　2013年12月出版 / 估价：69.00元

经济蓝皮书春季号
中国经济前景分析——2014年春季报告
著(编)者：李扬　2014年4月出版 / 估价：59.00元

经济信息绿皮书
中国与世界经济发展报告（2014）
著(编)者：王长胜　2013年12月出版 / 定价：69.00元

就业蓝皮书
2014年中国大学生就业报告
著(编)者：麦可思研究院　2014年6月出版 / 估价：98.00元

民营经济蓝皮书
中国民营经济发展报告No.10（2013~2014）
著(编)者：黄孟复　2014年9月出版 / 估价：69.00元

民营企业蓝皮书
中国民营企业竞争力报告No.7（2014）
著(编)者：刘迎秋　2014年1月出版 / 估价：79.00元

农村绿皮书
中国农村经济形势分析与预测（2014）
著(编)者：中国社会科学院农村发展研究所
　　　　国家统计局农村社会经济调查司 著
2014年4月出版 / 估价：59.00元

企业公民蓝皮书
中国企业公民报告No.4
著(编)者：邹东涛　2014年7月出版 / 估价：69.00元

企业社会责任蓝皮书
中国企业社会责任研究报告（2014）
著(编)者：黄群慧 彭华岗 钟宏武 等
2014年11月出版 / 估价：59.00元

气候变化绿皮书
应对气候变化报告（2014）
著(编)者：王伟光 郑国光　2014年11月出版 / 估价：79.00元

区域蓝皮书
中国区域经济发展报告（2014）
著(编)者：梁昊光　2014年4月出版 / 估价：69.00元

经济类

人口与劳动绿皮书
中国人口与劳动问题报告No.15
著(编)者：蔡昉　2014年6月出版 / 估价:69.00元

生态经济（建设）绿皮书
中国经济（建设）发展报告（2013~2014）
著(编)者：黄浩涛　李周　2014年10月出版 / 估价:69.00元

世界经济黄皮书
2014年世界经济形势分析与预测
著(编)者：王洛林　张宇燕　2014年1月出版 / 估价:69.00元

西北蓝皮书
中国西北发展报告（2014）
著(编)者：张进海　陈冬红　段庆林　2014年1月出版 / 定价:65.00元

西部蓝皮书
中国西部发展报告（2014）
著(编)者：姚慧琴　徐璋勇　2014年7月出版 / 估价:69.00元

新型城镇化蓝皮书
新型城镇化发展报告（2014）
著(编)者：沈体雁　李伟　宋敏　2014年3月出版 / 估价:69.00元

新兴经济体蓝皮书
金砖国家发展报告（2014）
著(编)者：林跃勤　周文　2014年3月出版 / 估价:79.00元

循环经济绿皮书
中国循环经济发展报告（2013~2014）
著(编)者：齐建国　2014年12月出版 / 估价:69.00元

中部竞争力蓝皮书
中国中部经济社会竞争力报告（2014）
著(编)者：教育部人文社会科学重点研究基地
南昌大学中国中部经济社会发展研究中心
2014年7月出版 / 估价:59.00元

中部蓝皮书
中国中部地区发展报告（2014）
著(编)者：朱有志　2014年10月出版 / 估价:59.00元

中国科技蓝皮书
中国科技发展报告（2014）
著(编)者：陈劲　2014年4月出版 / 估价:69.00元

中国省域竞争力蓝皮书
中国省域经济综合竞争力发展报告（2012~2013）
著(编)者：李建平　李闽榕　高燕京　2014年3月出版 / 估价:188.00

中三角蓝皮书
长江中游城市群发展报告（2013~2014）
著(编)者：秦尊文　2014年6月出版 / 估价:69.00元

中小城市绿皮书
中国中小城市发展报告（2014）
著(编)者：中国城市经济学会中小城市经济发展委员会
《中国中小城市发展报告》编纂委员会
2014年10月出版 / 估价:98.00元

中原蓝皮书
中原经济区发展报告（2014）
著(编)者：刘怀廉　2014年6月出版 / 估价:68.00元

社会政法类

殡葬绿皮书
中国殡葬事业发展报告（2014）
著(编)者：朱勇　副主编 李伯森　2014年3月出版 / 估价:59.00元

城市创新蓝皮书
中国城市创新报告（2014）
著(编)者：周天勇　旷建伟　2014年7月出版 / 估价:69.00元

城市管理蓝皮书
中国城市管理报告2014
著(编)者：谭维克　刘林　2014年7月出版 / 估价:98.00元

城市生活质量蓝皮书
中国城市生活质量指数报告（2014）
著(编)者：张平　2014年7月出版 / 估价:59.00元

城市政府能力蓝皮书
中国城市政府公共服务能力评估报告（2014）
著(编)者：何艳玲　2014年7月出版 / 估价:59.00元

创新蓝皮书
创新型国家建设报告（2014）
著(编)者：詹正茂　2014年7月出版 / 估价:69.00元

慈善蓝皮书
中国慈善发展报告（2014）
著(编)者：杨团　2014年6月出版 / 估价:69.00元

法治蓝皮书
中国法治发展报告No.12（2014）
著(编)者：李林　田禾　2014年2月出版 / 估价:98.00元

反腐倡廉蓝皮书
中国反腐倡廉建设报告No.3
著(编)者：李秋芳　2013年12月出版 / 估价:79.00元

非传统安全蓝皮书
中国非传统安全研究报告（2014）
著(编)者：余潇枫　2014年5月出版 / 估价:69.00元

社会政法类 | 皮书系列 2014全品种

妇女发展蓝皮书
福建省妇女发展报告（2014）
著（编）者：刘群英　2014年10月出版　估价：58.00元

妇女发展蓝皮书
中国妇女发展报告No.5
著（编）者：王金玲　高小贤　2014年5月出版　估价：65.00元

妇女教育蓝皮书
中国妇女教育发展报告No.3
著（编）者：张李玺　2014年10月出版　估价：69.00元

公共服务满意度蓝皮书
中国城市公共服务评价报告（2014）
著（编）者：胡伟　2014年11月出版　估价：69.00元

公共服务蓝皮书
中国城市基本公共服务力评价（2014）
著（编）者：侯惠勤　辛向阳　易定宏
2014年10月出版　估价：55.00元

公民科学素质蓝皮书
中国公民科学素质调查报告（2013~2014）
著（编）者：李群　许佳军　2014年2月出版　估价：69.00元

公益蓝皮书
中国公益发展报告（2014）
著（编）者：朱健刚　2014年5月出版　估价：78.00元

国际人才蓝皮书
中国海归创业发展报告（2014）No.2
著（编）者：王辉耀　路江涌　2014年10月出版　估价：69.00元

国际人才蓝皮书
中国留学发展报告（2014）No.3
著（编）者：王辉耀　2014年9月出版　估价：59.00元

行政改革蓝皮书
中国行政体制改革报告（2014）No.3
著（编）者：魏礼群　2014年3月出版　估价：69.00元

华侨华人蓝皮书
华侨华人研究报告（2014）
著（编）者：丘进　2014年5月出版　估价：128.00元

环境竞争力绿皮书
中国省域环境竞争力发展报告（2014）
著（编）者：李建平　李闽榕　王金南
2014年12月出版　估价：148.00元

环境绿皮书
中国环境发展报告（2014）
著（编）者：刘鉴强　2014年4月出版　估价：69.00元

基本公共服务蓝皮书
中国省级政府基本公共服务发展报告（2014）
著（编）者：孙德超　2014年1月出版　估价：69.00元

基金会透明度蓝皮书
中国基金会透明度发展研究报告（2014）
著（编）者：基金会中心网　2014年7月出版　估价：79.00元

教师蓝皮书
中国中小学教师发展报告（2014）
著（编）者：曾晓东　2014年4月出版　估价：59.00元

教育蓝皮书
中国教育发展报告（2014）
著（编）者：杨东平　2014年3月出版　估价：69.00元

科普蓝皮书
中国科普基础设施发展报告（2014）
著（编）者：任福君　2014年6月出版　估价：79.00元

口腔健康蓝皮书
中国口腔健康发展报告（2014）
著（编）者：胡德渝　2014年12月出版　估价：59.00元

老龄蓝皮书
中国老龄事业发展报告（2014）
著（编）者：吴玉韶　2014年2月出版　估价：59.00元

连片特困区蓝皮书
中国连片特困区发展报告（2014）
著（编）者：丁建军　冷志明　游俊　2014年3月出版　估价：79.00元

民间组织蓝皮书
中国民间组织报告（2014）
著（编）者：黄晓勇　2014年8月出版　估价：69.00元

民族发展蓝皮书
中国民族区域自治发展报告（2014）
著（编）者：郝时远　2014年6月出版　估价：98.00元

女性生活蓝皮书
中国女性生活状况报告No.8（2014）
著（编）者：韩湘景　2014年3月出版　估价：78.00元

汽车社会蓝皮书
中国汽车社会发展报告（2014）
著（编）者：王俊秀　2014年1月出版　估价：59.00元

青年蓝皮书
中国青年发展报告（2014）No.2
著（编）者：廉思　2014年6月出版　估价：59.00元

全球环境竞争力绿皮书
全球环境竞争力发展报告（2014）
著（编）者：李建平　李闽榕　王金南　2014年11月出版　估价：69.00元

青少年蓝皮书
中国未成年人新媒体运用报告（2014）
著（编）者：李文革　沈杰　季为民　2014年6月出版　估价：69.00元

皮书系列 2014全品种 — 社会政法类·行业报告类

区域人才蓝皮书
中国区域人才竞争力报告No.2
著(编)者：桂昭明 王辉耀　2014年6月出版 / 估价:69.00元

人才蓝皮书
中国人才发展报告（2014）
著(编)者：潘晨光　2014年10月出版 / 估价:79.00元

人权蓝皮书
中国人权事业发展报告No.4（2014）
著(编)者：李君如　2014年7月出版 / 估价:98.00元

世界人才蓝皮书
全球人才发展报告No.1
著(编)者：孙学玉 张冠梓　2013年12月出版 / 估价:69.00元

社会保障绿皮书
中国社会保障发展报告（2014）No.6
著(编)者：王延中　2014年4月出版 / 估价:69.00元

社会工作蓝皮书
中国社会工作发展报告（2013~2014）
著(编)者：王杰秀 邹文开　2014年8月出版 / 估价:59.00元

社会管理蓝皮书
中国社会管理创新报告No.3
著(编)者：连玉明　2014年9月出版 / 估价:79.00元

社会蓝皮书
2014年中国社会形势分析与预测
著(编)者：李培林 陈光金 张翼　2013年12月出版 / 估价:69.00元

社会体制蓝皮书
中国社会体制改革报告（2014）No.2
著(编)者：龚维斌　2014年5月出版 / 估价:59.00元

社会心态蓝皮书
2014年中国社会心态研究报告
著(编)者：王俊秀 杨宜音　2014年1月出版 / 估价:59.00元

生态城市绿皮书
中国生态城市建设发展报告（2014）
著(编)者：李景源 孙伟平 刘举科　2014年6月出版 / 估价:128.00元

生态文明绿皮书
中国省域生态文明建设评价报告（ECI 2014）
著(编)者：严耕　2014年9月出版 / 估价:98.00元

世界创新竞争力黄皮书
世界创新竞争力发展报告（2014）
著(编)者：李建平 李闽榕 赵新力　2014年11月出版 / 估价:128.00元

水与发展蓝皮书
中国水风险评估报告（2014）
著(编)者：苏杨　2014年9月出版 / 估价:69.00元

危机管理蓝皮书
中国危机管理报告（2014）
著(编)者：文学国 范正青　2014年8月出版 / 估价:79.00元

小康蓝皮书
中国全面建设小康社会监测报告（2014）
著(编)者：潘璠　2014年11月出版 / 估价:59.00元

形象危机应对蓝皮书
形象危机应对研究报告（2014）
著(编)者：唐钧　2014年9月出版 / 估价:118.00元

政治参与蓝皮书
中国政治参与报告（2014）
著(编)者：房宁　2014年7月出版 / 估价:58.00元

政治发展蓝皮书
中国政治发展报告（2014）
著(编)者：房宁 杨海蛟　2014年6月出版 / 估价:98.00元

宗教蓝皮书
中国宗教报告（2014）
著(编)者：金泽 邱永辉　2014年8月出版 / 估价:59.00元

社会组织蓝皮书
中国社会组织评估报告（2014）
著(编)者：徐家良　2014年3月出版 / 估价:69.00元

政府绩效评估蓝皮书
中国地方政府绩效评估报告（2014）
著(编)者：贠杰　2014年9月出版 / 估价:69.00元

行业报告类

保健蓝皮书
中国保健服务产业发展报告No.2
著(编)者：中国保健协会 中共中央党校
2014年7月出版 / 估价:198.00元

保健蓝皮书
中国保健食品产业发展报告No.2
著(编)者：中国保健协会
　　　　中国社会科学院食品药品产业发展与监管研究中心
2014年7月出版 / 估价:198.00元

保健蓝皮书
中国保健用品产业发展报告No.2
著(编)者：中国保健协会　2014年3月出版 / 估价:198.00元

保险蓝皮书
中国保险业竞争力报告（2014）
著(编)者：罗忠敏　2014年1月出版 / 估价:98.00元

行业报告类

皮书系列 2014全品种

餐饮产业蓝皮书
中国餐饮产业发展报告（2014）
著(编)者：中国烹饪协会 中国社会科学院财经战略研究院
2014年5月出版 / 估价：59.00元

测绘地理信息蓝皮书
中国地理信息产业发展报告（2014）
著(编)者：徐德明 2014年12月出版 / 估价：98.00元

茶业蓝皮书
中国茶产业发展报告（2014）
著(编)者：李闽榕 杨江帆 2014年4月出版 / 估价：79.00元

产权市场蓝皮书
中国产权市场发展报告（2014）
著(编)者：曹和平 2014年1月出版 / 估价：69.00元

产业安全蓝皮书
中国出版与传媒安全报告（2014）
著(编)者：北京交通大学中国产业安全研究中心
2014年1月出版 / 估价：59.00元

产业安全蓝皮书
中国医疗产业安全报告（2014）
著(编)者：北京交通大学中国产业安全研究中心
2014年1月出版 / 估价：59.00元

产业安全蓝皮书
中国医疗产业安全报告（2014）
著(编)者：李孟刚 2014年7月出版 / 估价：69.00元

产业安全蓝皮书
中国文化产业安全蓝皮书(2013~2014)
著(编)者：高海涛 刘益 2014年3月出版 / 估价：69.00元

产业安全蓝皮书
中国出版传媒产业安全报告（2014）
著(编)者：孙万军 王玉海 2014年12月出版 / 估价：69.00元

典当业蓝皮书
中国典当行业发展报告（2013~2014）
著(编)者：黄育华 王力 张红地
2014年10月出版 / 估价：69.00元

电子商务蓝皮书
中国城市电子商务影响力报告（2014）
著(编)者：荆林波 2014年5月出版 / 估价：69.00元

电子政务蓝皮书
中国电子政务发展报告（2014）
著(编)者：洪毅 王长胜 2014年2月出版 / 估价：59.00元

杜仲产业绿皮书
中国杜仲橡胶资源与产业发展报告（2014）
著(编)者：杜红岩 胡文臻 俞瑞
2014年9月出版 / 估价：99.00元

房地产蓝皮书
中国房地产发展报告No.11
著(编)者：魏后凯 李景国 2014年4月出版 / 估价：79.00元

服务外包蓝皮书
中国服务外包产业发展报告（2014）
著(编)者：王晓红 李皓 2014年4月出版 / 估价：89.00元

高端消费蓝皮书
中国高端消费市场研究报告
著(编)者：依绍华 王雪峰 2013年12月出版 / 估价：69.00元

会展经济蓝皮书
中国会展经济发展报告（2014）
著(编)者：过聚荣 2014年9月出版 / 估价：65.00元

会展蓝皮书
中外会展业动态评估年度报告（2014）
著(编)者：张敏 2014年8月出版 / 估价：68.00元

基金会绿皮书
中国基金会发展独立研究报告（2014）
著(编)者：基金会中心网 2014年8月出版 / 估价：58.00元

交通运输蓝皮书
中国交通运输服务发展报告（2014）
著(编)者：林晓言 卜伟 武剑红
2014年10月出版 / 估价：69.00元

金融监管蓝皮书
中国金融监管报告（2014）
著(编)者：胡滨 2014年9月出版 / 估价：65.00元

金融蓝皮书
中国金融中心发展报告（2014）
著(编)者：中国社会科学院金融研究所
中国博士后特华科研工作站 王力 黄育华
2014年10月出版 / 估价：59.00元

金融蓝皮书
中国商业银行竞争力报告（2014）
著(编)者：王松奇 2014年5月出版 / 估价：79.00元

金融蓝皮书
中国金融发展报告（2014）
著(编)者：李扬 王国刚 2013年12月出版 / 估价：69.00元

金融蓝皮书
中国金融法治报告（2014）
著(编)者：胡滨 全先银 2014年3月出版 / 估价：65.00元

金融蓝皮书
中国金融产品与服务报告（2014）
著(编)者：殷剑峰 2014年6月出版 / 估价：59.00元

金融信息服务蓝皮书
金融信息服务业发展报告（2014）
著(编)者：鲁广锦 2014年11月出版 / 估价：69.00元

皮书系列 2014全品种
行业报告类

抗衰老医学蓝皮书
抗衰老医学发展报告（2014）
著(编)者：罗伯特·高德曼 罗纳德·科莱兹
尼尔·布什 朱敏 金大鹏 郭弋
2014年3月出版 / 估价：69.00元

客车蓝皮书
中国客车产业发展报告（2014）
著(编)者：姚蔚 2014年12月出版 / 估价：69.00元

科学传播蓝皮书
中国科学传播报告（2014）
著(编)者：詹正茂 2014年4月出版 / 估价：69.00元

流通蓝皮书
中国商业发展报告（2014）
著(编)者：荆林波 2014年5月出版 / 估价：89.00元

旅游安全蓝皮书
中国旅游安全报告（2014）
著(编)者：郑向敏 谢朝武 2014年6月出版 / 估价：79.00元

旅游绿皮书
2013~2014年中国旅游发展分析与预测
著(编)者：宋瑞 2013年12月出版 / 估价：69.00元

旅游城市绿皮书
世界旅游城市发展报告（2013~2014）
著(编)者：张辉 2014年1月出版 / 估价：69.00元

贸易蓝皮书
中国贸易发展报告（2014）
著(编)者：荆林波 2014年5月出版 / 估价：49.00元

民营医院蓝皮书
中国民营医院发展报告（2014）
著(编)者：朱幼棣 2014年10月出版 / 估价：69.00元

闽商蓝皮书
闽商发展报告（2014）
著(编)者：李闽榕 王日根 2014年12月出版 / 估价：69.00元

能源蓝皮书
中国能源发展报告（2014）
著(编)者：崔民选 王军生 陈义和
2014年10月出版 / 估价：59.00元

农产品流通蓝皮书
中国农产品流通产业发展报告（2014）
著(编)者：贾敬敦 王炳南 张玉玺 张鹏毅 陈丽华
2014年9月出版 / 估价：89.00元

期货蓝皮书
中国期货市场发展报告（2014）
著(编)者：荆林波 2014年6月出版 / 估价：98.00元

企业蓝皮书
中国企业竞争力报告（2014）
著(编)者：金碚 2014年11月出版 / 估价：89.00元

汽车安全蓝皮书
中国汽车安全发展报告（2014）
著(编)者：赵福全 孙小端 等 2014年1月出版 / 估价：69.00元

汽车蓝皮书
中国汽车产业发展报告（2014）
著(编)者：国务院发展研究中心产业经济研究部
中国汽车工程学会 大众汽车集团（中国）
2014年7月出版 / 估价：79.00元

清洁能源蓝皮书
国际清洁能源发展报告（2014）
著(编)者：国际清洁能源论坛（澳门）
2014年9月出版 / 估价：89.00元

人力资源蓝皮书
中国人力资源发展报告（2014）
著(编)者：吴江 2014年9月出版 / 估价：69.00元

软件和信息服务业蓝皮书
中国软件和信息服务业发展报告（2014）
著(编)者：洪京一 工业和信息化部电子科学技术情报研究所
2014年6月出版 / 估价：98.00元

商会蓝皮书
中国商会发展报告 No.4（2014）
著(编)者：黄孟复 2014年4月出版 / 估价：59.00元

商品市场蓝皮书
中国商品市场发展报告（2014）
著(编)者：荆林波 2014年7月出版 / 估价：59.00元

上市公司蓝皮书
中国上市公司非财务信息披露报告（2014）
著(编)者：钟宏武 张旺 张蒽 等
2014年12月出版 / 估价：59.00元

食品药品蓝皮书
食品药品安全与监管政策研究报告（2014）
著(编)者：唐民皓 2014年7月出版 / 估价：69.00元

世界能源蓝皮书
世界能源发展报告（2014）
著(编)者：黄晓勇 2014年9月出版 / 估价：99.00元

私募市场蓝皮书
中国私募股权市场发展报告（2014）
著(编)者：曹和平 2014年4月出版 / 估价：69.00元

体育蓝皮书
中国体育产业发展报告（2014）
著(编)者：阮伟 钟秉枢 2013年2月出版 / 估价：69.00元

行业报告类 | 皮书系列 2014全品种

体育蓝皮书·公共体育服务
中国公共体育服务发展报告（2014）
著(编)者：戴健　　2014年12月出版／估价：69.00元

投资蓝皮书
中国投资发展报告（2014）
著(编)者：杨庆蔚　　2014年4月出版／估价：79.00元

投资蓝皮书
中国企业海外投资发展报告（2013~2014）
著(编)者：陈文晖　薛誉华　　2013年12月出版／估价：69.00元

物联网蓝皮书
中国物联网发展报告（2014）
著(编)者：龚六堂　　2014年1月出版／估价：59.00元

西部工业蓝皮书
中国西部工业发展报告（2014）
著(编)者：方行明　刘方健　姜凌等
2014年9月出版／估价：69.00元

西部金融蓝皮书
中国西部金融发展报告（2014）
著(编)者：李忠民　　2014年10月出版／估价：69.00元

新能源汽车蓝皮书
中国新能源汽车产业发展报告（2014）
著(编)者：中国汽车技术研究中心
　　　　　日产（中国）投资有限公司
　　　　　东风汽车有限公司
2014年9月出版／估价：69.00元

信托蓝皮书
中国信托业研究报告（2014）
著(编)者：中建投信托研究中心　中国建设建投研究院
2014年9月出版／估价：59.00元

信托蓝皮书
中国信托投资报告（2014）
著(编)者：杨金龙　刘屹　　2014年7月出版／估价：69.00元

信息化蓝皮书
中国信息化形势分析与预测（2014）
著(编)者：周宏仁　　2014年7月出版／估价：98.00元

信用蓝皮书
中国信用发展报告（2014）
著(编)者：章政　田侃　　2014年4月出版／估价：69.00元

休闲绿皮书
2014年中国休闲发展报告
著(编)者：刘德谦　唐兵　宋瑞
2014年6月出版／估价：59.00元

养老产业蓝皮书
中国养老产业发展报告（2013~2014年）
著(编)者：张车伟　　2014年1月出版／估价：69.00元

移动互联网蓝皮书
中国移动互联网发展报告（2014）
著(编)者：官建文　　2014年5月出版／估价：79.00元

医药蓝皮书
中国药品市场报告（2014）
著(编)者：程锦锥　朱恒鹏　　2014年12月出版／估价：79.00元

中国林业竞争力蓝皮书
中国省域林业竞争力发展报告No.2（2014）（上下册）
著(编)者：郑传芳　李闽榕　张春霞　张会儒
2014年8月出版／估价：139.00元

中国农业竞争力蓝皮书
中国省域农业竞争力发展报告No.2（2014）
著(编)者：郑传芳　宋洪远　李闽榕　张春霞
2014年7月出版／估价：128.00元

中国信托市场蓝皮书
中国信托业市场报告（2013~2014）
著(编)者：李旸　　2014年10月出版／估价：69.00元

中国总部经济蓝皮书
中国总部经济发展报告（2014）
著(编)者：赵弘　　2014年9月出版／估价：69.00元

珠三角流通蓝皮书
珠三角商圈发展研究报告（2014）
著(编)者：王先庆　林至颖　　2014年8月出版／估价：69.00元

住房绿皮书
中国住房发展报告（2013~2014）
著(编)者：倪鹏飞　　2013年12月出版／估价：79.00元

资本市场蓝皮书
中国场外交易市场发展报告（2014）
著(编)者：高峦　　2014年3月出版／估价：79.00元

资产管理蓝皮书
中国信托业发展报告（2014）
著(编)者：智信资产管理研究院　2014年7月出版／估价：69.00元

支付清算蓝皮书
中国支付清算发展报告（2014）
著(编)者：杨涛　　2014年4月出版／估价：45.00元

文化传媒类

传媒蓝皮书
中国传媒产业发展报告（2014）
著(编)者：崔保国　2014年4月出版 / 估价：79.00元

传媒竞争力蓝皮书
中国传媒国际竞争力研究报告（2014）
著(编)者：李本乾　2014年9月出版 / 估价：69.00元

创意城市蓝皮书
武汉市文化创意产业发展报告（2014）
著(编)者：张京成　夏永林　2014年10月出版 / 估价：69.00元

电视蓝皮书
中国电视产业发展报告（2014）
著(编)者：卢斌　2014年4月出版 / 估价：79.00元

电影蓝皮书
中国电影出版发展报告（2014）
著(编)者：卢斌　2014年4月出版 / 估价：79.00元

动漫蓝皮书
中国动漫产业发展报告（2014）
著(编)者：卢斌　郑玉明　牛兴侦　2014年4月出版 / 估价：79.00元

广电蓝皮书
中国广播电影电视发展报告（2014）
著(编)者：庞井君　杨明品　李岚
2014年6月出版 / 估价：88.00元

广告主蓝皮书
中国广告主营销传播趋势报告NO.8
著(编)者：中国传媒大学广告主研究所
　　　　中国广告主营销传播创新研究课题组
　　　　黄升民　杜国清　邵华冬等
2014年5月出版 / 估价：98.00元

国际传播蓝皮书
中国国际传播发展报告（2014）
著(编)者：胡正荣　李继东　姬德强
2014年1月出版 / 估价：69.00元

纪录片蓝皮书
中国纪录片发展报告（2014）
著(编)者：何苏六　2014年10月出版 / 估价：89.00元

两岸文化蓝皮书
两岸文化产业合作发展报告（2014）
著(编)者：胡惠林　肖夏勇　2014年6月出版 / 估价：59.00元

媒介与女性蓝皮书
中国媒介与女性发展报告（2014）
著(编)者：刘利群　2014年8月出版 / 估价：69.00元

全球传媒蓝皮书
全球传媒产业发展报告（2014）
著(编)者：胡正荣　2014年12月出版 / 估价：79.00元

视听新媒体蓝皮书
中国视听新媒体发展报告（2014）
著(编)者：庞井君　2014年6月出版 / 估价：148.00元

文化创新蓝皮书
中国文化创新报告（2014）No.5
著(编)者：于平　傅才武　2014年7月出版 / 估价：79.00元

文化科技蓝皮书
文化科技融合与创意城市发展报告（2014）
著(编)者：李凤亮　于平　2014年7月出版 / 估价：79.00元

文化蓝皮书
2014年中国文化产业发展报告
著(编)者：张晓明　胡惠林　章建刚
2014年3月出版 / 估价：69.00元

文化蓝皮书
中国文化产业供需协调增长测评报告（2013）
著(编)者：高书生　王亚楠　2014年5月出版 / 估价：79.00元

文化蓝皮书
中国城镇文化消费需求景气评价报告（2014）
著(编)者：王亚南　张晓明　祁述裕
2014年5月出版 / 估价：79.00元

文化蓝皮书
中国公共文化服务发展报告（2014）
著(编)者：于群　李国新　2014年10月出版 / 估价：98.00元

文化蓝皮书
中国文化消费需求景气评价报告（2014）
著(编)者：王亚南　2014年5月出版 / 估价：79.00元

文化蓝皮书
中国乡村文化消费需求景气评价报告（2014）
著(编)者：王亚南　2014年5月出版 / 估价：79.00元

文化蓝皮书
中国中心城市文化消费需求景气评价报告（2014）
著(编)者：王亚南　2014年5月出版 / 估价：79.00元

文化蓝皮书
中国少数民族文化发展报告（2014）
著(编)者：武翠英　张晓明　张学进
2014年3月出版 / 估价：69.00元

文化传媒类·地方发展类

皮书系列
2014全品种

文化建设蓝皮书
中国文化建设发展报告（2014）
著(编)者：江畅　孙伟平　2014年3月出版／估价：69.00元

文化品牌蓝皮书
中国文化品牌发展报告（2014）
著(编)者：欧阳友权　2014年5月出版／估价：75.00元

文化软实力蓝皮书
中国文化软实力研究报告（2014）
著(编)者：张国祚　2014年7月出版／估价：79.00元

文化遗产蓝皮书
中国文化遗产事业发展报告（2014）
著(编)者：刘世锦　2014年3月出版／估价：79.00元

文学蓝皮书
中国文情报告（2014）
著(编)者：白烨　2014年5月出版／估价：59.00元

新媒体蓝皮书
中国新媒体发展报告No.5（2014）
著(编)者：唐绪军　2014年6月出版／估价：69.00元

移动互联网蓝皮书
中国移动互联网发展报告（2014）
著(编)者：官建文　2014年4月出版／估价：79.00元

游戏蓝皮书
中国游戏产业发展报告（2014）
著(编)者：卢斌　2014年4月出版／估价：79.00元

舆情蓝皮书
中国社会舆情与危机管理报告（2014）
著(编)者：谢耘耕　2014年8月出版／估价：85.00元

粤港澳台文化蓝皮书
粤港澳台文化创意产业发展报告（2014）
著(编)者：丁未　2014年4月出版／估价：69.00元

地方发展类

安徽蓝皮书
安徽社会发展报告（2014）
著(编)者：程桦　2014年4月出版／估价：79.00元

安徽社会建设蓝皮书
安徽社会建设分析报告（2014）
著(编)者：黄家海　王开玉　蔡宪　2014年4月出版／估价：69.00元

北京蓝皮书
北京城乡发展报告（2014）
著(编)者：黄序　2014年4月出版／估价：59.00元

北京蓝皮书
北京公共服务发展报告（2014）
著(编)者：张耘　2014年3月出版／估价：65.00元

北京蓝皮书
北京经济发展报告（2014）
著(编)者：赵弘　2014年4月出版／估价：59.00元

北京蓝皮书
北京社会发展报告（2014）
著(编)者：缪青　2014年10月出版／估价：59.00元

北京蓝皮书
北京文化发展报告（2014）
著(编)者：李建盛　2014年5月出版／估价：69.00元

北京蓝皮书
中国社区发展报告（2014）
著(编)者：于燕燕　2014年8月出版／估价：59.00元

北京蓝皮书
北京公共服务发展报告（2014）
著(编)者：施昌奎　2014年8月出版／估价：59.00元

北京旅游绿皮书
北京旅游发展报告（2014）
著(编)者：鲁勇　2014年7月出版／估价：98.00元

北京律师蓝皮书
北京律师发展报告No.2（2014）
著(编)者：王隽　周塞军　2014年9月出版／估价：79.00元

北京人才蓝皮书
北京人才发展报告（2014）
著(编)者：于淼　2014年10月出版／估价：89.00元

城乡一体化蓝皮书
中国城乡一体化发展报告·北京卷（2014）
著(编)者：张宝秀　黄序　2014年6月出版／估价：59.00元

创意城市蓝皮书
北京文化创意产业发展报告（2014）
著(编)者：张京成　王国华　2014年10月出版／估价：69.00元

创意城市蓝皮书
青岛文化创意产业发展报告（2014）
著(编)者：马达　2014年5月出版／估价：69.00元

创意城市蓝皮书
无锡文化创意产业发展报告（2014）
著(编)者：庄若江　张鸣年　2014年8月出版／估价：75.00元

皮书系列 2014全品种 — 地方发展类

服务业蓝皮书
广东现代服务业发展报告（2014）
著(编)者：祁明　程晓　2014年1月出版 / 估价：69.00元

甘肃蓝皮书
甘肃舆情分析与预测（2014）
著(编)者：陈双梅　郝树声　2014年1月出版 / 估价：69.00元

甘肃蓝皮书
甘肃县域社会发展评价报告（2014）
著(编)者：魏胜文　2014年1月出版 / 估价：69.00元

甘肃蓝皮书
甘肃经济发展分析与预测（2014）
著(编)者：魏胜文　2014年1月出版 / 估价：69.00元

甘肃蓝皮书
甘肃社会发展分析与预测（2014）
著(编)者：安文华　2014年1月出版 / 估价：69.00元

甘肃蓝皮书
甘肃文化发展分析与预测（2014）
著(编)者：周小华　2014年1月出版 / 估价：69.00元

广东蓝皮书
广东省电子商务发展报告（2014）
著(编)者：黄建明　祁明　2014年11月出版 / 估价：69.00元

广东蓝皮书
广东社会工作发展报告（2014）
著(编)者：罗观翠　2013年12月出版 / 估价：69.00元

广东外经贸蓝皮书
广东对外经济贸易发展研究报告（2014）
著(编)者：陈万灵　2014年3月出版 / 估价：65.00元

广西北部湾经济区蓝皮书
广西北部湾经济区开放开发报告（2014）
著(编)者：广西北部湾经济区规划建设管理委员会办公室　广西社会科学院　广西北部湾发展研究院
2014年7月出版 / 估价：69.00元

广州蓝皮书
2014年中国广州经济形势分析与预测
著(编)者：庾建设　郭志勇　沈奎　2014年6月出版 / 估价：69.00元

广州蓝皮书
2014年中国广州社会形势分析与预测
著(编)者：易佐永　杨秦　顾涧清　2014年5月出版 / 估价：65.00元

广州蓝皮书
广州城市国际化发展报告（2014）
著(编)者：朱名宏　2014年9月出版 / 估价：59.00元

广州蓝皮书
广州创新型城市发展报告（2014）
著(编)者：李江涛　2014年8月出版 / 估价：59.00元

广州蓝皮书
广州经济发展报告（2014）
著(编)者：李江涛　刘江华　2014年6月出版 / 估价：65.00元

广州蓝皮书
广州农村发展报告（2014）
著(编)者：李江涛　汤锦华　2014年8月出版 / 估价：59.00元

广州蓝皮书
广州青年发展报告（2014）
著(编)者：魏国华　张强　2014年9月出版 / 估价：65.00元

广州蓝皮书
广州汽车产业发展报告（2014）
著(编)者：李江涛　杨再高　2014年10月出版 / 估价：69.00元

广州蓝皮书
广州商贸业发展报告（2014）
著(编)者：陈家成　王旭东　荀振英
2014年7月出版 / 估价：69.00元

广州蓝皮书
广州文化创意产业发展报告（2014）
著(编)者：甘新　2014年10月出版 / 估价：59.00元

广州蓝皮书
中国广州城市建设发展报告（2014）
著(编)者：董皞　冼伟雄　李俊夫
2014年8月出版 / 估价：69.00元

广州蓝皮书
中国广州科技与信息化发展报告（2014）
著(编)者：庾建设　谢学宁　2014年8月出版 / 估价：59.00元

广州蓝皮书
中国广州文化创意产业发展报告（2014）
著(编)者：甘新　2014年10月出版 / 估价：59.00元

广州蓝皮书
中国广州文化发展报告（2014）
著(编)者：徐俊忠　汤应武　陆志强
2014年8月出版 / 估价：69.00元

贵州蓝皮书
贵州法治发展报告（2014）
著(编)者：吴大华　2014年3月出版 / 估价：69.00元

贵州蓝皮书
贵州社会发展报告（2014）
著(编)者：王兴骥　2014年3月出版 / 估价：59.00元

贵州蓝皮书
贵州农村扶贫开发报告（2014）
著(编)者：王朝新　宋明　2014年3月出版 / 估价：69.00元

贵州蓝皮书
贵州文化产业发展报告（2014）
著(编)者：李建国　2014年3月出版 / 估价：69.00元

地方发展类 皮书系列 2014全品种

海淀蓝皮书
海淀区文化和科技融合发展报告（2014）
著(编)者：陈名杰 孟景伟　2014年5月出版 / 估价：75.00元

海峡经济区蓝皮书
海峡经济区发展报告（2014）
著(编)者：李闽榕 王秉安 谢明辉（台湾）
2014年10月出版 / 估价：78.00元

海峡西岸蓝皮书
海峡西岸经济区发展报告（2014）
著(编)者：福建省人民政府发展研究中心
2014年9月出版 / 估价：85.00元

杭州蓝皮书
杭州市妇女发展报告（2014）
著(编)者：魏颖 揭爱花　2014年2月出版 / 估价：69.00元

河北蓝皮书
河北省经济发展报告（2014）
著(编)者：马树强 张贵　2013年12月出版 / 估价：69.00元

河北蓝皮书
河北经济社会发展报告（2014）
著(编)者：周文夫　2013年12月出版 / 估价：69.00元

河南经济蓝皮书
2014年河南经济形势分析与预测
著(编)者：胡五岳　2014年3月出版 / 估价：65.00元

河南蓝皮书
2014年河南社会形势分析与预测
著(编)者：刘道兴 牛苏林　2014年1月出版 / 估价：59.00元

河南蓝皮书
河南城市发展报告（2014）
著(编)者：林宪斋 王建国　2014年1月出版 / 估价：69.00元

河南蓝皮书
河南经济发展报告（2014）
著(编)者：喻新安　2014年1月出版 / 估价：59.00元

河南蓝皮书
河南文化发展报告（2014）
著(编)者：谷建全 卫绍生　2014年1月出版 / 估价：69.00元

河南蓝皮书
河南工业发展报告（2014）
著(编)者：龚绍东　2014年1月出版 / 估价：59.00元

黑龙江产业蓝皮书
黑龙江产业发展报告（2014）
著(编)者：于渤　2014年10月出版 / 估价：79.00元

黑龙江蓝皮书
黑龙江经济发展报告（2014）
著(编)者：曲伟　2014年1月出版 / 估价：59.00元

黑龙江蓝皮书
黑龙江社会发展报告（2014）
著(编)者：艾书琴　2014年1月出版 / 估价：69.00元

湖南城市蓝皮书
城市社会管理
著(编)者：罗海藩　2014年10月出版 / 估价：59.00元

湖南蓝皮书
2014年湖南产业发展报告
著(编)者：梁志峰　2014年5月出版 / 估价：89.00元

湖南蓝皮书
2014年湖南法治发展报告
著(编)者：梁志峰　2014年5月出版 / 估价：79.00元

湖南蓝皮书
2014年湖南经济展望
著(编)者：梁志峰　2014年5月出版 / 估价：79.00元

湖南蓝皮书
2014年湖南两型社会发展报告
著(编)者：梁志峰　2014年5月出版 / 估价：79.00元

湖南县域绿皮书
湖南县域发展报告No.2
著(编)者：朱有志 袁准 周小毛　2014年7月出版 / 估价：69.00元

沪港蓝皮书
沪港发展报告（2014）
著(编)者：尤安山　2014年9月出版 / 估价：89.00元

吉林蓝皮书
2014年吉林经济社会形势分析与预测
著(编)者：马克　2014年1月出版 / 估价：69.00元

江苏法治蓝皮书
江苏法治发展报告No.3（2014）
著(编)者：李力 龚廷泰 严海良　2014年8月出版 / 估价：88.00元

京津冀蓝皮书
京津冀区域一体化发展报告（2014）
著(编)者：文魁 祝尔娟　2014年3月出版 / 估价：89.00元

经济特区蓝皮书
中国经济特区发展报告（2014）
著(编)者：陶一桃　2014年3月出版 / 估价：89.00元

辽宁蓝皮书
2014年辽宁经济社会形势分析与预测
著(编)者：曹晓峰 张晶 张卓民　2014年1月出版 / 估价：69.00元

流通蓝皮书
湖南省商贸流通产业发展报告No.2
著(编)者：柳思维　2014年10月出版 / 估价：75.00元

皮书系列 2014全品种 — 地方发展类

内蒙古蓝皮书
内蒙古经济发展蓝皮书(2013~2014)
著(编)者：黄育华　2014年7月出版 / 估价:69.00元

内蒙古蓝皮书
内蒙古反腐倡廉建设报告No.1
著(编)者：张志华　无极　2013年12月出版 / 估价:69.00元

浦东新区蓝皮书
上海浦东经济发展报告（2014）
著(编)者：左学金　陆沪根　2014年1月出版 / 估价:59.00元

侨乡蓝皮书
中国侨乡发展报告（2014）
著(编)者：郑一省　2013年12月出版 / 估价:69.00元

青海蓝皮书
2014年青海经济社会形势分析与预测
著(编)者：赵宗福　2014年2月出版 / 估价:69.00元

人口与健康蓝皮书
深圳人口与健康发展报告（2014）
著(编)者：陆杰华　江捍平　2014年10月出版 / 估价:98.00元

山西蓝皮书
山西资源型经济转型发展报告（2014）
著(编)者：李志强　容和平　2014年3月出版 / 估价:79.00元

陕西蓝皮书
陕西经济发展报告（2014）
著(编)者：任宗哲　石英　裴成荣　2014年3月出版 / 估价:65.00元

陕西蓝皮书
陕西社会发展报告（2014）
著(编)者：任宗哲　石英　江波　2014年1月出版 / 估价:65.00元

陕西蓝皮书
陕西文化发展报告（2014）
著(编)者：任宗哲　石英　王长寿　2014年3月出版 / 估价:59.00元

上海蓝皮书
上海传媒发展报告（2014）
著(编)者：强荧　焦雨虹　2014年1月出版 / 估价:59.00元

上海蓝皮书
上海法治发展报告（2014）
著(编)者：潘世伟　叶青　2014年1月出版 / 估价:59.00元

上海蓝皮书
上海经济发展报告（2014）
著(编)者：沈开艳　2014年1月出版 / 估价:69.00元

上海蓝皮书
上海社会发展报告（2014）
著(编)者：卢汉龙　周海旺　2014年1月出版 / 估价:59.00元

上海蓝皮书
上海文化发展报告（2014）
著(编)者：蒯大申　2014年1月出版 / 估价:59.00元

上海蓝皮书
上海文学发展报告（2014）
著(编)者：陈圣来　2014年1月出版 / 估价:59.00元

上海蓝皮书
上海资源环境发展报告（2014）
著(编)者：周冯琦　汤庆合　王利民　2014年1月出版 / 估价:59.00元

上海社会保障绿皮书
上海社会保障改革与发展报告（2013~2014）
著(编)者：汪泓　2014年1月出版 / 估价:65.00元

社会建设蓝皮书
2014年北京社会建设分析报告
著(编)者：宋贵伦　2014年4月出版 / 估价:69.00元

深圳蓝皮书
深圳经济发展报告（2014）
著(编)者：吴忠　2014年6月出版 / 估价:69.00元

深圳蓝皮书
深圳劳动关系发展报告（2014）
著(编)者：汤庭芬　2014年6月出版 / 估价:69.00元

深圳蓝皮书
深圳社会发展报告（2014）
著(编)者：吴忠　余智晟　2014年7月出版 / 估价:69.00元

四川蓝皮书
四川文化产业发展报告（2014）
著(编)者：向宝云　2014年1月出版 / 估价:69.00元

温州蓝皮书
2014年温州经济社会形势分析与预测
著(编)者：潘忠强　王春光　金浩　2014年4月出版 / 估价:69.00元

温州蓝皮书
浙江温州金融综合改革试验区发展报告（2013~2014）
著(编)者：钱水土　王去非　李义超　2014年4月出版 / 估价:69.00元

扬州蓝皮书
扬州经济社会发展报告（2014）
著(编)者：张爱军　2014年1月出版 / 估价:78.00元

义乌蓝皮书
浙江义乌市国际贸易综合改革试验区发展报告（2013~2014）
著(编)者：马淑琴　刘文革　周松强　2014年4月出版 / 估价:69.00元

云南蓝皮书
中国面向西南开放重要桥头堡建设发展报告（2014）
著(编)者：刘绍怀　2014年12月出版 / 估价:69.00元

长株潭城市群蓝皮书
长株潭城市群发展报告（2014）
著(编)者：张萍　2014年10月出版 / 估价:69.00元

地方发展类·国别与地区类

皮书系列
2014全品种

郑州蓝皮书
2014年郑州文化发展报告
著(编)者：王哲　2014年7月出版 / 估价：69.00元

中国省会经济圈蓝皮书
合肥经济圈经济社会发展报告No.4(2013~2014)
著(编)者：董昭礼　2014年4月出版 / 估价：79.00元

国别与地区类

G20国家创新竞争力黄皮书
二十国集团(G20)国家创新竞争力发展报告(2014)
著(编)者：李建平　李闽榕　赵新力
2014年9月出版 / 估价：118.00元

澳门蓝皮书
澳门经济社会发展报告(2013~2014)
著(编)者：吴志良　郝雨凡　2014年3月出版 / 估价：79.00元

北部湾蓝皮书
泛北部湾合作发展报告(2014)
著(编)者：吕余生　2014年7月出版 / 估价：79.00元

大湄公河次区域蓝皮书
大湄公河次区域合作发展报告(2014)
著(编)者：刘稚　2014年8月出版 / 估价：79.00元

大洋洲蓝皮书
大洋洲发展报告(2014)
著(编)者：魏明海　喻常森　2014年7月出版 / 估价：69.00元

德国蓝皮书
德国发展报告(2014)
著(编)者：李乐曾　郑春荣等　2014年5月出版 / 估价：69.00元

东北亚黄皮书
东北亚地区政治与安全报告(2014)
著(编)者：黄凤志　刘雪莲　2014年6月出版 / 估价：69.00元

东盟黄皮书
东盟发展报告(2014)
著(编)者：黄兴球　庄国土　2014年12月出版 / 估价：68.00元

东南亚蓝皮书
东南亚地区发展报告(2014)
著(编)者：王勤　2014年11月出版 / 估价：59.00元

俄罗斯黄皮书
俄罗斯发展报告(2014)
著(编)者：李永全　2014年7月出版 / 估价：79.00元

非洲黄皮书
非洲发展报告No.15(2014)
著(编)者：张宏明　2014年7月出版 / 估价：79.00元

港澳珠三角蓝皮书
粤港澳区域合作与发展报告(2014)
著(编)者：梁庆寅　陈广汉　2014年6月出版 / 估价：59.00元

国际形势黄皮书
全球政治与安全报告(2014)
著(编)者：李慎明　张宇燕　2014年1月出版 / 估价：69.00元

韩国蓝皮书
韩国发展报告(2014)
著(编)者：牛林杰　刘宝全　2014年6月出版 / 估价：69.00元

加拿大蓝皮书
加拿大国情研究报告(2014)
著(编)者：仲伟合　唐小松　2013年12月出版 / 估价：69.00元

柬埔寨蓝皮书
柬埔寨国情报告(2014)
著(编)者：毕世鸿　2014年6月出版 / 估价：79.00元

拉美黄皮书
拉丁美洲和加勒比发展报告(2014)
著(编)者：吴白乙　刘维广　2014年4月出版 / 估价：89.00元

老挝蓝皮书
老挝国情报告(2014)
著(编)者：卢光盛　方芸　吕星　2014年6月出版 / 估价：79.00元

美国蓝皮书
美国问题研究报告(2014)
著(编)者：黄平　倪峰　2014年5月出版 / 估价：79.00元

缅甸蓝皮书
缅甸国情报告(2014)
著(编)者：李晨阳　2014年4月出版 / 估价：79.00元

欧亚大陆桥发展蓝皮书
欧亚大陆桥发展报告(2014)
著(编)者：李忠民　2014年10月出版 / 估价：59.00元

欧洲蓝皮书
欧洲发展报告(2014)
著(编)者：周弘　2014年3月出版 / 估价：79.00元

皮书系列 2014全品种 — 国别与地区类

葡语国家蓝皮书
巴西发展与中巴关系报告2014（中英文）
著(编)者:张曙光 David T. Ritchie
2014年8月出版 / 估价:69.00元

日本经济蓝皮书
日本经济与中日经贸关系发展报告（2014）
著(编)者:王洛林 张季风　2014年5月出版 / 估价:79.00元

日本蓝皮书
日本发展报告（2014）
著(编)者:李薇　2014年2月出版 / 估价:69.00元

上海合作组织黄皮书
上海合作组织发展报告（2014）
著(编)者:李进峰 吴宏伟 李伟　2014年9月出版 / 估价:98.00元

世界创新竞争力黄皮书
世界创新竞争力发展报告（2014）
著(编)者:李建平　2014年1月出版 / 估价:148.00元

世界能源黄皮书
世界能源分析与展望（2013~2014）
著(编)者:张宇燕 等　2014年1月出版 / 估价:69.00元

世界社会主义黄皮书
世界社会主义跟踪研究报告（2014）
著(编)者:李慎明　2014年5月出版 / 估价:189.00元

泰国蓝皮书
泰国国情报告（2014）
著(编)者:邹春萌　2014年6月出版 / 估价:79.00元

亚太蓝皮书
亚太地区发展报告（2014）
著(编)者:李向阳　2013年12月出版 / 估价:69.00元

印度蓝皮书
印度国情报告（2014）
著(编)者:吕昭义　2014年1月出版 / 估价:69.00元

印度洋地区蓝皮书
印度洋地区发展报告（2014）
著(编)者:汪戎 万广华　2014年6月出版 / 估价:79.00元

越南蓝皮书
越南国情报告（2014）
著(编)者:吕余生　2014年8月出版 / 估价:65.00元

中东黄皮书
中东发展报告No.15（2014）
著(编)者:杨光　2014年10月出版 / 估价:59.00元

中欧关系蓝皮书
中国与欧洲关系发展报告（2014）
著(编)者:周弘　2013年12月出版 / 估价:69.00元

中亚黄皮书
中亚国家发展报告（2014）
著(编)者:孙力　2014年9月出版 / 估价:79.00元

皮书大事记

☆ 2012年12月,《中国社会科学院皮书资助规定(试行)》由中国社会科学院科研局正式颁布实施。

☆ 2011年,部分重点皮书纳入院创新工程。

☆ 2011年8月,2011年皮书年会在安徽合肥举行,这是皮书年会首次由中国社会科学院主办。

☆ 2011年2月,"2011年全国皮书研讨会"在北京京西宾馆举行。王伟光院长(时任常务副院长)出席并讲话。本次会议标志着皮书及皮书研创出版从一个具体出版单位的出版产品和出版活动上升为由中国社会科学院牵头的国家哲学社会科学智库产品和创新活动。

☆ 2010年9月,"2010年中国经济社会形势报告会暨第十一次全国皮书工作研讨会"在福建福州举行,高全立副院长参加会议并做学术报告。

☆ 2010年9月,皮书学术委员会成立,由我院李扬副院长领衔,并由在各个学科领域有一定的学术影响力、了解皮书编创出版并持续关注皮书品牌的专家学者组成。皮书学术委员会的成立为进一步提高皮书这一品牌的学术质量、为学术界构建一个更大的学术出版与学术推广平台提供了专家支持。

☆ 2009年8月,"2009年中国经济社会形势分析与预测暨第十次皮书工作研讨会"在辽宁丹东举行。李扬副院长参加本次会议,本次会议颁发了首届优秀皮书奖,我院多部皮书获奖。

社会科学文献出版社
SOCIAL SCIENCES ACADEMIC PRESS (CHINA)

社会科学文献出版社成立于1985年，是直属于中国社会科学院的人文社会科学专业学术出版机构。

成立以来，特别是1998年实施第二次创业以来，依托于中国社会科学院丰厚的学术出版和专家学者两大资源，坚持"创社科经典，出传世文献"的出版理念和"权威、前沿、原创"的产品定位，社科文献立足内涵式发展道路，从战略层面推动学术出版的五大能力建设，逐步走上了学术产品的系列化、规模化、数字化、国际化、市场化经营道路。

先后策划出版了著名的图书品牌和学术品牌"皮书"系列、"列国志"、"社科文献精品译库"、"中国史话"、"全球化译丛"、"气候变化与人类发展译丛""近世中国"等一大批既有学术影响又有市场价值的系列图书。形成了较强的学术出版能力和资源整合能力，年发稿3.5亿字，年出版新书1200余种，承印发行中国社科院院属期刊近70种。

2012年，《社会科学文献出版社学术著作出版规范》修订完成。同年10月，社会科学文献出版社参加了由新闻出版总署召开加强学术著作出版规范座谈会，并代表50多家出版社发起实施学术著作出版规范的倡议。2013年，社会科学文献出版社参与新闻出版总署学术著作规范国家标准的起草工作。

依托于雄厚的出版资源整合能力，社会科学文献出版社长期以来一直致力于从内容资源和数字平台两个方面实现传统出版的再造，并先后推出了皮书数据库、列国志数据库、中国田野调查数据库等一系列数字产品。

在国内原创著作、国外名家经典著作大量出版，数字出版突飞猛进的同时，社会科学文献出版社在学术出版国际化方面也取得了不俗的成绩。先后与荷兰博睿等十余家国际出版机构合作面向海外推出了《经济蓝皮书》《社会蓝皮书》等十余种皮书的英文版、俄文版、日文版等。

此外，社会科学文献出版社积极与中央和地方各类媒体合作，联合大型书店、学术书店、机场书店、网络书店、图书馆，逐步构建起了强大的学术图书的内容传播力和社会影响力，学术图书的媒体曝光率居全国之首，图书馆藏率居于全国出版机构前十位。

作为已经开启第三次创业梦想的人文社会科学学术出版机构，社会科学文献出版社结合社会需求、自身的条件以及行业发展，提出了新的创业目标：精心打造人文社会科学成果推广平台，发展成为一家集图书、期刊、声像电子和数字出版物为一体，面向海内外高端读者和客户，具备独特竞争力的人文社会科学内容资源供应商和海内外知名的专业学术出版机构。

中国皮书网

发布皮书研创资讯，传播皮书精彩内容
引领皮书出版潮流，打造皮书服务平台

栏目设置：

- 资讯：皮书动态、皮书观点、皮书数据、皮书报道、皮书新书发布会、电子期刊
- 标准：皮书评价、皮书研究、皮书规范、皮书专家、编撰团队
- 服务：最新皮书、皮书书目、重点推荐、在线购书
- 链接：皮书数据库、皮书博客、皮书微博、出版社首页、在线书城
- 搜索：资讯、图书、研究动态
- 互动：皮书论坛

www.pishu.cn

中国皮书网依托皮书系列"权威、前沿、原创"的优质内容资源，通过文字、图片、音频、视频等多种元素，在皮书研创者、使用者之间搭建了一个成果展示、资源共享的互动平台。

自2005年12月正式上线以来，中国皮书网的IP访问量、PV浏览量与日俱增，受到海内外研究者、公务人员、商务人士以及专业读者的广泛关注。

2008年10月，中国皮书网获得"最具商业价值网站"称号。

2011年全国新闻出版网站年会上，中国皮书网被授予"2011最具商业价值网站"荣誉称号。

首页　数据库检索　学术资源器　我的文献夹　皮书主动态　有奖调查　皮书报道　皮书研究　联系我们　读者导航　搜索报告

权威报告　热点资讯　海量资源
当代中国与世界发展的高端智库平台

皮书数据库 www.pishu.com.cn

　　皮书数据库是专业的人文社会科学综合学术资源总库，以大型连续性图书——皮书系列为基础，整合国内外相关资讯构建而成。包含七大子库，涵盖两百多个主题，囊括了近十几年间中国与世界经济社会发展报告，覆盖经济、社会、政治、文化、教育、国际问题等多个领域。

　　皮书数据库以篇章为基本单位，方便用户对皮书内容的阅读需求。用户可进行全文检索，也可对文献题目、内容提要、作者名称、作者单位、关键字等基本信息进行检索，还可对检索到的篇章再作二次筛选，进行在线阅读或下载阅读。智能多维度导航，可使用户根据自己熟知的分类标准进行分类导航筛选，使查找和检索更高效、便捷。

　　权威的研究报告，独特的调研数据，前沿的热点资讯，皮书数据库已发展成为国内最具影响力的关于中国与世界现实问题研究的成果库和资讯库。

皮书俱乐部会员服务指南

1. 谁能成为皮书俱乐部会员？
- 皮书作者自动成为皮书俱乐部会员；
- 购买皮书产品（纸质图书、电子书、皮书数据库充值卡）的个人用户。

2. 会员可享受的增值服务：
- 免费获赠该纸质图书的电子书；
- 免费获赠皮书数据库100元充值卡；
- 免费定期获赠皮书电子期刊；
- 优先参与各类皮书学术活动；
- 优先享受皮书产品的最新优惠。

阅读卡

3. 如何享受皮书俱乐部会员服务？

（1）如何免费获得整本电子书？

　　购买纸质图书后，将购书信息特别是书后附赠的卡号和密码通过邮件形式发送到pishu@188.com，我们将验证您的信息，通过验证并成功注册后即可获得该本皮书的电子书。

（2）如何获赠皮书数据库100元充值卡？

　　第1步：刮开附赠卡的密码涂层（左下）；

　　第2步：登录皮书数据库网站（www.pishu.com.cn），注册成为皮书数据库用户，注册时请提供您的真实信息，以便您获得皮书俱乐部会员服务；

　　第3步：注册成功后登录，点击进入"会员中心"；

　　第4步：点击"在线充值"，输入正确的卡号和密码即可使用。

皮书俱乐部会员可享受社会科学文献出版社其他相关免费增值服务
您有任何疑问，均可拨打服务电话：010-59367227　QQ:1924151760
欢迎登录社会科学文献出版社官网（www.ssap.com.cn）和中国皮书网（www.pishu.cn）了解更多信息

皮书数据库
www.pishu.com.cn

皮书数据库三期即将上线

- 皮书数据库（SSDB）是社会科学文献出版社整合现有皮书资源开发的在线数字产品，全面收录"皮书系列"的内容资源，并以此为基础整合大量相关资讯构建而成。

- 皮书数据库现有中国经济发展数据库、中国社会发展数据库、世界经济与国际政治数据库等子库，覆盖经济、社会、文化等多个行业、领域，现有报告30000多篇，总字数超过5亿字，并以每年4000多篇的速度不断更新累积。2009年7月，皮书数据库荣获"2008～2009年中国数字出版知名品牌"。

- 2011年3月，皮书数据库二期正式上线，开发了更加灵活便捷的检索系统，可以实现精确查找和模糊匹配，并与纸书发行基本同步，可为读者提供更加广泛的资讯服务。

更多信息请登录

中国皮书网			
http://www.pishu.cn	皮书微博 http://weibo.com/pishu	皮书博客 http://blog.sina.com.cn/pishu	皮书微信 皮书说

请到各地书店皮书专架/专柜购买，也可办理邮购

咨询/邮购电话：010-59367028　59367070	邮　　箱：duzhe@ssap.cn
邮购地址：北京市西城区北三环中路甲29号院3号楼华龙大厦13层读者服务中心	
邮　　编：100029	
银行户名：社会科学文献出版社	
开户银行：中国工商银行北京北太平庄支行	
账　　号：0200010019200365434	
网上书店：010-59367070　qq：1265056568	
网　　址：www.ssap.com.cn　　www.pishu.com	